U0051066

大 旗 出 版
BANNER PUBLISHING

大旗出版
BANNER PUBLISHING

開國大帝

常樺◎編著

序

中華民族是一個具有悠久歷史和燦爛文化的偉大民族，上下五千年的歷史滄桑、風雲變幻，造就了一批叱吒風雲、扭轉乾坤的開國帝王。他們如夜空中的群星，交相輝映，璀璨奪目；歲月流逝，沖刷不掉他們的英名，朝代更替，也改變不了他們的不朽業績。他們中既有深謀遠慮、雄才大略的開國皇帝，也有銳意改革、舉賢任能的開明之君。他們用自己的才能和智慧，為中華的文明和民族的發展作出了不可磨滅的貢獻。

如果把朝代更替比作多幕的歷史劇，那麼自秦始皇拉開中華帝國歷史的大幕以來，在長達二千多年的歷史舞台上便演出了一幕幕王朝興衰的悲喜劇。帝王制定朝綱，駕馭群臣，發展經濟，安撫百姓，網羅人才，以及他們在政治謀略、軍事手段、思想文化、民族關係等方面所實行的一系列政策，都是中華民族無比寶貴的知識財富，值得我們不斷汲取其營養。像「千古一帝」秦始皇開創帝制機構，把君主的權力和威嚴提高到空前高度，以加強中央集權，以利於統治；漢高祖劉邦重農為本，與民休養，繇役輕徭薄賦，以民富為治安；隋文帝創立科舉制度，網羅天下英才；唐高祖運籌帷幄，治國安邦，統一全國，臣服四夷，締造大唐帝國的輝煌；宋太祖杯酒釋兵權，化干戈為玉帛，君臣和平共處……開國帝王們的治國策略，集中反映了千百年來人類的智慧和才華。中華的開國帝王，無論是在知人、用人、納言

方面，還是在重民、理政、決策、變革方面，都有一些至今仍有旺盛生命力，不僅可以用於今世，而且可以行於久遠，它們根植於中國燦爛的文明史、中國傳統政治文化史的肥沃土壤之中，繼承中華開國帝王思想中的精華，做到古為今用。

翻開歷史，我們可以看到，凡是有作為的開國帝王，其成就無不與吸取歷史的經驗、學習治國之道有關。中華開國帝王不同程度地對社會發展產生過影響，他們的建國、治國策略是否得當，關係著政權能否建立和鞏固，關係著國家的興亡和盛衰。大凡開國帝王都較有作為，對歷史的發展起過積極的作用，他們能夠順應歷史的發展，順乎人民的要求，推翻腐敗的前王朝，建立新王朝，在政治、經濟等方面實行一系列的改革，緩和階級矛盾，使社會經濟能在比較安定的環境下發展，人民生活得以改善，並在一定程度上促進了社會發展。然而個人只能推動或延緩歷史的進程，卻不能改變歷史的發展方向，即使是「至尊」的帝王，也不能隨心所欲地阻擋歷史前進的車輪。

俱往矣，一代代開國帝王都隨著時間的流逝成為歷史人物；溫故知新，鑒古知今，我們研究中華開國帝王治國策略，對於帝王的文韜武略，治國安民之術，將有比較深刻的認識和理解，同時豐富我們的知識，擴大我們的視野，提高我們的素質，增進我們的智慧。

秦始皇嬴政 — 千古一帝 彪炳史冊

橫掃六國，始稱皇帝，加強君主權力；三公九卿，郡縣之制，強化中央集權；車同軌，書同文，萬世不廢；長城馳道，焚書坑儒，功過是非，任人評說……

童年遭難 少年成王 · 14
剷除政敵 掌握王權 · 16
君權神授 始稱皇帝 · 20
統一制度 加強集權 · 22
北築長城 南戍五嶺 · 25
焚書坑儒 禁辦私學 · 27
橫徵暴斂 嚴刑峻法 · 30
向東求仙 壽終歸西 · 32

漢高祖劉邦 — 郡國並行 重農抑商

出身布衣，卻在群雄逐鹿中獨佔鰲頭，使一代梟雄西楚霸王自刎江邊；與民休養，輕徭薄賦，開創西漢王朝兩百年基業；一個精明的政治領袖，一個富於神秘色彩的帝王……

無賴少年 玉汝於成 · 34
約法三章 關中稱王 · 36
暗渡陳倉 擊殺霸王 · 38
稱帝建漢 遷都長安 · 43
鞏固皇權 漢承秦制 · 43
剪除諸王 中央集權 · 45
輕徭薄賦 重農抑商 · 49
箭傷致死 英明長留 · 52

漢光武帝劉秀 — 柔術治國　中興漢朝

　　倥傯十載，草莽皇帝完成了「江山重歸漢，天下再姓劉」的中興大業，更是一位恢廓謙和、以柔克剛的治世明君……

王莽改制　民怨沸騰······58
揭竿而起　奠定大業······59
掃平群雄　一統天下······63
柔術治國　中興漢朝······67
解放奴婢　發展生產······70
明君風範　瑕不掩瑜······73

晉武帝司馬炎 — 一統全國　太康盛世

　　二十五年的皇帝生涯，勵精圖治，結束了長達百年的分裂局面。統一全國，經濟繁榮，開創太康盛世……

三代侍曹　皇賜九錫······78
爭當太子　「無為」治國······80
擊滅東吳　統一全國······81
發展經濟　太康繁榮······84
弘揚文化　洛陽紙貴······86
宣導奢侈之風　為孫子立痴子······89

隋文帝楊堅 — 開創隋制 社會富庶

北撫突厥，南下滅陳，一統天下；甲兵強盛、風行萬里的隋朝，強盛宏大而又短暫；卓有成效的治國方略、典章制度，為後來的歷代封建帝王所借鑒……

借助祖蔭 扶搖直上……………………………………92
用權運謀 建立新朝……………………………………93
勵精圖治 革舊圖新……………………………………96
創立科舉 刑律兵制……………………………………99
均田租賦 築倉積穀……………………………………101
猜忌功臣 佞信佛道……………………………………103
同朝二聖 滅太子黨……………………………………105

唐高祖李淵 — 奠基立業 冠冕「唐」皇

建立和初創唐王朝，有著過人的軍事謀略，宏大的政治抱負。正是他運籌帷幄，治國安邦，才締造了大唐王朝的基礎。他在位時期，政治安定、經濟繁榮、四夷歸服，為「貞觀之治」奠定了基礎……

出身貴族 智勇起兵……………………………………108
步步為營 西圖長安……………………………………109
統一戰爭 掃平四方……………………………………112
修明政治 奠定盛世……………………………………114
晚年昏庸 皇子火拼……………………………………116

大周皇帝武則天——功過是非 自有後人評說

武則天是中國歷史上唯一的女皇帝,大唐帝國因為有了她而更加繁榮昌盛,但她殺女弒兒,重用酷吏,排除異己,死後墓碑不刻一字。她為後人留下了無數的謎……

少女入宮 爭奪后位·······················120
鴆殺太子 終成女皇·······················123
破門閥世俗 推行《姓氏錄》···················126
科舉取士 選拔賢能·······················127
治世能臣 北門學士·······················129
無為治農 鞏固統一·······················130
任用酷吏 鎮壓異己·······················132
立儲遜位 還國李氏·······················134

宋太祖趙匡胤——黃袍加身 杯酒釋兵權

一朝黃袍加身,成了一國之君;他結束了從唐中葉就已開始的二百多年的分裂局面;為了強化中央集權,他杯酒釋兵權;雖出身行伍,卻重文輕武,為宋王朝社會經濟文化的發展奠定了良好的基礎……

陳橋兵變 黃袍加身·······················138
杯酒釋權 治兵有術·······················140
未雨綢繆 金匱之盟·······················144
削弱相權 官不久任·······················145
巡緝窺伺 寬仁為治·······················148
平定割據 治國安民·······················149
減輕徭役 獎勵農耕·······················151
重振儒學 文化統治·······················153

元太祖成吉思汗——統一蒙古 横掃中亞

　　一代天驕，成吉思汗，崛起於蒙古大漠，建立起地跨歐亞大陸的大帝國，他率領蒙古帝國的鐵騎，征西夏、攻金朝、横掃中亞強國，在中國歷史和世界歷史上寫下了驚心動魄的篇章⋯⋯

奮勇圖強　統一蒙古 ·156
建立帝國　制定政策 ·159
征服西夏　逼和金朝 ·162
鐵騎遠征　横掃中亞 ·165
分封領地　安定邊疆 ·166
病死征途　臨終授策 ·168

元世祖忽必烈——開元闢地 統一全國

　　他結束了中國數百年來南北對峙的政治局面，建立起一個統一的多民族的大元帝國，其版圖在中國歷史上是空前的；他革故鼎新，實行漢法，勸課農桑，大力發展農業生產⋯⋯

文治武功　搶先登位 ·172
鞏固汗位　統一全國 ·174
革故鼎新　推行漢法 ·177
勸課農桑　富民興國 ·180

明太祖朱元璋 —— 從嚴治官 以寬理民

從田野裡走出來的封建帝王，從嚴治官，以寬理民，身先節儉以利於天下；以卓越的才智、超人的氣魄和無人匹敵的政治手腕，馭控中原……

佛門弟子 號令天下·······································184
改革機構 加強皇權·······································187
特務政治 以猛治國·······································192
減少徭役 寬鬆民力·······································194
身先節儉 以訓於下·······································198

清太祖努爾哈赤 —— 大清王朝的奠基人

生於建州左衛，25歲開始起兵，統一女真各部，征撫蒙古，制定滿文，締造八旗，建立後金。七恨告天，劍鋒直指，所向披靡。建都瀋陽，寧遠兵敗，是大清王朝的「第一帝」……

少年磨礪 死裡逃生·······································202
十三遺甲 統一女真·······································204
創立八旗 頒行滿文·······································205
誓師伐明 連戰連捷·······································207
寧遠兵敗 鬱鬱而終·······································209
八王共治 奠基滿清·······································210

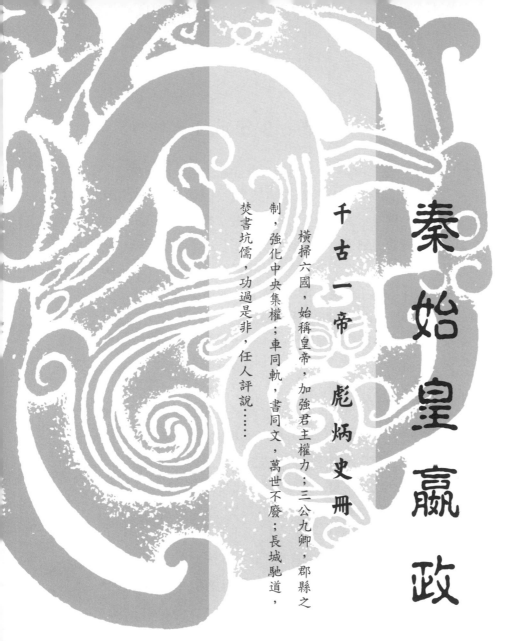

秦始皇嬴政

千古一帝 彪炳史冊

橫掃六國,始稱皇帝,加強君主權力;三公九卿,郡縣之制,強化中央集權;車同軌,書同文,萬世不廢;長城馳道,焚書坑儒,功過是非,任人評說……

童年遭難　少年成王

中華民族歷史悠久，經三皇五帝至禹啓而家天下。夏朝當立，但夏桀殘暴，湯起滅夏；商得以存世，至紂無道，武王遂滅商，建立西周。由於周武王實行「封諸侯、建藩衛」的政治制度，數百年之後，諸侯紛爭，群雄割據，霸主迭興，到了春秋時期，出現了一百多個諸侯國。又經過兩百多年的兼併，剩下了為數不多的諸侯國，其中以秦、齊、楚、魏、韓、趙、燕最為強大，號稱「七雄」。七雄並立，混戰不休，史稱這個時期為「戰國」。戰國時期，群雄並起，逐鹿中原。

秦國是春秋戰國時期的一個諸侯國。秦人是古代嬴姓部落的一支，傳說周孝王因秦的祖先善養馬，便將他們封在秦。西元前770年，秦襄公護送周平王東遷有功，被封為諸侯，秦始建國。

秦最初的領地在今天陝西省，當時屬於中國的邊緣部分。戰國初期，秦一直是一個比較弱的國家，也許因為它地處偏僻，一直沒有受到其他國家的重視。在春秋時期它是一個很不顯眼的國家，就科學技術、文化等而言，秦在戰國初期也比較落後。這個形勢一直到西元前356年商鞅變法才開始改變，從此秦國開始不斷強大。西元前325年秦惠文王稱王。西元前316年秦滅蜀，從此秦正式成為一個大國。

秦始皇西元前259年出生於趙國的邯鄲。在他出生之前，正值曾祖父秦昭王在位。秦昭王採取「遠交近攻」的兼併策略，大舉進攻韓、魏兩國，而與趙國聯盟。秦趙結盟之後，秦國派子楚到趙國，作為人質。

子楚是秦昭王的孫子，太子安國君的兒子。安國君並不寵愛他的母親夏姬，子楚又不是長子，所以被作為人質送到趙國邯鄲。流落異國他鄉的子楚鬱鬱寡歡，但是呂不韋改變了他的命運。

衛國商人呂不韋靠做投機生意成為富商。一次，他在邯鄲見到子楚，並了解到他的身世，認為此人不同凡俗。呂不韋知道子楚不得志，同時安國君寵愛的華陽夫人又無子。於是，呂不韋便打定主意，想讓華陽夫人過

繼子楚為子，如果太子安國君即位，子楚也就順理成章地成為太子了，屆時自己就能夠利用這些特殊的政治資本賺盡天下的財富。

很快，子楚在呂不韋的大力資助下，廣交賓客，獲得了不少謀士的輔助。呂不韋帶著奇珍異寶，拜訪了華陽夫人的姐姐，讚揚子楚的賢德和聰明，說他是一個胸懷遠大抱負的人；又說子楚日夜思念安國君和華陽夫人，常常到深夜還在流淚，不能成眠等。華陽夫人的姐姐把子楚的厚禮和問候轉呈給華陽夫人，華陽夫人聽了之後，對子楚就有了好感。

呂不韋接著建議華陽夫人，如果她把敬重華陽夫人、德才兼備的子楚作為自己的兒子立為儲君，即使以後秦昭王死了也能保住她的地位。這正中華陽夫人下懷，從此，華陽夫人見到安國君便為子楚說好話。不久，安國君與華陽夫人刻符為信，約定立子楚為儲君。

安國君和華陽夫人送給子楚大批錢財，並任命呂不韋為老師扶助子楚。從此，子楚名聲日盛，譽滿諸侯。呂不韋也常常住在邯鄲，和子楚一起廣交天下政客。

為了使子楚更加信任自己，呂不韋特地送給子楚一位擅長歌舞的美女，歷史上稱她為趙姬。西元前259年，趙姬在趙都邯鄲生下一個兒子，因出生地為趙國，故以趙為姓，起名趙正因為是生在正月，所以名字叫正。

趙正出生當年，秦國和趙國因長平的歸屬問題由盟友變成了仇敵。第二年，趙國在長平遭秦國圍攻時想殺死子楚，結果子楚在呂不韋的幫助下，重金賄賂守城門的官員，逃出了邯鄲。趙正和母親在外祖母家的掩護下，逃過了此難。

西元前250年，秦昭王去世，太子安國君繼位，即秦孝文王。華陽夫人被尊為王后，子楚為太子。此時秦、趙已經修好，趙國把趙姬母子送回秦國。

10歲之前，趙正的美好童年都在趙國度過，之後，他來到秦國。秦孝文王在位僅三天便去世。子楚繼承王位，號莊襄王。莊襄王即位後，便以

呂不韋為相國，封為文信侯，賞賜洛陽十萬戶作為他的食邑。但莊襄王在位時間僅三年便死去了。西元前246年，年僅13歲的嬴政便登上了秦王的寶座，由於年幼，政事由呂不韋和趙太后執掌。

◇◎ 剷除政敵　掌握王權 ◎◇

　　嬴政繼承秦國王位後，相國呂不韋的權勢隨之進一步擴大，並且取得作為國君長者的「仲父」尊號，家僕上萬，財力雄厚，成為秦國首屈一指的大富翁和權臣。同時，為了擴大自己的影響，呂不韋召集門客三千，讓他們著書，最後編寫成了著名的《呂氏春秋》，內容包羅天地萬物、古今之事，目的是為了壓倒諸子百家之說。

　　趙太后在嫁給子楚之前與呂不韋就有一段不可告人的情緣，現在雖然地位尊貴，但子楚已死，所以兩人便舊情復發，時常私通。此時，嬴政已經長大，漸知人事。呂不韋因害怕隱私暴露，引來殺身之禍，就為自己找了替身嫪毐假充宦官，進入太后宮中，侍奉太后，深得太后寵愛，朝中政務悉由其決斷。嫪毐擁有門客1000餘人，家僕上千人。另外，他與朝中官員互相結交，把不少重要官員網羅其下，成為秦國僅次於呂不韋的又一股政治勢力。這樣，嬴政的身邊有了兩個對他政權構成威脅的人，一個是呂不韋，一個就是嫪毐。少年嬴政雖然年幼，但聰穎過人，對呂黨、后黨的所作所為也有耳聞，但他頗有城府，喜怒不形於色。表面上看來，嬴政對呂黨、后黨置若罔聞，其實時刻在關注他們的活動並伺機剷除他們。

　　西元前238年，嬴政年滿21歲。按秦國制度，國君滿22歲就要加冠親政。可呂不韋、嫪毐兩人分別向嬴政弄權示威，嚴峻的考驗第一次擺在了嬴政面前。面對呂黨和后黨兩大集團的囂張氣焰，胸懷大志的嬴政在挑釁面前不動聲色，並加強對呂黨、后黨監視的同時積極準備應對異常事件。成竹在胸的嬴政佯裝若無其事地按計劃舉行了加冠禮，然而嫪毐早已蓄謀

暴亂，要殺掉嬴政，結果被早有防備的嬴政活捉，處以車裂酷刑，誅滅三族。他的同黨被誅殺的有20多人，牽連的多達4000多家。趙太后和嫪毐生的兩個私生子也被殺，趙太后被軟禁。後來，經過齊人茅焦的勸說，嬴政才親自把母親趙太后接回咸陽。

同時，嬴政早已深感呂氏集團對秦國君權的巨大威脅，打算乘嫪毐案件誅殺呂不韋，一併清除呂氏集團。但是呂不韋輔佐先王繼位的卓著功勳眾所周知，並在秦國已經培養了一股強硬的勢力，如果操之過急，可能壞事，因而秦王暫時沒有動呂不韋。

除掉嫪毐的第二年，嬴政就免掉了呂不韋的相國之職，將其趕出咸陽。呂不韋被迫回到自己的封地洛陽。兩年後，嬴政為了避免呂不韋和其他六國串通作亂，派人給呂不韋送去絕命書，信曰：「汝對秦有何之功，卻能封土洛陽，食邑十萬？汝與秦有何親緣，卻得到仲父之稱？汝快滾至西蜀！」呂不韋知道自己難免一死，乾脆服毒自盡了。

在剷除呂黨、后黨之後，嬴政在繼承王位的第八年，即西元前238年開始親政。

在徹底剷除對自己權力的威脅之後，嬴政開始了統一六國的事業。在嬴政手下，有一批很有才幹的文臣武將，文臣有謀士李斯和尉繚，武將則有蒙恬、蒙武、王翦和王賁。

在戰國七雄中，秦國軍力較強。到嬴政繼承王位時，秦國無論在經濟力量上，軍事力量上還是地理形勢上，都具備了統一六國的條件。為了加快統一步伐，他在清除國內敵對勢力的同時，發揚先王雄風，禮賢下士，網羅人才，重新收納文武骨幹20餘人。嬴政繼承了自秦孝公以來變法革新、獎勵耕戰的一系列政策。在戰略上，他繼續奉行先王「遠交近攻」的戰略，同時又採用了新的策略，即間諜活動。嬴政採納李斯等人的策略，重金收買關東六國權臣，離間其君臣關係。

秦王嬴政統一六國的戰略步驟可以概括為三個方面：一是籠絡燕齊；二是穩住楚魏；三是先消滅韓趙，再統一全國。在這種戰略方針的指導

下，一場統一戰爭開始了。

西元前236年，秦王嬴政乘趙攻燕、國內空虛之際，分兵兩路大舉攻趙，拉開了統一戰爭的帷幕。雖然秦國經過數年連續攻趙，極大地削弱了趙國實力，但仍然一時無力滅亡趙國。於是秦國轉攻韓國，西元前231年，攻下韓國南陽，次年，秦內史滕率軍北上，攻佔韓國都城陽翟（今河南禹州市），俘虜韓王安，在韓地設置潁川郡，韓國滅亡。

西元前229年，秦王嬴政起兵大舉攻趙，名將王翦率軍由上黨（今山西長治市）出井陘（今河北井陘縣），端和由河內進攻趙都邯鄲。趙國派大將李牧迎戰，雙方屢有勝負，陷入僵局，相持一年之久。後來，秦軍使用反間計，讓多疑的趙王撤換了統帥李牧。由於臨陣易將，趙軍士氣受挫，失去了相持能力。西元前228年，王翦向趙國發起總攻，秦軍很快攻佔了邯鄲，俘虜趙王遷，趙國滅亡。

在攻趙的同時，秦兵臨燕境。燕國無力抵抗，太子丹企圖以刺殺秦王的辦法挽回敗局。西元前227年，燕丹派荊軻以進獻燕國地圖為名，謀刺秦王嬴政，結果陰謀暴露，被秦國處死。秦王嬴政以此為藉口，派王翦率兵攻打燕國，秦軍在易水（今河北易縣境內）大敗燕軍。次年10月，王翦攻陷燕國都薊（今北京市），燕王喜與太子丹率殘部逃到遼東（今遼寧遼陽市），苟延殘喘，燕國名存實亡。

秦王嬴政的大軍滅掉韓趙、重創燕國以後，北方大部分地區已為秦有，只有地處中原的魏國，孤立無援。西元前225年，秦將王賁率軍出關中，東進攻魏，迅速包圍魏都大梁（今河南開封市）。秦軍引黃河、鴻溝水灌城，攻陷大梁，魏王假投降，魏國滅亡。

在秦軍攻取燕都之後，秦國就把進攻目標轉向楚國。西元前226年，秦王嬴政問諸將攻楚需要多少兵力，老將王翦認為楚國地廣兵強，必須有60萬軍隊才能伐楚，而李信則說只用20萬軍隊就能攻下楚國。秦王以為王翦因年老怯戰，沒有聽取他的意見，派李信和蒙武率軍20萬攻打楚國。西元前225年秦軍南下攻楚，楚將項燕率軍抵抗。秦軍開始進軍順利，在

平輿（今河南汝南縣東南）和寢（今河南沈丘縣東南）擊敗楚軍，進兵到城父（今河南寶豐縣東）。項燕率軍反擊，大敗秦軍李信部，李信敗逃回國。西元前224年，秦王嬴政親自向王翦賠禮，命他率60萬大軍再次伐楚，雙方在陳（今河南淮陽縣）相遇。王翦按兵不動，以逸待勞，楚軍屢次挑戰，秦軍不與交戰，項燕只好率兵東歸。王翦趁楚軍退兵之機，揮師追擊，在蘄（今安徽宿州市）大敗楚軍，殺死楚將項燕。次年，秦軍乘勝進兵，俘虜楚王負芻，攻佔楚都郢（今湖北荊州市），設置郢郡，楚國滅亡。

五國滅亡後，只剩下東方的齊國和燕、趙的一些殘餘勢力。西元前222年，秦將王賁率軍殲滅了遼東燕軍，俘虜燕王喜，回師途中又在代北（今山西代縣）俘獲趙國餘部，然後由燕地乘虛直逼齊國。齊王建慌忙在西線集結軍隊，準備抵抗。西元前221年，秦軍避開兩線齊軍主力，從北面直插齊國都城臨淄（今山東淄博市）。在秦國大兵壓境的形勢下，齊王建不戰而降，齊國滅亡。至此，秦王嬴政用了10年時間消滅了戰國六雄，從此華夏重歸一統。

在統一六國的戰爭中，秦國在戰爭中的戰略、戰術運用得恰到好處。在戰略方面，秦王嬴政在位時期，繼承歷代秦王發展農業和軍隊的政策，國力富強，有足夠的人力、物力供應戰爭，在戰略上處於進攻態勢，勢如破竹，摧枯拉朽，相繼滅掉諸國。在戰術上，秦國執行了由近及遠、先弱後強的方針，首先滅掉了毗鄰的弱國韓、趙，然後從中央突破，攻燕滅魏，解除了北方的後顧之憂，最後消滅兩翼的強敵齊、楚。這種戰術運用是符合實際情況的。在具體戰役中，秦國運用策略正確，如在滅韓、趙的戰爭中，根據具體情況，而不是完全機械地按「先取韓以恐他國」的既定方針，而是機動靈活趙有機可乘則先攻趙，韓可攻則滅韓，滅楚戰役是在檢討了攻楚失策後，根據秦國實力集中優勢兵力攻楚而取勝的；攻打齊國則是避實就虛，出奇制勝。

君權神授　始稱皇帝

　　雖然秦王嬴政已經統一六國，但是，長期割據所形成的各地差異依然存在。秦王嬴政以鞏固統一為核心，以秦國現有制度為藍本，在政治、經濟、文化等各個領域實行全面改革，創立空前龐大的、統一的封建帝國。

　　西元前221年，秦王嬴政正式宣佈統一六國，並且在輿論與思想上確立了秦王朝的正統地位。

　　古代，人們認為一個朝代的建立有沒有存在的理由，是關係到這個朝代能否興旺發達、長治久安的重要因素之一。因此，每一朝代的統治者總是千方百計尋找種種理由，為自己的存在尋找合理的依據。商湯滅夏，稱「桀不務德」，商湯就是上天派下來接替夏王朝的。商人還宣稱，他們的祖先是娥氏之女簡狄，吞玄鳥之卵而降生的。《詩經》記載：「天命玄鳥，降而生商。」周人宣稱：帝嚳妃姜嫄氏，因踩了「巨人」腳印生下一個男孩，名棄，棄即為周人的祖先，周朝取代商朝亦是上天的旨意。那麼，秦王朝的建立是不是上天決定的？它是否有存在的理由？秦王嬴政深知這一輿論的重要性。

　　戰國末年，陰陽五行學家鄒衍創立了「五德始終說」，即運用金、木、水、火、土來解釋社會歷史的變化更替。他認為：每一個朝代各占一「德」，五德相生相剋，反復迴圈。堯舜時代是土德，夏朝為木德，商朝為金德，周朝為火德。由此類推，若秦朝是一個正統的朝代，它的存在也必然是上天的安排，那就必須具有水德。

　　傳說，秦文公在打獵時曾獲得一條黑龍，此為上天把水德轉託給秦人的證據。秦滅周，就是水克火，這是上天的安排，因此，秦王嬴政建立的秦王朝完全是合乎天意的。

　　根據五行學說，水為黑色，主北方，北為陰寒，所以，秦王嬴政以水德立國也必須處處體現這些特性。例如旌旗、禮服用黑色，處理政事講究「嚴刑」、「峻法」、「剛毅」。為了進一步神化其政權，秦始皇特地在

泰山腳下舉行封禪典禮，以此來證明他的帝位是天神授予的。秦王朝的正統地位，就是在這樣的輿論宣傳中，逐漸被確立起來的。

就在秦朝統一之初，嬴政就召集丞相王綰、御史大夫馮劫、廷尉李斯等人，在上朝時開始了「議帝號」之事。嬴政在滅六國之前，被稱為「秦王」。「王」起初是周天子的稱號，後來，各國諸侯爭奪天下，都相繼稱王。現在嬴政滅掉六國，遠遠不只是一國之王，他統治的區域遠遠大於秦國，那麼，這位居於七國之尊的嬴政，究竟應該有一個什麼樣的「尊號」？應該具有多大的權力？

眾所周知，古有天皇、地皇、泰皇，為「三皇」，泰皇為最高、最尊、最貴，所以大臣們建議嬴政稱「泰皇」。但是也有人認為：古有五帝，即黃帝、顓頊、帝嚳、唐堯、虞舜，而嬴政的功績為「五帝所不及」。嬴政本人也認為他「德兼三皇，功過五帝」。最後，取「三皇」之「皇」、「五帝」之「帝」為「皇帝」。嬴政是第一個皇帝，所以稱始皇帝。並規定其後世，按子孫世系排列，為「二世、三世 傳之無窮」。並且規定「制」、「詔」、「朕」作為皇帝專用術語，其他人都不能使用。整個帝國都是屬於皇帝的，其地位和權力至高無上，朝廷和地方的主要官吏都由皇帝任免。玉璽是皇帝行使權力的憑證，只有皇帝的印信才能稱為璽，只有璽才能使用玉料。玉璽與朕、制、詔一樣，都是皇帝的專有之物，任何百姓都禁止使用。

皇帝名號和權位確定以後，皇帝的親屬尊號也相繼確定，父親曰「太上皇」，秦始皇確定帝號的當年就追莊襄王為太上皇，母親曰「皇太后」，正妻曰「皇后」。秦始皇還下令博士官參照六國禮儀，從而制定一套尊君抑臣的朝廷禮儀。皇帝在萬人之上，群臣聽傳令官之令趨步入殿見皇帝；群臣上書奏事，一律要求採用「臣某昧死言」的格式。

君權神授，皇帝具有至高無上的權力，無論是中央還是地方官，都必須由皇帝任免，要嚴格按照皇帝的命令辦事。軍權也集中到皇帝一人之手，沒有皇帝的符節，任何人不得調動軍隊。為了保證皇權行使的暢達和

中央集權制度的有力實施，文武百官晝夜不停地起草制度檔，最終制定出了中央行政組織和地方行政組織制度，由此建立了一套完整的中央集權制度。

　　為了讓自己至高無上的權力得到充分發揮，秦始皇不分晝夜地操勞，白天斷獄，夜批公文。即使這樣拼命，但是他還不滿足，他還給自己規定了更高的目標，不批完一石公文，絕不休息。

☁ 統一制度　加強集權 ☁

　　秦始皇憑藉武力征服六國，國家雖然統一了，但是還存在著許多阻礙國家發展的因素，所以秦始皇著手進行了一系列的改革。這些強有力的改革措施對於中國政治、經濟和文化的統一和發展起到了巨大的作用。

　　秦始皇接受李斯的建議，首先對中央政治體制進行了改革。改革後的中央行政機構以皇帝為首，皇帝之下設三公、九卿，即三公九卿制。

　　三公是丞相、太尉和御史大夫。制度規定中央行政機構的首長是丞相，丞相統領百官，並協助皇帝處理國家政務。國家行政事務由丞相總領朝廷大臣集議和上奏。秦朝規定有左、右丞相，以右為尊。

　　太尉是中央軍事機構的最高軍事首長，協助皇帝處理全國軍事。如果需要發兵、調兵，必須得到皇帝的虎符，才能有權指揮軍隊。

　　御史大夫是皇帝的秘書長，皇帝的命令、國家的法令，由他轉交丞相頒佈。管理全國的書籍、律令和文書等事項，監察各級官吏也由御史大夫掌管。

　　三公之下還設九卿，九卿是具體掌管全國各領域事務的官吏，九卿分別為奉常、郎中令、衛尉、太僕、廷尉、典客、宗正、治粟內史、少府。奉常具體掌管宗廟祭祀禮儀，兼任皇帝侍從，其屬官有太樂、太宰、太祝、太史、太卜、太醫等；郎中令具體掌管皇帝的安全保衛工作，其屬官有大夫、郎中、謁者；衛尉具體掌管宮門的警衛，是宮殿的警衛隊長；

太僕具體負責皇帝使用的車馬，是皇帝僕從的最高長官；廷尉具體負責司法，是全國的最高司法長官；典客具體負責接待賓客的禮儀和少數民族事務；宗正具體負責皇室宗族名籍；治粟內史具體負責全國財稅收入和財政支出，是全國最高財務長官；少府具體負責山海池澤的稅收以及皇帝的生活供應，兼管宮廷手工製造業。

三公九卿，各自設有自己的一套機構，處理日常工作。大事總匯於丞相，最後上報皇帝裁決。

地方實行郡縣制。西周以來的分封制在秦國得到了徹底地改變。丞相李斯強烈反對分封制，他認為周朝就是因為實行分封制，將王分到各地當諸侯王，他們的權力才進一步擴大，逐漸與中央疏遠，皇帝越來越難管這些諸侯王，最後導致周朝分崩離析。他認為秦朝應汲取周朝的失敗教訓，要設置郡縣，由皇帝親自任命官吏進行治理，秦國的安定也就牢牢抓在皇帝手中。秦始皇採納了李斯的建議，在全國設立了36郡，郡下設縣。郡的長官是郡守，縣的長官有兩個名稱，一是縣令，一是縣長。縣以下依次是鄉、亭、里、什、伍，這是一種准軍事化的管理體制。基層老百姓們以5家為一個基層單位，由伍長負責；什則由10家組成，由什長負責。

為了使國家更快、更穩地發展，秦朝首先嚴格管理官吏，秦始皇制定了一套嚴明的法令，專門治理官吏。法令極其嚴厲，使得所有官員都遵紀守法，辦事效率極高。同時，秦朝也給這些官吏很高的權力、地位，「以吏為師」。

秦始皇在全國範圍內設置的這套帝制機構，好像一張龐大的權力之網，從中央到地方，從郡到縣，到鄉、亭、里、什、伍，層層控制，整個權力集中到中央，再透過中央集中到皇帝一人手中。所有的大臣和郡縣長官，都由皇帝一人任免。秦朝的這套政治制度，在我國古代政治制度中是空前專制的。在中國秦朝以後兩千多年的封建社會中，基本上都沿用了這一套制度。這一制度對鞏固中華民族的統一，促進社會經濟的發展和文化事業的繁榮，都具有十分重要的作用。

因秦朝剛剛建立，各方面的發展都還不夠完善。國家要統一，經濟要繁榮，民族要團結，除了有一套帝制機構之外，還必須建立各種統一的制度。長達幾百年的封建割據使得全國混亂不堪，要在全國各地建立起一套完整的政治、經濟、文化等制度，就顯得更為重要了。

在制定完整而統一的規章制度之前，秦朝政局非常混亂。為此，秦朝首先是頒行統一的法律。商鞅變法時，採用魏國李悝所著的《法經》作為秦國新法律的藍本。李悝的《法經》共分六篇：「盜法」、「賊法」、「囚法」、「捕法」、「雜法」、「具法」。商鞅在此基礎上又增加了「什」、「伍」連坐法，又把「法」改變為「律」。秦始皇統一六國後，把秦律頒佈全國執行，結束了戰國時代各國法律條文不一致的狀況。秦律具有苛刻嚴明的特徵，對「治吏」尤為重視，大量律條是針對官吏制定，官吏犯過，刑罰必加，絕不寬恕。李斯當時向秦始皇建議：「今天下已定，法令出一。」在此之前的各國法律制度，都有很大不同。秦始皇就把秦的法律頒佈全國，令全國各個郡縣統一執行。所以，秦朝吏治清明，官吏不敢貪污受賄，也不敢怠忽職守，辦事效率極高。

秦朝統一之初，各國貨幣形制基本上都不相同，而且計量單位也不統一。為了統一貨幣制，秦始皇立即下令廢除六國舊貨幣，制定新的統一貨幣。新制定的貨幣分為兩種：黃金為上幣，以鎰為單位；圓錢為下幣，以半兩為單位。新的貨幣制的制定，給當時秦朝的商品交換提供了很大的方便。

度量衡制度也是秦朝需要改革、統一的一項制度。原來各國的度量衡制度不僅大小、長短、輕重不同，單位、進制也不同。以量來說，秦國以升、斗、斛為單位，魏國以半斗、斗、鐘為單位，齊國以釦、釜、鐘為單位。西元前221年，秦始皇向全國頒行新的、統一的度量衡制度，規定度為寸、尺、丈、引；量為斛、斗、升、合、龠；衡為銖、兩、斤、鈞、石。

車軌大小、交通要道的寬窄也需要統一。秦始皇下令，全國統一車

軌，大車的兩輪之間皆寬六尺，所有不符合這些規定的車輛一律禁止使用，史稱「車同軌」。這一措施對交通運輸業起到了積極的促進作用。

語言是一個國家發展的交流工具。由於秦朝統一之前，各國各自為政，都有自己的語言、文字，《說文解字·敘》中記載：「言語異聲、文字異形。」這種文字不統一的局面嚴重影響了秦朝的發展。為此，秦始皇命丞相主持文字改革工作，下令須「書同文字」。李斯廢除了各國的異體字，統一了偏旁的形態，固定了偏旁的位置，規定了字體的筆劃數，全國一律使用筆劃簡單、書寫方便、易於讀認的「小篆」，又叫「秦篆」，就這樣第一次規範了漢字。

為了推廣統一的文字，李斯寫了《倉頡篇》，趙高寫了《爰曆篇》，胡毋敬寫了《博學篇》，都用小篆字體，共有3300個字，作為範本，向全國推行。

秦始皇開創的帝制機構和建立的各種統一制度，使得中國在兩千多年前成為世界上疆域最大、文化最發達的統一的多民族國家。在此之後的相當長一段時期，中國封建社會的經濟、科學、文化迅速發展，並居於世界前列。

北築長城　南戍五嶺

中國是一個多民族的國家。戰國時期，北方居住著少數民族匈奴人。匈奴已經進入了奴隸制社會，他們佔有今內蒙古、寧夏一帶的廣大草原。匈奴人常常襲掠與其接壤的秦、趙、燕三國北部邊地。

秦朝統一以後，匈奴人仍然南下侵擾。為了保證中原地區的安定，秦始皇派大將蒙恬率兵30萬，鎮守北疆。經過幾次英勇戰鬥，蒙恬終於攻取了河南地（今內蒙古馬加河以南及伊克昭盟地區）、高闕（今內蒙古狼山中部到蘭山口）、陽山（今內蒙古馬加河以北的狼山、陰山）、北假（今內蒙古馬加河以南夾山帶河地區）等地，還在這裡設置了34個縣，分別築

有縣城。西元前211年，秦始皇從中原地區遷徙3萬多戶人家到這裡落戶。接著，秦始皇便開始大規模修築長城，把戰國時秦、趙、燕三國修建的長城連接起來，再修築了一部分，修築後的長城西起隴西臨洮（今甘肅岷縣）、東至鴨綠江，長達1萬餘里，這就是舉世聞名的萬里長城。

萬里長城，是古代世界歷史上最偉大的建築工程之一，是中華民族勤勞、勇敢和智慧的結晶。它的建成，對於北防匈奴，保衛中原地區經濟、文化的發展，具有巨大的作用，也是中華民族的象徵、華夏兒女的驕傲。

秦朝初年，浙江、福建、江西、湖南南部及兩廣地區，居住著一個古老的民族越族。當時，他們還處於氏族社會時期，各個部落和部落聯盟大小不一，居住分散，時人稱為百越。

秦始皇統一中國後，在北擊匈奴的同時，又派大將屠睢率50萬部隊對百越地區採取了重大的軍事行動。秦很快征服了閩越，但在進攻南越和西越時，秦軍遭到了頑強抵抗，加之嶺南地區交通不便，軍需供應困難，戰爭相持不下。為了支援戰爭，秦始皇一面在中原徵發兵馬，一面命令監御史祿率兵在今廣西興安縣北開挖靈渠，把湘江和桂江支流口江之間的交通貫通起來，靈渠建成後大大方便了軍需供應和兵員運輸。經過八年征戰，終於平定了百越，統一了嶺南地區，並設置了南海郡、桂林郡和象郡。

戰爭期間和戰爭之後，先後有50萬中原人，「戍五嶺，與越雜處」，他們帶去了中原先進的生產工具和生產經驗，客觀上促進了這一地區的經濟、文化發展。從此，越族人民就永遠成為祖國大家庭中的一員，百越地區也從此成為中國領土不可分割的一部分。

全國統一之後，領土驟然擴大，在當時交通設施簡陋的情況下，一旦有戰事發生，局面很難迅速得到控制。為了調發士卒和轉運糧草方便，秦始皇在統一全國的第二年，開始在國內修築馳道。

馳道以咸陽為中心，東到燕、齊，南至吳、楚，北達九原（今內蒙古包頭西），西到甘肅東部，南北東西，四面貫通，全長達數千公里。馳道寬達50步，路面用錘夯打，平坦堅實，道路兩旁每隔3丈植樹1棵。此外，

在今四川、雲南、貴州等偏僻地區的崇山峻嶺之中，又修築「五尺道」，以適應這些地區戰爭的需要。

馳道的修築，對於秦王朝有效地控制全國，鎮守邊疆，起到了非常重要的作用。這些馳道戰時便於調兵、運糧，平時便於驛傳。

秦始皇在統一全國後的11年中，曾5次到全國各地巡視民情，察看防務，平均每兩年1次。所到之處，都要刻立石碑、申張秦法、歌頌統一，宣揚皇帝的威德，以鞏固國家的統一。秦始皇的每次巡遊，基本上都是沿馳道進行的。

秦始皇憑藉其強大的軍事實力橫掃六國，一霸天下。六國雖然被消滅了，但還有大量六國的舊貴族、官吏、士人，隱名埋姓，潛藏在各地；他們甚至還掌握著大量的兵器，另外秦國在與六國的交戰過程中有許多兵器流散於民間，這是一種不可低估的潛在的危險因素。因為這些兵器很可能會被六國的舊貴族們利用起來，進行反秦的軍事活動，構成對秦政權的嚴重威脅。於是，秦始皇下令，全國各地，任何人不得以任何方式私藏兵器，違者嚴懲。各郡、縣官吏必須採取強制手段，收繳流散於民間和舊貴族手中的兵器。最後，這些收繳的兵器集中在咸陽加以銷毀，改鑄成12個大銅人，各重24萬斤。秦始皇這種兵器不藏於民間的做法，為以後歷代封建帝王所效仿。

與此同時，為了防止原有六國的軍事設施如城郭、險塞等，被各國貴族用來作為反秦的據點或屏障，秦始皇命令各地，「墮壞城郭，決通川防，夷去險阻」，消除各種軍事上的隱患，同時也方便了交通和水利的建設。

焚書坑儒　禁辦私學

為了控制全國的輿論與宣傳，秦始皇實行了文化專制，以穩定政權。他採取了李斯的建議，實施「焚書坑儒」政策來鞏固皇權。

西元前221年，六國的遺老遺少和貴族大肆引經據典談論朝廷政事，雖然朝廷法令嚴酷，但時間一長，他們也就膽大妄為了。特別是那些儒生們，他們借用興辦私學名義，借古諷今，惑亂百姓，給朝廷造成極大的不利影響。大量的輿論宣傳直指新政權，秦始皇深感問題的嚴重性，他要尋找解決這種局面的有力措施。

西元前213年，秦始皇在咸陽宮召集群臣舉行宴會慶賀自己北築長城、南伐百越的功績。博士僕射周青臣首頌秦始皇「神靈聖明」。他說：「陛下統一海內，滅亡諸侯，改設郡縣，無戰爭之患，百姓人人感到幸福快樂，這是前所未有的盛事。這樣的帝王之業，可以傳至萬世。」然而舊勢力的代表人物淳于越卻提出：「商、周的王位能夠傳一千多年，是因為分封制的實施。現在陛下設郡縣、去分封，假如有的人突然起來篡權，沒有輔佐怎能相救呢？」並借機攻擊道：「事不師古而能長久者，非所聞也。」群臣一片譁然。秦始皇也讓眾臣放開思想，各抒己見。但是，丞相李斯卻力排眾議，對以淳于越為代表的反對派論調進行了嚴厲駁斥。他說，五帝不相複，三代不相襲，治國方法各異。如今，天下已定，法令統一，百姓積極而努力生產，儒生們本應學習法令，為國效力，相反，以淳于越為代表的「愚儒」們卻「不師今而學古，以非當世，惑亂黔首」，這些人「入則心非，出則巷議，誇主以為名，異取以為高，率群下以造謗」。他又提出，這些以淳于越為代表的「愚儒」們是秦朝政權和國家順利發展的絆腳石，應當及早除掉。之後，他又提出了焚書的建議：史書除《秦記》之外一律燒掉；《詩》、《書》、百家語除博士官收藏的以外，其他人的藏書都限期集中到郡，由郡守、郡尉監督燒掉；醫藥、卜筮、種樹等書不在禁列；有敢相互談論《詩》、《書》的，判處「棄市」的死刑；「以古非今者族」；「吏見知不舉者，與同罪；令下三十日不燒，黥為城旦」。

秦始皇聽後覺得李斯的話很有道理，立即採納了這項建議。於是，全國各地青煙滾滾，大批古代文獻、典籍毀於大火之中。

在焚書之後的第二年，又實施了坑儒。由於大量焚書，引起不少儒生和方士的不滿，他們繼續大造輿論，謾罵、攻擊秦始皇，說他「專任獄吏」、「樂以刑殺為威」、「貪於權勢」等。秦始皇對這些敢於反抗、繼續散佈「妖言」、「以亂黔首」的儒生採取了堅決鎮壓的手段，先後逮捕了1160多個儒生和方士，把他們全部活埋於咸陽。

秦始皇的長子扶蘇進諫說：「天下初定，遠方百姓還未安定，諸位先生都誦法孔子，陛下重法繩之，臣恐天下不安。望陛下三思。」秦始皇非但不採納，還把他趕出咸陽，讓他到北邊的上郡去執行監軍任務。

不僅士人，百姓也極端痛恨秦始皇。楚地流行著「楚雖三戶，亡秦必楚」的歌謠，詛咒秦王朝滅亡。西元前211年，東郡落下一塊隕石，有人在石上刻了一行字：「始皇帝死而地分。」秦始皇知道後，派遣禦史追查刻字人，由於無人承認，便把隕石附近的居民全部殺死，然後銷毀隕石。如此，百姓的怨恨更深了。

焚書坑儒，儘管對於鞏固國家統一、消除割據意識起到了一定的作用，但是秦始皇採取這種野蠻的、殘酷的手段，無疑是對中國古代文化次極為嚴重的摧殘。

在焚書坑儒之後，禁辦私學是秦始皇進行輿論控制的又一種手段。秦始皇統一六國之後，曾仿照齊、魯等國的制度，設置了博士官職。但充當博士官的這些人都是當時各個學派的知名人士，沒有行政實權，可以議論政治，有保藏圖書、教授詩書等責，他們可以舉辦私學，招收弟子，傳授學問，有的博士官的弟子多到100多人。因此，在秦王朝都城咸陽的孔孟一派的儒生隊伍不斷擴大，成為當時文教機構中的一股重要力量。鑑於此種情況，李斯指出：不少儒生大多是通過「私學」來進行反動輿論宣傳的。焚書之後，書籍沒有了，但這些儒生人還在，思想還在，如果讓他們繼續舉辦私學，那麼他們就會繼續以古非今，偽言誹謗，大造反動輿論。因此，必須把教育大權收上來，嚴禁私學，任何人不得以任何方式私辦教育。教育只能由官方舉辦。

李斯在焚書的建議中表明，禁止傳授《詩》、《書》等百家思想，所有的官辦學校必須「以吏為師」，以法令為教材，不得隨意講授其他內容。

秦始皇禁辦私學，規定官辦教育，對於控制輿論、宣傳統一思想，無疑起到了重要作用。但這種文化專制，更多的是對中國古代教育的一種破壞。

ᗡ 橫徵暴斂　嚴刑峻法 ᗡ

秦始皇在兼併六國時，每滅一國，就命人把該國宮殿繪製圖樣，在咸陽仿造。他到處建造離宮別院，僅首都咸陽四周200公里內就有宮殿270座，關中有行宮300座，關外有400多座。

在秦始皇修建的眾多宮殿中，規模最大的當數阿房宮。「法天則地」是秦人進行城市規劃的重要原則，阿房宮也同樣是這一原則下的大手筆。據《史記‧秦始皇本紀》記載：「前殿阿房，東西五百步，南北五十丈，上可以坐萬人，下可以建五丈旗。周馳為閣道，自殿下直抵南山，表南山之巔以為闕。為複道，自阿房渡渭，屬之咸陽。」唐詩人杜牧的《阿房宮賦》寫道：「覆壓三百餘里，隔離天日。」項羽火燒阿房宮時，「火三月不滅」。其規模之大，勞民傷財之巨，可以想見。

封建帝王生前都要為自己「百年」之後的歸宿做規劃，秦始皇也不例外。秦始皇在13歲剛即位時，就開始在驪山為自己修造墳墓。秦始皇統一全國後，營建工程大規模進行，前後經營38年之久，直到秦始皇死時，工程尚未完全竣工。秦始皇的驪山陵墓依驪山而建，高50公尺，周長2公里，像座山陵一樣，故稱驪山陵墓。

根據最近探測的資料指出，秦始皇在驪山陵修建的地宮呈長方形，南北長約460公尺，東西寬約400公尺，面積比現在封土面積大得多。地宮由厚約4公尺的宮牆圍護，宮牆由細繩紋青磚砌成。陵墓的東、西、北三面

都有通向地宮的通道，用黑爐土、棕色土、黃土等混合成的五色土回填夯實。

《史記·秦始皇本紀》載：「始皇初即位，穿治驪山，及並天下，天下徒送詣七十餘萬人，穿三泉，下銅而致槨，宮觀百官，奇器珍貴，徒藏滿之。令匠作機駑矢，有所穿近者輒射之。以水銀為百川、江河、大海，機相灌輸，上具天文，下具地理，以人魚膏為燭，度不滅者久之。」

即使秦始皇死後的陪葬兵馬俑也堪稱世界奇觀，1974年至今發掘的一號、二號、三號兵馬俑坑規模很大，僅一號坑就東西長230公尺，寬612公尺，總面積達14260平方公尺，約埋有6000個真人大小的陶俑。

阿房宮和驪山墓兩項宏大工程，用去了精壯勞力140餘萬人，加上北築長城、南戍五嶺、修馳道、造離宮，以及其他兵役雜役，常年動用民力多達300餘萬，丁男全被發征服役，部分丁女也裹入服役隊伍。沉重的兵役、徭役壓得人民喘不過氣來，同時，人民還要將收穫物的三分之二繳作賦稅。秦王朝的橫徵暴斂使得海內虛耗，民窮財盡。

秦自孝公以來奉行法家學說，法家尚刑。秦始皇推崇法家，用刑殘酷，殺人如麻，使秦國的殘暴統治達到高峰。司馬遷在《史記·秦始皇本紀》中記載：為了防止六國遺民叛亂，他下令收繳天下兵器運到都城咸陽，令工匠銷毀。秦始皇還採納李斯建議，規定一人犯死罪，親族一起處死，叫作「族誅」；一家犯法，鄰里同罪，叫作「連坐」。人民隨時都會被指控犯法，被罰做苦役，或者斬腳、割鼻、處死。百姓動不動就被官吏判為犯法，甚至會招來殺身之禍。大批無辜者被判為刑徒去服苦役，路上行人半數都是囚犯，長城腳下、阿房宮中、驪山墓旁以及五嶺路上，處處如此。秦國已經不是昔日的秦國，它已經是一座巨大的人間地獄，百姓終日生活在恐怖之中。秦始皇的殘暴統治，引起了社會的普遍不滿。一直對秦恨之入骨的六國貴族首當其衝，他們多次派人入宮暗殺秦始皇。士人得不到任用，紛紛指責秦的統治政策。廣大百姓剛剛脫離戰爭之苦，但秦的暴政又引起了他們對故國的懷念，紛紛詛咒秦始皇早死，秦朝速亡。

向東求仙　壽終歸西

秦始皇做了皇帝之後，不僅希望皇位能萬世萬代地傳下去，而且他還希望自己長生不老，於是就千方百計地尋求仙丹妙藥。他曾派方士徐福率童男童女數千至東海中求神仙等，耗費了巨大的財力和物力，加深了人民的苦難。秦始皇還好大喜功，先後5次大規模巡遊，沿途刻石頌德，以昭示自己的不朽之功。但秦始皇沒有想到自己會死在出巡回來的路上。

皇帝駕崩後，為了防止皇子們爭奪皇位而導致天下大亂，丞相李斯封鎖了消息，將秦始皇的屍首放在車裡繼續向咸陽趕路，但熱天中屍體開始腐爛，散發出臭氣。為了掩蓋真相，李斯讓每輛車上都裝一石鮑魚，用魚臭掩蓋屍體的腐臭。

趙高為了自己專權，竟借扶蘇不喜歡李斯的事實來蠱惑李斯，二人一起篡改詔書，讓胡亥繼承了皇位，同時假造聖旨讓扶蘇自盡。胡亥即位後稱秦二世。

同年九月，秦始皇被葬在驪山墓中。墓高50丈，按照規定，皇帝的墓可以建9丈高，但至高無上的皇帝陵墓總是超過這個高度。至於百姓的墓，不但要稱為「墳」，還限制在三尺以下，否則就是觸犯法律，要受處罰。

秦始皇的驪山墓室建得非常豪華。由於墓室很深，會有泉水滲進，為防止墓室遭泉水的長年浸泡，便用銅汁澆鑄墓室。墓頂則用無數珠寶鑲嵌，形成日月星辰的模樣，底部以水銀為江河大海。墓室裡還有文武百官排列兩邊，一切都仿照秦始皇在世時的樣子設置。據說，為了防止偷盜破壞，墓中設有機關，如有人進入，弓箭會自動發射。

秦二世即位後，統治更加殘暴，僅僅三年，秦二世便被趙高所殺。暴亂中的秦王朝已經名存實亡。

秦始皇13歲即位，22歲親政，接著掃滅六國，一統天下，在中國歷史上建立了第一個中央集權制國家。但是，秦王朝的命運是短暫的，它僅存15年，就被中國歷史上第一次大規模農民起義推翻了。

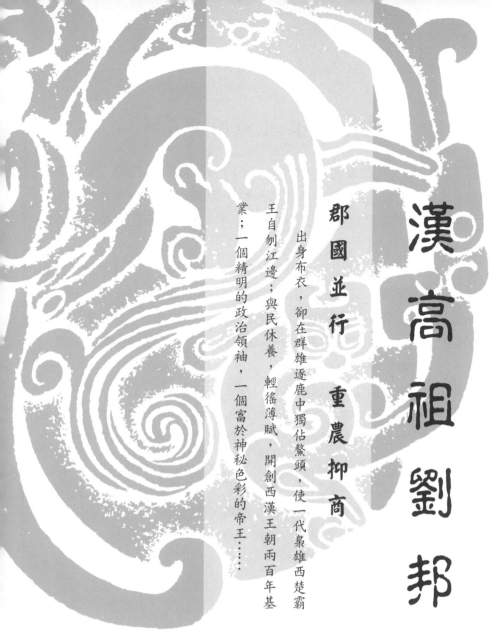

漢高祖劉邦

郡國並行　重農抑商

出身布衣，卻在群雄逐鹿中獨佔鰲頭，使一代梟雄西楚霸王自刎江邊；與民休養，輕徭薄賦，開創西漢王朝兩百年基業；一個精明的政治領袖，一個富於神秘色彩的帝王……

無賴少年　玉汝於成

西元前209年，由於秦始皇的殘暴統治，民怨沸騰，以陳勝、吳廣為首的農民，揭竿而起，掀起了一場轟轟烈烈的反秦農民起義。與此同時，社會上各種政治勢力也借機蜂起，逐鹿中原，全國各地燃起了反秦的烈火。

劉邦（西元前256～西元前195年），秦朝泗水郡沛縣（今江蘇豐縣）人，字季，小名劉季，兄弟四人中排行第四，劉邦出身農家，為人豁達大度。劉邦所處的時代，是從諸侯混戰走向統一，又從統一走向分裂的時代。他目睹了諸侯混戰給人民帶來的沉重災難，也曾經為秦始皇掃滅六國、統一四海而歡呼過。

劉邦生性豪爽，自幼不太喜歡讀書，喜做大，好吹牛，但對人樂善好施。由於他不喜歡從事勞動，不如哥哥會經營，所以常被父親訓斥為「無賴」，但劉邦依然我行我素。劉邦30歲時，做了泗水的亭長，因重感情，講義氣，在當地也小有名氣。

劉邦的夫人是單父呂公的女兒，他們倆還是呂公撮合的。有一天，縣裡的官吏來拜賀呂公，當時蕭何負責收受賀禮，他向來客宣佈：「凡賀禮不滿一千錢，都坐在堂下。」劉邦也是賀客之一，他根本沒帶錢，卻和蕭何開玩笑說：「我賀錢一萬。」

有人去告訴呂公，呂公聽說了，急急忙忙趕出來親自迎接他。一見劉邦氣宇軒昂，與眾不同，非常喜歡，馬上請其上席就座，交談甚歡，非常投緣。酒後，呂公還盛情將他留下，並且提出想將女兒嫁給他為妻。這是天上掉下來的禮物，劉邦喜出望外，回家徵得父母同意之後，他便和呂氏結了婚，這就是後來的呂后。他們生了漢惠帝和魯元公主。

一天，有一個過路的老人向劉邦的妻子呂氏要水喝，呂氏滿足了他的要求並給他盛了碗飯。老人吃喝完了討好地說她是一副貴人相。等老人走後，她把剛才老人說的話告訴了劉邦，劉邦一聽異常興奮，他趕緊又追上

了老人，讓他也為自己看看面相。老人又討好地說他的夫人和女兒是貴人相，而劉邦的面相更是貴不可言。

　　不久，秦始皇修驪山墓，動用了大批勞力，劉邦也受命押送刑徒到驪山。在押送的路上，刑徒們陸續逃亡。劉邦也很無奈，走到豐邑縣的大澤休息時，他喝了些酒，然後悄悄鬆開了刑徒們身上的繩子，讓他們自己逃命去。刑徒們發現劉邦在這種生死攸關的時刻救了他們一命，非常感激。他們不願意丟下他一個人走，都表示願意跟著他，劉邦便帶領大家逃亡。傳說劉邦他們沒走多遠，前面負責開路的人就回來告訴他前邊有條大蛇攔路，沒法通行。劉邦訓斥說：「我們這些勇士行路，沒什麼好害怕的！」他扒開眾人，自己到了前邊，果然見一條蛇橫在路中間，他便拔出寶劍將蛇一劍攔腰斬斷。又走了一段路後，後邊的人趕了上來，對他說：在路旁看見一個老太太哭，問她為什麼哭，老太太說有人把她的兒子殺了。又問為什麼被殺，她說她的兒子是白帝的兒子，剛才變成蛇，卻在路邊被赤帝的兒子殺了，所以才如此難過。大家當時都認為是老太太說謊，但老太太忽然就不見了。劉邦聽說後，心中暗喜，以後便常常借此來提高自己的威信和地位。

　　劉邦殺了那條蛇，又聽說了那種神異之事，就開始懷疑自己可能是赤帝的兒子轉世，他預感會有什麼事要發生在自己身上。於是，劉邦帶著那些願意跟從他的刑徒逃亡到芒碭山區，藏了起來。據呂氏說，呂氏和其他人去尋找劉邦，卻常常能夠很快找到。劉邦覺得很奇怪，問她原因，呂氏說：「你藏身的地方，天空上經常有五彩祥雲，所以我很快就能找到。」劉邦異常興奮，把此事向人們悄悄宣傳。借助這些傳說，劉邦在當時的威信不斷提高，跟隨他的人也就多了起來，他被當地人稱為沛中豪傑。

　　秦朝的殘暴統治已經走到了盡頭。西元前209年，秦末農民起義爆發，陳勝、吳廣在大澤鄉發動起義，起義軍攻佔了陳縣以後，陳勝建立了「張楚」政權，和秦朝公開對立。很多百姓都把縣令殺了投靠陳勝。沛縣的縣令害怕了，就想主動投誠。蕭何、曹參擔心縣衙裡其他人不同意，

就建議縣令到社會上召集幾百人挾持其他官員。縣令覺得有理，便讓劉邦的妹夫樊噲去把劉邦找回來。此時，劉邦已經聚集了幾百人馬，便帶人趕回沛縣。但是縣令又後悔了，害怕劉邦回來自己不好控制局面，危及自己在沛縣的地位，弄不好還會被劉邦所殺，等於是引狼入室。所以，他命令將城門關閉，還準備捉拿推薦劉邦的蕭何和曹參。蕭何和曹參聞訊趕忙逃到了城外。劉邦這時已經聚集了好幾百人，他將信射進城中，鼓動城中的百姓起來殺掉出爾反爾的縣令，大家一起捍衛自己的家鄉。因為眾多百姓對平時就不太體恤他們的縣令非常不滿，於是，殺了縣令後開城門迎進劉邦，又推舉他為沛公。劉邦順從民意，設祭壇，自稱赤帝的兒子，領導民眾舉起了反秦大旗。劉邦在攻打胡陵、方與後，即回來駐守豐邑。

◎ 約法三章　關中稱王 ◎

在劉邦起兵的同時，秦末農民戰爭中還有一支強大的力量，這就是原來楚國貴族的後代項羽和叔叔項梁，他們在吳中起兵，兵力很快達到了近萬人。同時，其他被秦國滅掉的六國貴族後裔們也紛紛起兵，加入了滅秦的行列。

西元前208年，陳勝手下大將周章率軍攻打戲水。燕、趙、齊、魏各國都自立為王。

但秦朝泗川郡監名叫平的率兵包圍了豐邑。兩天之後，劉邦率眾出城與秦軍交戰，打敗了秦軍。劉邦命雍齒守衛豐邑，自己率領部隊到薛縣去。泗川郡守壯在薛縣被打敗，逃到戚縣，劉邦的左司馬曹無傷抓獲泗川郡守壯並殺了他。劉邦把軍隊撤到亢父，一直到方與，沒有發生戰鬥。陳王勝派魏國人周市來奪取土地。周市派人告訴雍齒說：「豐邑是過去魏國國都遷來的地方，現在魏地已經平定的有幾十座城，你如果歸降魏國，魏國就封你為侯駐守豐邑。如果不歸降，我就要屠戮豐邑。」雍齒本來就不願意歸屬於劉邦，等到魏國來招降了，立刻就反叛了劉邦，為魏國

守衛豐邑。劉邦帶兵攻打豐邑，沒有攻下，後因生病退兵回到沛縣。聽說東陽縣的寧君、秦嘉立景駒做了代理王，駐守在留縣，於是劉邦前去投奔他，想向他借兵去攻打豐邑。這時候秦朝將領章邯正在追擊陳勝的軍隊，章邯的別將司馬帶兵向北平定楚地，屠戮了相縣，到了碭縣。東陽甯君、劉邦領兵向西，和章邯的別將司馬在蕭縣西交戰，戰勢不利，就退回來收集兵卒聚集在留縣，然後帶兵攻打碭縣，三天就攻下此城。於是劉邦聚集碭縣的兵卒共五六千人攻下下邑，後退兵駐紮在豐邑。聽說項梁在薛縣，劉邦就帶著一百多隨從騎兵前去見項梁。項梁又給劉邦增加了5000兵士和五大夫級的將領10人。劉邦回來後，又帶兵去攻打豐邑。

劉邦跟從項梁一個多月，項羽已經攻下襄城回來了。項梁把各路將領全部召到薛縣，聽說陳勝被車夫莊賈所殺，因而立楚國後代懷王的孫子熊心為楚王，建都盱台，項梁號稱武信君。駐守幾個月後，項梁向北攻打亢父，援救東阿，擊敗了秦軍。另外，項梁派劉邦、項羽攻下咸陽。項梁的軍隊駐紮在濮陽縣東邊和秦軍交戰，打敗了秦軍。

戰敗的秦軍重振旗鼓，在濮陽城周圍引水堅守。楚軍久攻不下，撤兵去攻定陶，沒有攻下。劉邦和項羽向西奪取土地，到了雍丘城下，和秦軍交戰，大敗秦軍，斬殺李由。又返回攻打外黃，沒有攻下。

項梁兩次打敗秦軍，露出驕傲的神色。宋義進諫，項梁不聽。秦朝給章邯增派了軍隊，趁著黑夜襲擊項梁軍隊。為了避免打草驚蛇，章邯讓士兵口裡都銜著一根橫木棍，結果在定陶打敗了項梁的軍隊，項梁戰死。這時，劉邦和項羽正在攻打陳留，聽說項梁已死，就帶兵和呂臣一起向東進軍。呂臣的軍隊駐紮在彭城的東面，項羽的軍隊駐紮在彭城的西面，劉邦的軍隊駐紮在碭縣。章邯打敗了項梁的軍隊之後，就以為楚地的軍隊不值得擔憂，於是渡過黃河，向北進攻趙國，大敗趙軍。正當這個時候，趙歇立為趙王，秦將王離在鉅鹿城包圍了趙歇的軍隊，這就是所謂的河北軍。

西元前207年，楚懷王把都城從盱台遷到彭城，把呂臣、項羽的軍隊合在一起由他親自率領。他任命劉邦為碭郡太守，封為武安侯，統率碭郡的部

隊，封項羽為長安侯，號稱魯公；呂臣擔任司徒，他的父親呂青擔任令君。

這時，因趙國幾次請求援救，懷王就任命宋義為上將軍，項羽為次將，范增為末將，向北進兵救趙，然後向西取咸陽。命令劉邦進軍關中。楚懷王和諸將相約，誰先進入函谷關平定關中，就讓誰在關中做王。

西元前206年8月，劉邦攻入武關，向咸陽逼近。秦相趙高殺死秦二世，派人向劉邦求和，被劉邦拒絕。同年9月，秦王子嬰即位，他誅滅趙高，派兵在嶢關抵擋劉邦。劉邦率軍繞過嶢關向秦國進攻，在藍田之南打敗秦軍，接著到藍田又大破秦軍。10月，劉邦即進抵咸陽東郊灞上。秦王子嬰被迫乘坐素車白馬，用帶子繫著頸，捧著璽印向劉邦投降。秦王朝滅亡。

10月，劉邦攻入咸陽後，以「關中王」自居，準備好好享受一番。樊噲提醒劉邦安於享樂將重蹈秦的覆轍，他不以為然。張良再一次進諫說：「秦王朝的統治殘暴無道，所以你才能進入關中。你若想為天下除去殘暴，自己首先就必須以樸素為資。現在剛剛入秦，卻安於享樂，這並非大丈夫所為，況且，『忠言逆耳利於行，良藥苦口利於病』。樊噲講的話雖不合你意，但為了坐穩天下，希望你還是聽從他的勸告。」於是，劉邦聽從了張良、樊噲等人的建議，「乃封秦重寶財物府庫，還軍灞上」。劉邦到達灞上之後，便召集當地的名士，和他們約法三章：殺人者死，傷人及盜抵罪。其他秦朝的苛刻法制一律廢除，這條規定順乎民心。

暗渡陳倉　擊殺霸王

項羽在鉅鹿之戰消滅秦軍主力後，也率軍向關中進發。西元前206年12月，聽說劉邦已平定關中，劉邦的屬下曹無傷對劉邦很不滿，他暗地裡派人向項羽挑撥說：「沛公劉邦想在關中做王，讓子嬰做宰相，自己將秦的財物都納入私囊。」項羽大怒，當即命當陽君英布攻破函谷關。范增也勸項羽趁機除掉劉邦這個對手。項羽就下令準備，要在第二天進攻。這時的劉邦在兵力上無法和強大的項羽相抗衡，他只有10萬軍隊，不可能戰勝項羽的40萬精

兵。大難臨頭之際，劉邦卻迎來了一位救星。

這個救星恰恰就是項羽的叔叔項伯。劉邦的謀臣張良曾經救過項伯一命。項伯聽說項羽馬上就要進攻劉邦，就潛入劉邦軍中，想把好友張良帶走。張良卻說：「沛公有難，我不能走，除非把這個事情告訴他。」張良將事情的嚴重性告訴了劉邦，劉邦要張良趕快考慮對策。張良說：「你現在應親自對項伯說明，你不敢背叛項王。」劉邦為感激項伯便與項伯約為兒女親家，然後說：「我入關之後，秋毫不犯，登記吏民，封存府庫，以待將軍。之所以遣將守關，是為防備盜賊和其他意外。我日夜盼望將軍到來，怎麼敢反叛呢！希望您能替我向將軍解釋這個情況。」並表示次日即向項羽賠禮。項伯即連夜返回，把劉邦的話回明項羽，並勸告說：「是劉邦先破關中，你才有機會進入關中，劉邦立了大功，應該好好待他。」項羽遂同意取消進攻計畫。

第二天早上，劉邦率張良、樊噲和100多個騎兵來到項羽的駐地鴻門，向項羽賠禮。項羽宴請劉邦，席上明爭暗鬥，劍拔弩張，演出了歷史上著名的「鴻門宴」。項羽要借此時機殺了劉邦，卻被劉邦藉故脫身躲過。「鴻門宴」後，項羽即率兵西屠咸陽，殺秦王子嬰，燒秦宮室，擄掠財物、婦女，然後東歸。因楚懷王堅持誓言「先入關者王」，逆了項羽的心思，西元前206年5月，項羽以最高統帥的身份，佯尊楚懷王為義帝，立諸將為王、侯，諸侯王共分封了18個。項羽自立為西楚霸王，管轄梁、楚九郡，都彭城，立劉邦為漢王，管轄巴、蜀、漢中41縣，居地南鄭（今陝西南鄭）。

4月，項羽遣諸侯各自就國，劉邦也只好前往南鄭。項羽當時只給了他3萬士兵，加上自願隨從的幾萬人，也不到10萬人。為了防備其他諸侯的襲擊，同時，也為了向項羽表示不再東出爭奪天下，劉邦接受張良的建議，把通往漢中的棧道燒了。這樣，從陳勝開始反秦到秦滅亡，長達3年的戰亂暫時平息。

劉邦身居南鄭並不滿足漢王的封號，只是鑒於勢單力薄，暫時沒有反對項羽。而到了南鄭之後，一方面劉邦所率士卒不服水土，思念東歸，他必須

立即決斷；另外，由於分封不均，齊國田榮起兵反叛，陳余打敗張耳立歇為趙王，諸王反叛項羽也為他提供了東進的機會。劉邦決定出關與項羽一決雌雄，恰好丞相蕭何又向他推薦將才韓信，認為「必欲爭天下，非信無可與計事者」，他便任命韓信為大將。劉邦讓他全權部署作戰計畫。西元前206年5月，劉邦以蕭何為丞相，留守巴蜀，安撫後方，自己則和韓信率領大軍暗渡陳倉（今陝西寶雞東），很快佔領了整個關中，楚漢戰爭正式爆發。

西元前205年，正當項羽與齊、趙激戰時，劉邦率兵出關向中原進軍。漢軍聲勢浩大，共56萬人，東向伐楚，次年4月，攻下了彭城。

項羽聽說劉邦已經佔領彭城，便率領精兵3萬，急返彭城。結果，項羽大破漢軍，漢軍沿穀、泗二水退逃，被殺死十幾萬人。又在靈璧（今安徽省東北）東濉水上被項羽追上，十幾萬漢軍被殺死，「濉水為之不流」。劉邦僅與數十騎逃脫，項羽還從沛縣擄來劉邦的父親、妻子做人質。各路諸侯看到劉邦大敗，紛紛叛離。

劉邦退到滎陽之後，蕭何從關中派來部隊增援，韓信也收攏散餘軍隊來會合。漢軍重振旗鼓，在滎陽南邊打敗了項羽，兩軍在滎陽一帶開始對峙。後來，劉邦策反了項羽的大將英布，分化了項羽的兵力。但是後來項羽派兵侵擾漢軍的運糧通道，最終將滎陽的漢軍圍困起來。劉邦只好向項羽求和，提出以滎陽為分界線，滎陽以西為漢。項羽想答應劉邦，但范增卻不同意，說現在正是消滅漢軍的好時機，錯過這個機會，放虎歸山，就後患無窮了，項羽於是又開始攻打滎陽。劉邦認為范增是項羽的重要謀臣，必須除掉他，才能擊敗項羽。劉邦就採用了陳平的離間計，待項羽派使者來勸劉邦投降時，劉邦就讓人先擺出盛情款待的樣子，送去精美的食品，及見了使者，又故意驚奇地說：「我們聽說是亞父的使者來了，原來是項王的使者啊。」接著就將精美的食品撤了下去。結果使者非常生氣，回去便告訴了項羽。項羽信以為真，從此不再聽范增的意見了，懷疑他背叛自己，私下和劉邦交往。

范增得知內情，勃然大怒，對項羽說：「大王您自己多保重，我還是回老家做一個平民百姓吧！」范增負氣離開了項羽，但沒能到達彭城，就病死

在半途中。

范增走後，項羽加緊進攻滎陽，劉邦只好設法從滎陽突圍。大將紀信自告奮勇，替劉邦向項羽假投降，讓劉邦趁機逃脫。紀信乘坐著劉邦的車出東門假降，劉邦則從西門出城突圍。紀信將項羽的大部分軍隊吸引住，使得劉邦脫身，結果項羽一氣之下將紀信燒死。

拿下滎陽之後，項羽又佔領了成皋（今河南滎陽汜水鎮）。後來劉邦集中兵力將成皋收回，然後圍困滎陽。項羽回師救援，和劉邦在滎陽東北部的廣武山一帶對峙，時間長達幾個月之久。項羽急於和劉邦決戰，因為劉邦的糧草供應順暢，而他的糧草供應卻常遭到彭越的襲擊。為了儘早結束戰鬥，同時迫使劉邦投降，項羽就把原先俘獲的劉邦的父親押到了兩軍陣前，他對劉邦說：「你如果再不投降，我就把你的父親煮了！」

劉邦心中憤怒，卻表現得不以為然，笑眯眯地對項羽說：「我和你曾經『約為兄弟』，所以我的父親就是你的父親了。如果你一定要煮了我的父親，那就請便吧。不過，別忘了給我也留一碗肉湯。」項羽氣得七竅生煙，當場就下令要將劉邦的父親殺死。項伯急忙上前勸道：「將軍，現在天下歸誰，我們無法預料，何況爭天下的人都是不顧家人生死安危的，殺了他的親人也起不了多大作用，相反會增加雙方的仇恨。」項羽只好命人將劉邦的父親帶回去。

知道殺劉邦的父親不靈，項羽又要與劉邦單獨決鬥。劉邦沒有上他的當，卻說：「我和你只鬥智，不鬥勇。」接著罵項羽有十大罪狀，「第一，你負前約，沒有讓我稱王天下，而是稱王蜀漢；第二，你殺死上將軍宋義，取而代之；第三，你救趙之後，本該息兵，卻進軍關中；第四，火燒阿房宮，中飽私囊；第五，你殺死秦王子嬰；第六，你坑殺秦的投降士卒20萬；第七，對諸侯王分封不公；第八，將義帝趕出彭城，自己占為都城；第九，你暗害義帝；第十，不但以臣殺主，政事也不公平。我現在率領眾將領來誅殺你這殘忍的逆賊，何必非要和你單獨決鬥呢！」項羽聽了，氣得拉弓射了劉邦一箭，雖正中劉邦的胸部，但卻被劉邦逃過死劫。

劉邦和項羽在對陣了10個多月之後，劉邦有幸得到關中和蜀地的支援，逐漸占了上風。而項羽則兵源缺乏，糧草不足，難以和漢軍抗衡。在侯公的撮合下，項羽和劉邦定下了停戰協定：楚漢以鴻溝（今河南滎陽中牟、開封一帶）為界，東西分治。協定達成之後，項羽將劉邦的父親和妻子送還。項羽領兵東返，劉邦也打算領兵回關中。張良和陳平則極力勸說劉邦趁機滅掉項羽，因為這時項羽兵不精、糧不足，讓項羽回到彭城，等於是放虎歸山。劉邦立即命令追擊，同時派人命韓信和彭越合擊項羽。

西元前202年10月，劉邦的軍隊在固陵（今河南太康西）追上了項羽，然而，韓信和彭越的軍隊還沒有到達。項羽向漢軍猛烈反擊，將漢軍擊潰。劉邦只得堅守不出，問謀士張良有何良策。張良說大王如果能封給韓信齊地（今山東北部和河北南部），封給彭越梁地（今河南商丘等地），那他們兩個肯定會火速進兵。劉邦按張良的主意給韓信和彭越許諾，在擊敗項羽後立即封他們為齊王和梁王，這正合倆人心意，所以，韓信和彭越也很快有了回音立即進兵。同時，楚的大司馬周殷也被劉邦派人勸降，淮南王英布也領兵趕來會師。漢軍會合各路援軍共30萬，和項羽決戰垓下。夜裡，圍困項羽的漢軍唱起了楚國蒼涼的歌，使項羽以為漢軍已佔有全部楚地，走投無路的項羽在帳營中和心愛的虞姬飲酒，乘著酒力慷慨而歌：「力拔山兮氣蓋世，時不利兮騅不逝。騅不逝兮可奈何，虞兮虞兮奈若何！」虞姬唱道：「漢兵已略地，四放楚歌聲。大王意氣盡，賤妾何聊生。」

虞姬含淚自刎，項羽率領800騎兵趁夜突圍。第二天早晨，漢軍才發現項羽已經突圍而去，劉邦命令灌嬰率騎兵火速追擊。項羽在渡過淮河後，身邊只剩下了100人，到達陰陵時，因為迷路走入大澤之中。從大澤出來後，項羽向東撤退，在東城被灌嬰的騎兵追上。項羽的隨從只有28人了，和漢軍激戰三次，殺傷幾百漢軍後，項羽最後橫劍自刎。至此，楚漢戰爭以項羽的失敗而結束。

稱帝建漢　遷都長安

西元前202年正月，劉邦按照與韓信、彭越的約定，立韓信為楚王，彭越為梁王。受封的韓信和彭越聯合原來的燕王臧荼、趙王張敖以及長沙王吳芮共同上書劉邦，請他即位稱帝。劉邦開始假意推辭，韓信說：「雖然大王出身不富裕，但能率領眾人掃滅暴秦，誅殺不義，安定天下，功勞超過諸王，您稱帝是眾望所歸。」劉邦順水推舟地說：「既然大家一致要求我當皇帝，那就按你們說的辦吧。」同年的二月初三，劉邦在山東定陶氾水之陽舉行登基大典，定國號為漢。同時，封夫人呂氏為皇后，兒子劉盈為太子，定都洛陽。

同年5月，劉邦在洛陽的南宮開慶功宴。宴席上，他有說有笑，與眾人分析楚漢戰爭雙方勝敗的經驗教訓。高起和王陵說，陛下之所以能戰勝項羽，是因為陛下能與大家同甘苦、共患難，而項羽卻自私自利。劉邦認為他們說的有道理，但沒有說到最重要之處。他總結了自己取勝的原因：「論運籌帷幄之中，決勝於千里之外，我不如張良；論撫慰百姓、供應糧草，我又不如蕭何；論領兵百萬，決戰沙場，百戰百勝，我不如韓信。可是，我能做到知人善用，發揮他們的才幹，這才是我們取勝的真正原因。至於項羽，他只有范增一個人可用，但又對他猜疑，這是他最終失敗的原因。」劉邦的總結非常準確，戰爭的勝敗，人是決定性因素。

鞏固皇權　漢承秦制

西元前200年，劉邦採納齊人婁敬（即劉敬）的建議，遷都長安。婁敬認為劉邦得天下和先前的周朝不一樣，所以不應該像周朝那樣以洛陽為都城，應該定都關中。張良等人也建議遷都關中，因關中為形勝之地，人口眾多，物產豐富，這樣有利於在秦地鎮守險地，國家才能興旺。婁敬因建議劉邦遷都有功，賜姓劉，拜郎中號「奉春君」，後為關內侯。

劉邦當了皇帝之後，對秦亡的教訓極為重視。他命士人陸賈總結包括秦朝在內的歷代興亡的經驗教訓，供他借鑒。陸賈認為：秦始皇並不是不想把國家治理好，而是制定的措施太殘暴，用刑太殘酷，所以秦國就滅亡了。陛下得了天下，要使國家長治久安，就應文武並用，這才是「長久之術」。劉邦對此非常贊同。劉邦認為，秦王朝的滅亡還有一個重要因素，那就是秦始皇採取的政策太苛刻、太急切，特別是在取消「分封制」的問題上，分封制已有近千年的影響，若要廢除，老百姓不能立即接受，對立情緒太大。劉邦認為實行分封制，對於消除對立情緒，穩定群臣名將，依然是一個重要手段。同時，劉邦也並不希望再出現諸侯割據、群雄爭霸的分割局面，而秦始皇所創立的郡縣制，確是克服這一弊端的有效措施，因此，劉邦採取了郡縣制與分封制並行的辦法，人們稱之為「郡國並行」制。

吸取了秦亡的經驗教訓之後，漢朝繼承了秦朝大部分的制度，與秦朝的殘酷刑法和嚴厲的治國思想不同，漢朝採取清淨無為的黃老思想為治國的指導思想，這種思想體現在經濟方面就是減輕百姓賦稅。

漢朝的政治制度基本上也是秦朝的延續，中央是三公九卿，地方是郡縣制。不過，在漢朝的鄉一級地方機構中和秦朝有一點不同，即在各鄉的三老中，又選出一個作為縣的三老，負責和縣級的官吏聯繫，溝通上下的關係。

在漢朝，除了郡縣制外，還實行了封國制，即分封諸侯王到地方建立諸侯國和王國。最初，分封的是異姓王，如韓信等人，主要是為了團結眾將取得戰爭的勝利。漢初，先是分封了7個異姓王，後來除了長沙王吳芮，其餘都被陸續消滅。但在削平異姓王的過程中，高祖又分封了9個同姓王，他們都是高祖的子侄兄弟。漢高祖規定：諸侯王國的政治地位等同於郡，中央政府派相國輔佐各諸侯王，相國是中央的官吏，不准與各諸侯王勾結對抗中央，否則就要以「阿黨附益」的重罪處罰。同時，還有侯國，地位和縣等同，主要是封給建國功臣們。這樣，諸侯國和郡縣並立，因王國和諸侯國有自己獨立的司法審判權，造成後來的地方政治機制混亂不堪。

為了維護尊卑等級，高祖還沿用了秦的20級爵位制度。在秦朝法律的基

礎上，高祖也改制了新的法律，就是漢代著名的《九章律》。在制定法律的同時，高祖又仿效秦朝建立起一套禮儀制度。歸結起來，漢承秦制集中體現在禮法制度方面。漢高祖劉邦的統治政策與秦王朝有許多不同之處，這種不同之處，正是借鑒秦朝滅亡的教訓而總結、制定、推行的。總之，通過以上一系列措施，統一的中央集權封建大帝國又重新建立起來。

由於長達8年的戰亂，使得建國之初的漢朝人口銳減，經濟凋敝。為了促進經濟的繁榮發展，漢高祖下令釋放囚犯、流民返鄉、軍人復員、解放奴婢、鼓勵生育。同時，他又調整土地政策，發展農業經濟。

為了調動農民的生產積極性，在秦的賦稅制度的基礎上，高祖採取了輕徭薄賦政策。除了輕徭薄賦，高祖還通過「賜爵」、「複爵」等手段來調動農民的積極性。不僅重點發展農業生產，漢高祖也對工商業的政策作了調整。主要措施就是放寬對私人工商業的限制，結果不僅振興了工商業，也促進了農業生產。

能否解決好與匈奴的關係，決定著漢朝的興衰。劉邦對於匈奴的屢屢犯境非常憤怒，西元前200年他親率大軍進攻匈奴，雙方在白登山展開激戰，漢軍大敗，劉邦被困七天七夜，幾乎被俘，後以重金收買匈奴首領，才得以突圍。正因為這樣，劉邦不得已採用婁敬的「和親」策略，以宗室女為公主嫁給冒頓單于，並送給匈奴大批財物，與其約為兄弟。匈奴對中原的騷擾大為減少，漢朝與匈奴之間的關係暫時出現了和平，從而給中原人民提供了一個相對安定的生產環境。

由於以上措施和政策的施行，漢初的農業生產大大發展，經濟很快得到了恢復。到惠帝、呂后統治時期，已經是「衣食滋殖」。到文帝、景帝時，更出現了「文景之治」的繁榮景象。

剪除諸王　中央集權

劉邦雖然做了皇帝，但他也沒有敢對自己的皇位掉以輕心。在享受的同

時他也積極採取措施對皇權進行了鞏固。

　　他日夜放心不下的首先就是各地的異姓王。這些異姓王手裡都有兵將，有的與劉邦不是一條心。其次就是其他將領，他們為功勞大小和賞賜的多少爭鬥不休，如果安撫不當，就會投奔那些異姓王作亂。還有原先六國的後代也不能掉以輕心。在中央，丞相的權力對他這個皇帝也構成了威脅。

　　正是因為劉邦的政權依然存在威脅，所以他要著手殺掉一些對自己不利的人物。劉邦最先動手的物件是韓信。西元前201年，即高祖六年，朝中有人告發韓信謀反。劉邦當時半信半疑，他問諸將如何是好，諸將說：「趕快發兵殺了他。」陳平卻認為，楚國兵精，韓信又善於用兵，如果發兵攻之，無異於自己挑起戰端，不如假裝巡遊雲夢，通知各個異姓王到陳縣會面，韓信必定也會前來謁見，到那時，就可以輕而易舉地把他抓起來。高祖按計實行。韓信一到陳縣，立即被高祖逮捕。韓信大喊冤枉，他感慨道：「果然像人們說的那樣：『狡兔死，走狗烹；飛鳥盡，良弓藏；敵國破，謀臣亡。』天下已經安定，將領已經沒用了，本來就該給烹了。」高祖見狀便說：「有人告你謀反。」說完就命令隨從把韓信捆綁起來，押上囚車。可到了洛陽，因查無實據，高祖又赦免了韓信，將其降為淮陰侯。經過這件事，韓信對劉邦的戒備心理更強了，也更加懷恨劉邦了。

　　西元前200年，韓信密謀讓劉侯陳豨在外地起兵造反，引得高祖親自率兵平叛，自己則在都城發兵襲擊呂后和太子。不料被人告密，呂后採用蕭何的計策，把他騙入宮中逮捕，然後斬首於長樂宮的鐘室。

　　劉邦的同鄉燕王盧綰，自劉邦浪跡沛縣市井之時，就與劉邦結為患難與共的朋友。盧綰一直是劉邦的親信和心腹，但最後也被劉邦逼得逃亡匈奴，罪名又是有謀反企圖。

　　趙王張耳本是劉邦的女婿，也因涉嫌謀反被廢除王位，貶為宣平侯。

　　韓信被殺不到三個月，劉邦滅了陳豨，回到洛陽，又有彭越的手下人告發彭越謀反。劉邦聽到這個消息，派人把彭越逮住，下了監獄。後來因為沒有查到彭越謀反的真憑實據，就把他貶為平民，遣送到蜀中。

彭越在去蜀中的路上，苦苦央告呂后在劉邦面前替他說句好話，讓他回自己的老家。呂后一口答應，她把彭越帶回洛陽。呂后對劉邦說：「彭越是個壯士，把他送到蜀中，這不是放虎歸山，自找麻煩嗎？」於是，劉邦殺了彭越，並將他的屍體剁成肉醬，再派人分賜給各位諸侯和功臣品嘗，以示威脅與警告。功臣們因此更加膽戰心驚。

　　彭越事件後，淮南王英布自知不能倖免，被迫鋌而走險，起兵反叛。他鼓舞部下說：「皇上已經老了，自己一定不能來。大將中只有韓信、彭越最有能耐，但他們都已經死了，別的將軍不是我的對手，沒什麼可怕的。」

　　英布一出兵，果然打了幾個勝仗，把荊楚一帶土地都佔領了。劉邦只好親自發兵去對敵。

　　劉邦在陣前罵英布說：「我已經封你為王，你何苦造反？」

　　英布直言不諱地說：「想做皇帝囉！」

　　劉邦大怒，指揮大軍猛擊英布。英布手下兵士弓箭齊發，漢高祖當胸中了一箭，幸虧箭傷不太重，他忍住創痛，繼續進攻。英布大敗逃走，在半路上被人殺了。

　　這樣，在漢朝建立的短短7年之內，劉邦就利用各種藉口，將除偏守南方而又勢力弱小的長沙王吳芮以外的所有異姓諸侯王相繼剷除。

　　劉邦消滅異姓諸侯王的政策，在當時的條件下，對鞏固新生的政權，維護中國的大一統，在客觀上無疑起了積極的作用。

　　漢高祖在消滅異姓王的同時，也不忘妥當地解決安置中小將領的問題。西元前201年，他分封蕭何等大功臣20多人後，由於中小將領很多人都爭功不絕，暫時沒有行封。有一次，高祖在洛陽南宮望見很多將領坐在沙地上竊竊私語，就問張良：「他們都在議論什麼呢？」張良說：「陛下，他們是在謀反。」高祖百思不得其解地說：「天下已經安定，為什麼還要謀反？」張良解釋說：「他們是怕你不能盡封，還怕你記仇殺掉他們。」高祖問怎麼辦，張良則問他平生最恨而又人所共知的人是誰。高祖便說是雍齒，並說曾想把他殺掉，但是他功勞大。張良便說：「現在應趕快封雍齒為侯，大家看到雍

齒都能先受封，自然人人安心，不會憂慮了。」不久，高祖大擺宴席，封雍齒為什方侯，並催促丞相、御史趕快「定功行封」。這一招果然很靈驗，酒後眾多將領高興地說：「雍齒還能封侯，我們肯定也都能封侯了。」這樣，眾將領才稍安定。

對於六國的殘餘貴族，漢高祖也同樣沒有忘記要消除他們。

西元前198年，他接受婁敬的建議，並命令婁敬把六國的殘餘貴族和各地的一些名門豪族十幾萬人都遷到了關中。這樣一來，表面上是對他們的恩寵關懷，實際上是便於高祖對他們進行控制，也使他們喪失了當地的社會基礎。

為了更加穩固統治，高祖即位後還極力強化皇權。這是因為，儘管當時封建專制已經建立，但不少人仍然保持著戰國以來那種「士無常君，國無定臣」的觀念。故此，高祖認為必須從禮儀規制和道德觀念上加以引導、整肅。他採取了一些方法。

一是尊父親為太上皇。高祖為了表示孝順，每隔5天就去拜見一次太公。太公習以為常，可是他的屬官卻認為這不符合禮法，就對太公說：「天無二日，地無二王。皇帝雖然是您的兒子，但是他的地位在萬人之上；雖然您是他父親，可事實改變不了你是臣子。怎麼能讓皇帝拜見臣子呢？這樣，皇帝的威信都沒有了。」於是高祖再來拜見太公時，太公就手持掃帚出門迎著退行，不再讓高祖拜見。高祖看到大驚，趕快下車去扶著父親。太公說：「你是皇帝，怎麼能為我亂了天下禮法！」高祖知道是太公的屬官所勸後，對屬官能夠明白自己的心意很欣賞，就賜給他們黃金500兩，然後下詔尊太公為太上皇。以後，他既可以名正言順地拜見太上皇，又借機宣揚了皇帝的至高無上。

二是對季布、丁公的不同處理。季布和丁公兩人是異父同母的兄弟。楚漢戰爭時，他們都是項羽手下的大將。季布曾率兵幾次把高祖打得很狼狽，一點不留情。丁公也曾率兵追擊過高祖，但最後還是把他放走了。高祖稱帝後，想起季布給自己的難堪，就下令捉拿季布。但他考慮到自己正需要

忠臣來鞏固統治，於是就改變初衷，抓住後又下令赦免季布，並拜季布為郎中。丁公聽說季布都能赦免拜官，想到自己曾對高祖有恩，如果去見高祖肯定更會受到重賞，於是他就去謁見高祖。但他萬萬沒有想到，高祖卻把他抓了起來，對群臣說：「丁公作為項王的臣子不忠，以致項王失去了天下。」接著就把他殺了，在軍中示威，並對群臣說：「請諸位都不要像丁公那樣！」

除了引導、整肅，劉邦也採取鐵腕手段打擊權臣，鞏固皇權。劉邦感到相權太重，對皇權已構成威脅。西元前195年，劉邦的少年朋友蕭何代表老百姓對他建議說：「長安地方狹小，而上林苑中空地很多，已經廢棄。希望陛下能下令允許百姓進去耕作，不要把它變成了養獸的場所。」劉邦聽了大怒，認為對蕭何下手的機會來了，於是，他說蕭何是受了商賈的賄賂，才來為他們請求開放上林苑的，便不顧多年交情，下令把蕭何逮捕，關進監獄。過了幾天有人問他相國犯了什麼大罪。劉邦解釋說：「我聽說李斯做秦始皇的相國，有功都歸於秦始皇，有壞事都算在自己頭上，現在相國不僅接受商賈的許多賄賂，還請求開放我的上林苑，討好百姓，所以我把他關進監獄治罪。」通過整治蕭何，劉邦打擊了相權，進一步提高了皇帝的權威。

輕徭薄賦　重農抑商

劉邦即位之初，由於秦王朝嚴重的賦稅、暴政，加上3年農民起義和5年楚漢戰爭，給社會帶來了嚴重創傷。人口散亡，經濟凋敝，物價上漲，民不聊生。米至1萬錢1石，馬100金1匹，「人相食，死者過半」。連劉邦所乘坐的馬車，也配不齊4匹一樣顏色的馬，將相們只能坐著牛車上朝，整個社會呈現一片殘破淒涼的景象。

大臣陸賈曾對劉邦說：「過去騎馬打天下，現在不能騎馬治天下了，只有用文和武兩手，才能得到長治久安。我認為對農民應該採取寬鬆的政策，讓大家有時間從事農業生產。」因此，劉邦就採用了「重農抑商」的經濟政

策，其主要內容如下。

1，增加勞動力

戰亂造成勞動力不足，是當時農業生產中一個十分突出的問題。為了儘快解決勞動力不足的問題，劉邦採取了一系列的有效措施。

兵卒復員，「兵皆罷歸家」。劉邦對很多當年跟隨自己打天下的兵卒，根據他們的不同戰功，賜給他們爵位和土地，動員他們復員回鄉，進行農業生產，以充實農村勞動力。

招還流散人口。劉邦登基當年的5月，頒佈了一道「複故爵田宅」令，號召各地流散人口返回原籍，原來有爵位的恢復他們的爵位，原先有田地、房屋的，還給他們田地和房屋。而且命令地方官吏對這些返鄉人員好好安置，不得歧視、刁難和侮辱。

釋放奴婢。作為奴婢，有相當一部分是不直接參加農業生產勞動的，即使參加一些勞動，積極性也不高。劉邦在詔令中規定：「民以饑餓自賣為人奴婢者，皆免為庶人。」奴婢們獲得自由後，可以參加個體生產勞動，積極性也大大提高了。

釋放非死刑的犯人。這是劉邦挖掘人口潛力的又一個措施。他在消滅項羽之後，就立即向全國下了一道大赦令：「今天下之事已畢，當赦天下殊死以下。」把死刑以外的犯人統統釋放，回鄉參加農業生產勞動。

鼓勵生育。為了刺激人口迅速增長，劉邦從長計議，鼓勵人民多生多育。「民產子，複勿事二歲」，即是說，生了兒子，可以免除徭役二年。

2，調整土地政策

要發展農業經濟，除了勞動力，還必須有土地。劉邦早在楚漢戰爭中，就注意到了土地問題。他把過去秦朝圍禁的「苑囿園池」，分給農民耕種，暫時解決了部分貧苦農民的需要。

要解決土地問題，就要大規模地調整土地政策。西漢實行土地私有制，劉邦除了給流亡回鄉的流民、「諸侯子弟及從軍歸者」分配土地之外，還規定：凡有軍功、爵位的人，也要分到相當的土地，「有功勞，行田宅」。

大小官吏及有軍功者，很快有一部分成了軍功地主。不少從軍者原先都是下層人民，個別地主官吏不願給他們較多的土地，為此，劉邦一再訓斥地方官吏，讓任何人不得拖延怠慢，違者以重罪論處。

土地的多少，與分土地者的爵位高低是密切相關的。漢王二年，劉邦就在自己管轄的地區之內，普遍「賜民爵」一級，使一般人民的社會身份普遍提高了一級。漢高祖五年，劉邦又規定給那些逃亡回鄉的人，原先有爵位的，一律「複故爵」。對於那些軍吏士卒因犯了罪而被赦免的，或者無罪而失去爵位的，以及爵位不到大夫一級的，一律賜給大夫的爵位。原來就有大夫爵位以上的，再另增一級爵位。爵位成了社會身份的標誌。許多人社會地位高了，分得土地多了，勞動生產的積極性自然就高了。

3，輕徭薄賦

自秦朝以來，廣大百姓最痛恨的就是重徭厚賦制度。為了使人民能夠有時間、有條件進行休養生息，發展生產，劉邦採取了輕徭薄賦的政策。

早在楚漢戰爭期間，劉邦就規定：關中從軍者免除其全家徭役1年。他稱帝之後，又規定：諸侯子弟留在關中的，免除徭役12年，回原籍的免除6年，軍吏士卒爵位在6級以上的，免除本人和全家的徭役。後又規定：吏卒從軍到達平城以及守衛城邑的，都免除終身徭役。漢高祖十一年又規定：士卒隨從進入蜀、漢、關中的，都免除終身徭役。漢高祖十二年又規定：二千石官吏進入蜀、漢、平定三秦的，世世代代免除徭役。據說，有一次劉邦到長安，看到宮殿建設非常宏大，很生氣，責備蕭何「治宮室過度」，會加重徭役，妨礙農業生產。其實，漢初的徭役制度並不算太重，男子從23歲到56歲是服役年齡，每人每年在本郡或本縣服役1個月，稱為更卒。每人一生中到京師服役1年，稱為正卒。到邊疆戍守1年，稱為屯戍。儘管這樣，劉邦還是儘量減輕群眾的徭役。

薄收賦稅，是劉邦採取的又一種措施。他讓中央財政有關官吏，根據政府的各項開支，制定徵收賦稅的總額，額度不能超過人民群眾的承受能力。當時的賦稅規定主要有如下幾種：

田租：原先為十稅一，劉邦減為「十五稅一」。

人口稅：人口稅分為算賦和口賦。算賦是人頭稅，從15歲到56歲的男女，每人每年向政府交納一百二十錢，叫一算，故叫算賦。口賦是兒童稅，從7歲到14歲的兒童，每人每年交納二十錢。

更賦：是一種代役稅。西漢規定，男子23歲至56歲之間，每人要到京師和邊疆服兵役2年，每人每年要到本郡服役1個月，如有不願去的，可出錢兩千，叫踐更。

這樣的賦稅，比起秦朝來說，減輕了許多。除此之外，遇到天災歉收或遭受戰亂破壞比較嚴重的地方，劉邦還臨時豁免租稅。這種輕徭薄賦制度，在漢初大大減輕了人民的負擔，使社會經濟得到了恢復和發展。

除此之外，劉邦還採取了抑商的辦法，主要內容有：商賈及其子孫，一律不准從政，不准做官為吏；商賈一律不得擁有私有土地；商賈不得穿錦、繡、絺等名貴的絲、葛、毛織品，不得乘車、騎馬、攜帶兵器；商賈不得購買饑民作為奴婢；商賈要比常人加倍交納算賦，即丁稅。

這種辦法對商人從政治身份、生活待遇以及經濟方面都進行了嚴格的限制。但比起秦始皇對商人的懲治來說，相對地輕多了。因此，漢初的私營工商業仍然非常活躍。

箭傷致死　英明長留

西元前196年，劉邦平定英布叛亂時被流矢射中，在回長安的路上箭傷開始發作，回到長安後病情已經很嚴重。呂后找來太醫，劉邦問他自己的病情如何，太醫說能治。劉邦聽了太醫的口氣，知道自己不會活得太久了，就對太醫說：「我出身百姓，手提三尺劍得到天下，此乃天命。現在天要我死，就是神醫扁鵲來了也沒有用！」說完賞賜太醫五十金打發他走了。

劉邦知道自己已經不行了，便開始為自己安排後事。為了確保漢朝萬世的江山，劉邦召集群臣特意宰白馬，與群臣歃血為盟：「從今以後，非劉姓

者不能稱王,誰若違背此約,天下可共起而擊之!」

呂后看著彌留中的劉邦,問他死後人事的安排:「蕭相國死後,由誰來接替呢?」劉邦說曹參。呂后問曹參之後又由誰接替,劉邦說:「王陵可以在曹參之後接任,但王陵智謀不足,可以由陳平輔佐。陳平雖然有智謀,但不能斷大事。周勃雖然不擅言談,但為人忠厚,日後安定劉氏江山為國立功的肯定是他,讓他做太尉吧。」呂后又追問多年之後怎麼辦,劉邦有氣無力地說:「以後的事你也無法知道。」

晚年,劉邦寵倖愛姬戚姬而疏遠了呂后。

呂后作為劉邦的皇后,平時遇事總是自作主張,總要參與國家大事,劉邦對她很不放心。呂后的兒子劉盈卻生性軟弱,他被立為太子,劉邦又擔心他將來做不了大事。

戚姬的兒子叫如意,言談舉止都有劉邦的風範,劉邦對他十分鍾愛,加上戚姬的枕邊進言,劉邦曾經有廢掉劉盈的太子頭銜,另立劉如意來繼承帝位的打算。隨著事態的不斷發展,呂后整天膽戰心驚,眼看戚姬先是奪走丈夫的愛,如今又要攫取太子的位置,一個是情仇,一個是政敵,她必須反擊,但也必須小心翼翼。

漢代定鼎以來,劉邦千方百計想要羅致德高望重的「商山四皓」,來為治理國家出謀劃策,但「商山四皓」始終不肯答應。所謂「商山四皓」就是商山之中的四位隱士:東園公,綺里季,夏黃公,甪里。這四位飽學之士先後為避秦亂而結茅山林。商山在今陝西商縣東南,林壑幽美,雲蒸霞蔚,地勢險峻,是一個隱居的好地方。

為了鞏固兒子的太子地位,呂后求計於張良。經過張良的穿針引線,劉邦都沒有請動的「商山四皓」被太子劉盈和呂后的誠心感動,答應出山,作太子的賓客。經過這四位長者的教導及潛移默化,劉盈的修養和見識大有長進。

一天,宮中大擺筵席,四位鬚髮皆白的長者,肅立在太子劉盈身後,等到劉邦得知他們就是「商山四皓」時,便知道太子已不可廢。他知道,連自

己都請不動的「商山四皓」都已成為太子的賓客，看來太子羽翼已成。當劉邦回到後宮把這一消息告訴戚姬時，戚姬立即淚流滿面。戚姬為排遣心中的悲痛和不安，悲歌一曲，希望能在今後的生活中得到保證。劉邦無言以對，也只能用一曲悲歌訴說無奈。

這次呂后在張良的幫助下，取得意外的勝利，連雄才大略的劉邦也一籌莫展。

鞏固了太子的地位，呂后接著就是要樹立自己的威望。呂后在樹立自己威望的過程中，做的最出名的一件事就是在蕭何的協助下殺了韓信，把自己的威望建立在韓信的人頭之上，使群臣懾服。

漢初三傑之一，運籌帷幄，決勝千里之外的張良，在漢朝建立後就過上半隱居生活，已不構成威脅；撫百姓，致稼穡使國富民強的蕭何不是那種爭天下的人。只有領兵多多益善，攻城奪隘，出奇制勝的韓信，始終是劉邦放心不下的，更何況韓信當年在楚漢之爭中，在劉邦最危急的時刻，要脅過劉邦要封他為王。

劉邦登上皇帝寶座之後，與他的功臣們在一起時，仍然舉止粗豪，不顧禮法，甚至醉後拔劍起舞，砍倒殿柱，鬧得不成體統。直到經過叔孫通制定朝儀，朝廷之上才算有了規矩。據說漢高祖劉邦當時由衷地說道：今天才知道當皇帝的滋味。但一班自視功高蓋世的將帥仍有不臣之心。厲行打擊，首當其衝的便是令劉邦心裡不安的韓信。劉邦首先把韓信由齊王改封為楚王，又由楚王貶為淮陰侯，又用陳平的計謀捉住韓信，廢為平民，但漢高祖劉邦一直沒有殺韓信，因為高祖曾與韓信有約：見天不殺，見地不殺，見鐵器不殺。呂后就偏偏把劉邦都不忍殺的韓信，用布兜起來，用竹籤刺死，殺他個不見天，不見地，不見鐵器。《史記》記載劉邦聽到韓信被呂后殺後的心情是：「且喜且哀之」，這話道出了多少背後的故事，自己不忍心殺戮的功臣，卻被自己的妻子果斷地殺了，使劉邦感慨萬千。

呂后這招使得朝中大臣看到她的野心，不免都對她畏懼幾分。

淮南王英布反叛的消息傳到長安時，劉邦正在病中，原本他是要派遣太

子劉盈率兵討伐，卻硬是被呂后一把鼻涕、一把眼淚地逼上了戰場，說什麼「英布是天下猛將，很不容易對付，太子去豈不是羊入虎口？諸將又多是太子的叔伯輩，只怕難以心甘情願地俯首聽命。」說來說去還是心疼親生兒子。

劉邦扶病出征，雖然很快就平定了叛亂，但也不幸身中流矢，傷口潰爛，拖了3個月而駕崩，只活了63歲。

劉邦死於西元前195年，即高祖十二年4月25日。葬於長陵，諡號為高皇帝，廟號是高祖。劉邦死後，呂后之子盈為帝，即孝惠帝。

漢高祖劉邦

郡國並行　重農抑商

55

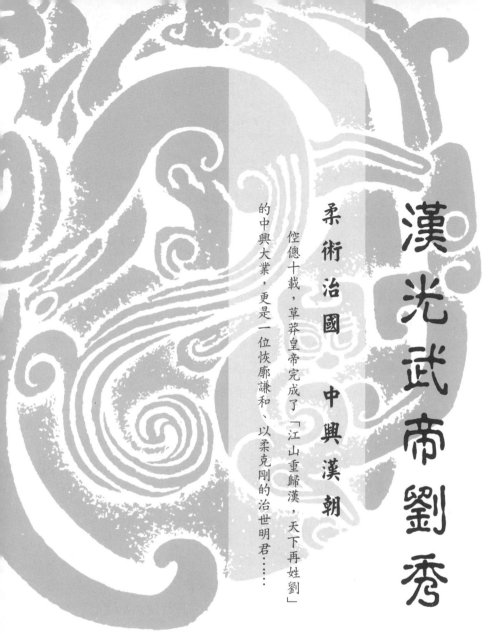

漢光武帝劉秀

柔術治國 中興漢朝

倥傯十載，草莽皇帝完成了「江山重歸漢，天下再姓劉」的中興大業，更是一位恢廓謙和、以柔克剛的治世明君……

王莽改制　民怨沸騰

曾有一個充滿神奇色彩的傳說：劉邦當年起義時，有白蟒蛇拒不讓路，並說：「你斬我的頭，我就鬧你的頭；你斬我的尾，我就鬧你的尾。」劉邦大怒，舉劍將白蟒蛇攔腰斬斷。這條蟒蛇後來轉世來到人間，就是王莽。「莽」和「蟒」同音。王莽果然鬧了漢朝的中間，建立了一個15年的新朝王莽新朝，使400多年的漢朝分為兩段西漢和東漢。

西元8年，王莽廢掉西漢皇帝劉嬰，登基稱帝，改漢為新，史稱新朝。

西元9年，王莽實行「王田私屬」制。他宣佈天下的土地一律改稱「王田」，不允許買賣。天下的奴婢，一律改稱私屬，也不許買賣。並規定一家男丁不滿8口得到的農田不能超過800畝，如有多餘土地應分給本族或鄉鄰。原來無地或少地的農民，朝廷會分給土地，分地的標準按一夫一婦授田百畝計算。王莽本想解決西漢日益尖銳的土地兼併和奴婢問題，結果卻遭到了貴族、官僚、地主的強烈反對，他們千方百計破壞新法實行。無地農民因遲遲得不到土地也滿腹牢騷，民怨沸騰。西元12年，王莽不得不改變這個詔令，宣佈王田可以買賣，販賣奴婢也不處治。直到西元22年，王莽政權崩潰前夕，詔令才正式宣告廢止。

西元10年12月，王莽又開始實行「五均六筦」的經濟措施。「五均」指在長安以及洛陽、邯鄲、臨淄、成都等大城市設立五均司市場，負責管理市場，調節物價，收稅和貸款；所謂「六筦」指朝廷統一管理鹽、鐵、酒、鑄錢、賒、貸等6種業務。王莽本想通過此法打擊商人和高利貸者，使他們不能隨意操縱市場，盤剝人民，但實行的結果卻是商人和官吏相互勾結起來，狼狽為奸，使下層勞動人民遭受的盤剝更加嚴重。

另外，王莽還多次進行幣制改革，幣制改革造成了全國金融混亂。他先後下令使用金、銀、龜、貝、銅五物，28種貨幣，稱為「寶貨」。由於多次改幣，品種雜亂，比值也極不合理，而且每次改幣都是以劣充優，雖然幣面價值不變，但實際價值降低。透過改革幣制使王莽集團借機搜刮到了一大批

不法財富，王莽死時，他家藏的有60萬斤黃金和無數驚人的珠寶。

王莽改制的不合理給國家造成了嚴重的經濟混亂和政局動盪，給廣大人民帶來了空前的災難。貧苦農民一旦觸犯了「新法」，就要被罰為官奴公婢。因犯禁被捕，被押解到長安去服役的人一次竟達10萬之多。據《後漢書》記載，當時新朝全國有近1/2的人口在殘酷的剝削下死去。老百姓忍無可忍，新朝社會矛盾日益加劇。為了轉移人民的視線，樹立「國威」，王莽又狂妄地挑起了對東北及西南少數民族的戰爭。本來老百姓已經無法生存了，再加上戰爭，人們陷入更加悲慘的境地。同時，王莽用搜刮來的民財任意揮霍，大興土木，修建廟宇。沉重的徭役、殘暴的刑罰，終於導致了反莽起義的爆發。

西元23年，綠林軍直搗長安。王莽狼狽避入漸台，被商人杜吳殺死。維持了15年的新莽王朝，從此覆滅了。

王莽的改革不根據社會現實，不符合社會發展的規律，具有很大的盲目性、隨意性，以致造成社會更加混亂，最終導致反莽起義的爆發，新朝走向末日。

揭竿而起　奠定大業

新朝末期全國一片混亂，反莽起義無處不在。西元17年，以銅馬、綠林、赤眉為代表的農民起義在全國爆發。起義過程中，地主階級中的一部分人和豪強列霸，也乘機聚兵起事，攻城掠地，大鬧天下，全國又處於一片互相殘殺的混亂之中。

國破家亡，各民族之間互相殘殺。處在這種災難之中的人民，他們日夜思念給他們帶來幸福的當年高祖劉邦的西漢王朝。就在這時，南陽大地主劉績、劉秀兄弟打出「複高祖之業」的旗幟，組織了一支七八千人的舂陵軍舉兵反莽。

劉秀是漢高祖劉邦的後代。劉秀自幼喪父，孤兒寡母在叔叔劉良的照顧

下生活，直到他長大。年輕時的劉秀，身材高大，一表人才。他為人講究誠信，處世謹慎，性情溫和善良。他在綠林、赤眉等農民起義的基礎上，依靠地主階級的「功臣」、「良將」們，抗擊群雄。

　　各地的起義軍迅速發展到十餘萬人。起義軍將領們都主張擁立一個劉姓的皇帝，以此統一號令，順應人心。他們認為劉玄懦弱，容易左右，因而於西元23年在宛城南面的淯水擁立劉玄為皇帝。劉玄是舂陵侯劉仁的曾孫，在平林軍中，號稱更始將軍。劉玄當皇帝後，改元為更始元年，並封了一大批官，封劉縯為大司徒，封劉秀為太常偏將軍。

　　南陽一帶的起義軍嚴重威脅著王莽，王莽很快集結了43萬人馬，號稱百萬，命司空王邑與司徒王尋討伐起義軍。西元17年6月，王莽軍隊首先與劉秀相遇，劉秀的將領見敵多勢盛，不敢作戰，都跑回昆陽（今河南葉縣）城中。他們懷念家人，都想各自回本土自保。劉秀向將領們分析了當前形勢，口吻嚴厲：「我們的糧草不多，敵強我弱。若我們齊心協力抗擊敵人，還有戰勝的希望；若我們人心渙散，必然被消滅。我們現在要把宛城攻下，這樣我們才會得到後方的援助。現在怎麼離心背德，只想看守自己的妻子和財物呢？」將領們受不了這些話，紛紛怒喝道：「劉將軍怎麼竟敢如此講話！」恰好這時傳來消息王邑、王尋的大軍已到城北，佇列綿延幾百里。將領們雖平常不看重劉秀，但如今事情緊急，又想不出辦法，只好勉強說：「還是再請劉將軍拿主意吧！」劉秀就向大家講了他的主張和具體要求，結果將領們一致同意。

　　當時王莽軍隊十餘萬人圍困昆陽，昆陽城中只有八九千人，劉秀要王鳳、王常守城，自己和李軼等13人騎馬乘夜闖出城南門，召集在外的軍隊。劉秀到郾縣、定陵一帶，集合那裡的全部軍隊救援昆陽。將領們捨不得財物，要求留一部分兵力看守。劉秀說：「現在要是打敗敵人，我們就會得到更多的財物，甚至可以奪得天下，要是被敵人打敗了，腦袋都保不住，要財物還有什麼用？」於是劉秀把全部軍隊都帶到了昆陽。劉秀親率步兵、騎兵千餘人當先鋒。這時，昆陽城被圍得如鐵桶一般。劉秀到離敵軍四五里外停

下來，敵軍數千人迎戰。劉秀率軍衝殺一陣，殺敵十來人，首戰小勝，士氣稍振。將領們高興地說：「劉將軍平時見了小敵就害怕，如今見了大敵卻如此勇敢，真是奇怪。有你在，我們一定會打敗敵方。」劉秀繼續前進，殺敵近千人，敵軍敗退，劉軍士氣大振。劉秀緊接著率領3000敢死隊，從城西直衝敵軍的中軍地帶。王邑、王尋十分輕敵，下令軍隊各守營地，不得移動，只率領1萬餘人迎敵，結果大敗，落荒而逃。

昆陽一戰，敲響了王莽政權的喪鐘。王莽坐立不安，憂懣不食。同時，海內豪傑蜂擁而起，殺掉州郡官吏自稱將軍，接受更始帝年號，等待詔命。王莽的一些心腹，策劃殺掉王莽投降漢朝，保全宗族。正當這時，新市、平林起義軍的將領們看到劉縯、劉秀兄弟的威名日益擴大，心中不安，勸劉玄除掉他們，甚至連本來與劉兄弟關係密切的李軼也轉而諂事新貴。而劉縯手下的人對劉玄當皇帝之事一開始就不服，有人說：「本來起兵圖大事的是伯升（劉縯字伯升）兄弟，現在的皇帝是幹什麼的？」公開拒絕劉玄的任命。於是，劉玄就借封劉縯部將劉稷為抗威將軍而不受之故，把劉稷及為他說情的劉縯殺掉了。對此，劉秀深感不安，趕緊跑到宛城請罪。劉縯部下去迎接他，慰問他，他只是在公開場合下寒暄幾句，表示過錯在自己，但他不與這些人私下交流，不講昆陽的戰功，不為哥哥服喪，飲食言笑與平常一樣，若無其事。劉玄見劉秀沒有反對他的意思，感到有些慚愧，拜他為破虜大將軍，封武信侯。而劉秀每當獨居，總是不喝酒、不吃肉，以此寄託哀傷，他只能得到後來的光武皇后陰麗華的安慰。

西元23年9月，劉玄的軍隊相繼攻下了長安和洛陽。劉玄打算以洛陽為皇都，便命劉秀先行前往整飭吏制。劉秀到任，安排僚屬，下達文書，從工作秩序到官吏的裝束服飾，全恢復漢朝舊制。當時，關中一帶的官員趕來迎接皇帝劉玄去長安，他們見到劉玄的將領們頭上隨便包一塊布，沒有武冠，有的甚至穿著女人衣裳，滑稽可笑，沒有莊重威嚴的樣子，但他們見到劉秀的僚屬肅然起敬。一些老官員流著淚說：「沒想到今天又看到了漢朝官員的威儀！」他們紛紛對劉秀產生了敬佩嚮往的心理。

劉玄到了洛陽，需要派一員親近大將代表朝廷去河北一帶，宣示朝廷旨意，要那裡的郡國遵守朝廷的命令。朝廷經過一番爭議，最終又選定了劉秀。這給劉秀提供了避開矛盾漩渦、自由施展才幹的機會。劉秀在河北，每到一處都認真考察官吏，按其能力的高低分配財富的多少；平反冤獄，釋放囚徒；廢除王莽苛政，恢復漢朝的官銜。官民歡喜，競相持酒慰勞，劉秀一律婉言相拒。在河北期間，劉秀還粉碎了一起假冒漢成帝之子另立朝廷的反叛事件，王郎就參與其中。劉秀在清理繳獲的文書檔案時，發現官吏與王郎勾結一起譭謗劉秀的材料有幾千份。要是按這些材料提供的線索加以追究，必然會使一大批人惶恐不安。劉秀一律不看，他把王郎的部屬召集起來，當著他們的面一把大火將這些材料燒掉。他解釋說，這樣做是「令心懷不安的人放心」。

更始帝見劉秀的影響越來越大，便派使節趕到河北，封劉秀為蕭王，並命令劉秀停止一切軍政活動，與有功的將領一起到長安去。這表明劉玄已經對劉秀不放心，要削弱他的力量，奪回他的權力。劉秀自然明白這一意圖，他便以「河北未平」為理由，拒絕應詔去長安。劉秀與劉玄的裂痕從此開始清晰起來。

西元24年秋天，劉秀調集各郡兵力，先後在館陶等地擊敗並收編了銅馬、高湖、重連等地的農民起義軍，大大加強了自己的軍事實力。

河北一帶大致平定。以樊崇、逢安、徐宣等人為首活動在今河南東部的赤眉軍，正在迅猛地向長安進兵；赤眉一旦攻下長安，劉玄敗逃，就會出現一個奪取關中的良好時機。劉秀感到爭奪天下的時機即將到來，爭奪天下的架勢應當拉開了。他便一邊派將軍鄧禹率精兵兩萬向關中一帶進發，相機行事；一邊選定北據太行山、南臨黃河、地勢險要、財物富實的河內郡作為進取中原的立足點。他先用文武兼備的良將寇恂任河內太守，冠以「行大將軍事」的禦號。他向寇恂交代任務說：「從前漢高祖與項羽爭天下，把蕭何留在關中，我現在把河內交給你。你的任務，是像蕭何那樣保證糧草供給，訓練士兵和戰馬；阻擋其他軍隊到這塊地盤上來，特別是不讓黃河以南劉玄的

軍隊過來。」後來寇恂果然不負重託。劉秀又在孟津部署重兵，窺視洛陽。

安排妥當以後，劉秀帶領一支軍隊回到冀中、冀北一帶。一路上，將領們紛紛給劉秀建議，要他稱皇帝。劉秀故作拒絕，有時還驚訝地說：「你們怎敢說這種話？當心招來殺身之禍！」到了南平棘，將領們又一再勸說，劉秀還是拒絕。乘身邊無人的時候，將軍耿純說：「人們拋開親人和家鄉，跟從大王出生入死，為的就是想攀龍附鳳，實現封官拜爵的願望。現在大王不願稱帝，違背了眾兄弟的願望，我擔心他們會感到失望，產生離你而去的想法，況且，人心是不容易收攏的。」劉秀仔細思考之後，明白了將領們要他當皇帝是出於個人利益，並非虛讓，於是表示說：「我會考慮這個問題。」

到高縣，劉秀把將軍馮異從洛陽前線召回，向他詢問天下形勢。馮異是當時劉秀最親密的人，自從劉秀任司隸校尉以來，他一直跟在劉秀身邊，陪同劉秀渡過了最艱難的時刻，他經常勸劉秀做爭奪天下的思想準備。他不爭功名，每次論功行賞他總是跑得遠遠的，不參與其中。他對劉秀忠心耿耿，他擔任洛陽前線的軍事首領，了解戰爭的形勢，分析的情況非常可靠，故此劉秀才召他來詢問。馮異對劉秀說：「更始皇帝的敗局已定，宗廟社稷的問題就在大王你了。你應當聽從眾人的主張。」

於是，劉秀在鄗城（今河北省柏鄉縣北）築起壇台，於西元25年六月初六登臺祭告天地眾神，當了皇帝，改元建武。

掃平群雄　一統天下

劉秀即帝位之初，天下依然四分五裂，「帝王滿天下」。除了農民起義軍綠林、赤眉軍之外，還有更始皇帝劉玄、東方皇帝劉永、蜀中皇帝公孫述、舒城皇帝李憲、匈奴立的皇帝盧芳、燕王彭寵、齊王張步、海西王董憲、楚黎王秦豐等。這些人各據一方，自立為王，互相攻城掠地，戰爭頻繁，廣大人民飽受著分裂、戰亂之苦。漢光武帝即位之後，利用「人心思漢」的社會心理，打出「劉氏宗室」的旗號，搜羅人才，爭取民心。利用招

降和用兵兩種手段，經過長達10年之久的艱苦戰鬥，終於一一掃除盤踞各地的帝王，使中國又一次走向了統一。

更始皇帝劉玄，本是沒落貴族，並無本事。只是當時的綠林起義軍為了招集民眾，同王莽新政鬥爭，急需一個劉氏宗室子弟作為皇帝，便策立劉玄為「更始皇帝」。據說，劉玄在舉行登基儀式時，嚇得戰戰兢兢，冷汗直流。

劉玄當了更始皇帝，大赦天下，連封數王，連宮裡的廚師、火伕都封了爵位。當時長安的老百姓編了一首歌謠：「灶下養，中郎將；爛羊胃，騎都尉；爛羊頭，關內侯。」這樣的皇帝僅僅是個木偶，很多綠林軍的將領和各郡縣的官吏根本不聽他的命令。當時劉秀、劉縯弟兄倆的軍隊實力很強，但卻被封了個很低的官職。各路起義軍心中雖有自己的算盤，但在反對王莽新政問題上目標是一致的。

王莽死了之後，劉玄每日不理朝政，只知尋歡作樂，重用無能之輩。不少人見劉秀日益強勝，多次勸劉玄殺掉劉秀，劉玄卻遲遲下不了決心，最後派劉秀出使河北，行大司馬職。可劉秀到河北後，鎮撫州部，巡察地方，上自郡守，下至平民，不收受百姓敬獻的牛肉與美酒，廣施恩惠，終於控制了河北並登基稱帝。然後，劉秀又舉兵攻佔邯鄲、河內、溫邑等地。這時，由於劉玄無能，赤眉軍又立一個叫劉盆子的牛倌作為皇帝，也舉兵攻打長安。劉玄左右受到攻擊，最後投降了劉盆子，被改封為長沙王。

劉秀得知更始皇帝下臺，便一鼓作氣，命吳漢、馮異等11位將軍攻打洛陽。這時的洛陽由更始皇帝的驍將朱鮪把守。由於朱鮪拼命固守，劉秀部隊連攻數月，一直沒有攻下。後來劉秀聽說部將岑彭當年曾是朱鮪的校尉，便派他去勸降。朱鮪對岑彭說：「大司徒（指劉縯）被害，我參與籌畫，更始帝派劉秀去河北，我又阻攔過，並進諫剷除蕭王，這些罪過，我想蕭王是不會原諒的，因此不敢投降。」漢光武帝得知此事，便託岑彭向朱鮪說：「要幹大事的人，不能計較小過。朱鮪如降，官爵不動，我可以對黃河水發誓，絕不失信！」朱鮪聽後，叫人用繩子把自己捆起來，到達河北漢光武帝營帳

聽候發落。光武帝見到朱鮪急忙下座，親自解開繩索，向他表示慰問，並拜其為平狄將軍，封扶溝侯。

至此，以更始皇帝劉玄為代表的一派勢力，在赤眉和劉秀的攻擊下被平息了。

在群雄並立的大地上，赤眉軍也是一支強大的農民武裝力量，嚴重威脅著劉秀新建的東漢王朝。

赤眉軍是一支樸實的農民武裝，在推翻更始皇帝的鬥爭中做出了巨大的貢獻。但由於缺乏領導，紀律性差，攻入長安後，又燒又搶，令老百姓紛紛逃散。號稱百萬之眾的赤眉大軍，在長安城中得不到軍餉，開始向秦嶺終南山一帶轉移。赤眉軍在行軍途中遇到大雪，凍死、餓死了許多士兵，因此，只好又退回長安。漢光武帝派大將鄧禹乘機攻擊赤眉，結果遭到赤眉軍的伏擊。鄧軍大敗，死傷3000多人，鄧禹只帶了20多名騎兵逃了回來。

漢光武帝分析了一下赤眉軍的情況，了解到赤眉軍打仗個個英勇，但由於兵馬太多，糧食缺乏，他們不會久居長安，因此，只有採取以逸待勞、以飽待饑，步步圍堵、不斷分化的方法。於是他派馮異率兵前去執行這一任務。臨行前，漢光武帝送給馮異一輛馬車，一口寶劍，囑咐他說：「長安一帶遭兵災，老百姓窮困到了極點。此次出征，如長安敵軍肯降，你只要把他們的頭子送到京城來就行了，士兵可以讓他們回家種地、養蠶，絕不要殺害。再多帶些糧食，到時一定能用得上。」

果然不出漢光武帝所料，長安城已到了餓死人的地步，一斤黃金只能換五升豆子。赤眉軍只好東撤，到了澠池，同馮異軍隊相遇。馮異用計，把自己的一部分軍隊也偽裝成赤眉軍，擾亂赤眉軍陣營，結果赤眉軍大敗，有8萬多人因饑餓投降了漢軍，還有十幾萬衝出了重圍。逃出來的赤眉軍懷著悲愴的心情，扶老攜幼，繼續向東行進。光武帝劉秀這次親自帶兵堵截，在宜陽與赤眉軍相遇。赤眉軍見漢軍壁壘森嚴，軍威雄壯，他們又饑又餓，無心作戰，只好派劉氏宗室劉恭代表赤眉軍，向劉秀乞降。劉秀接受赤眉軍投降後，立即命令宜陽的縣令，把全縣的廚師集中起來，給十幾萬赤眉軍做菜、

做飯，讓他們飽餐一頓。饑餓疲乏到極點的赤眉軍，受到這樣的待遇，對光武帝感激不盡。第二天，劉秀在漢水邊佈陣，讓赤眉軍將領觀看，並對赤眉軍降將樊崇等人說：「你們投降了，後悔不後悔？如果後悔，朕可以讓你們回營，重新集合軍隊，再行決戰，朕絕不強求你們投降。」樊崇嚇得頭也不敢抬，徐宣則連連叩頭，說：「歸順皇上，早有此心，今日如願，如同嬰兒見了慈母一樣，只有喜歡，沒有後悔的。」光武帝聽後哈哈大笑。

劉秀擊敗主要對手之後，目標又開始轉向東邊的劉永。劉永原來被更始皇帝劉玄立為梁王，後來自稱皇帝，以睢陽作為京城，佔據著青州、徐州一帶28個城，封山東的張步、蘇北的董憲、廬江的李憲等人為大將軍。

劉秀於西元26年夏，命蓋延率軍征討。經過整整一年的殘酷戰爭，劉永大敗，後被手下將領所殺。

北方的漁陽太守彭寵，原系劉秀部下，後反叛，自立為燕王。佔據著薊城、右北平的上穀等縣，北邊聯絡匈奴，南邊聯絡張步，勢力範圍不斷擴大。漢光武帝決定親自征討，後經勸說，方派朱祜、耿弇等率兵北進，於西元29年平息了彭寵的叛亂，北方局勢安定下來。

接著，張步、董憲、李憲、匈奴立的皇帝盧芳等大大小小的「土皇帝」們也相繼被滅，國內大部分地區開始穩定。

但是，還有三大勢力，這就是蜀中皇帝公孫述、五郡大將軍竇融、西州大將軍隗囂。他們勢力強大，有同光武帝平分天下之勢。光武帝決定採取逐個擊破，分而治之的策略，剷除這三大勢力。

公孫述佔據著益州（今四川、貴州、雲南等），資源豐富，地勢險惡；加上公孫述經營多年，勢力比其他兩個都大；而且，公孫述在蜀中已自稱皇帝。為了孤立公孫述，光武帝決定拉攏竇融、隗囂。他先派人去聯絡隗囂，可隗囂打算自己做皇帝，隗囂不僅沒有聽從劉秀的勸說，而且還派人去聯絡竇融，勸竇融自立為王，他們同公孫述聯合起來，建成三個國家，共同對付洛陽的皇帝劉秀。劉秀得知後，立即派人給竇融送了一封信，信中說：「將軍日前的地位舉足輕重，有人主張分割天下，像戰國時期那樣，各自為王，

要知道，中國的土地即使可以分的話，中國的老百姓也是不能分的。將軍如果能從大局出發，上為國家出力，下為百姓著想，我將非常感激！」劉秀的語言情真意切，使竇融和他手下的將士都認為光武帝英明。不久，竇融率部投降，劉秀隨即派兵征伐隗囂。隗囂大敗，於西元31年春病餓而死。漢軍乘機收復了隴右（今甘肅六盤山以西）地區。劉秀收復隴右地區以後，集中優勢兵力，全力以赴進攻蜀中皇帝公孫述。劉秀親自帶兵征討，大將軍岑彭指揮軍隊，連連擊敗公孫述的軍隊，奪下不少城池，公孫述很快處於孤立無援的境地。劉秀又命廣平侯吳漢進攻成都，結果公孫述慘敗，受重傷而死。其手下將領見漢軍來勢兇猛，便紛紛投降。這樣，蜀中皇帝的全部勢力被掃除乾淨。

劉秀從28歲起兵，到滅掉蜀中皇帝那一年，已經43歲了。15年極為艱苦又殘酷的戎馬征戰，芟夷群雄，掃平大大小小的「土皇帝」，終於結束了豪強割據的局面，使中國又一次走向了統一。

∞ 柔術治國　中興漢朝 ∞

劉秀雖然出身於皇族，但由於他長期生活在平民中間，使他深深體會到人民的疾苦。他分析從秦始皇以來中國的動亂原因，懂得要想把國家治理好，要用柔順、緩靜的統治手段，以便穩定社會秩序，鞏固漢室統治。他說：「吾理天下，亦欲以柔道行之。」後又說：「柔能制剛，弱能制強，柔者德也，剛者賊也，弱者仁之助也，強者怨之歸也。……苟非其時，不如息人。」在「柔弱勝剛強」的思想指導下，他廢掉王莽時代的苛而繁的律令，學習劉邦的做法，寬簡天下，即所謂「解王莽之繁密，還漢世之輕法」，並由此制定出一系列的政策和措施，為東漢的繁榮奠定了基礎。

東漢初年，在大規模的戰爭結束之後，劉秀開始建立一套能加強中央集權的領導班子，「退功臣而進文吏」就是其中一條重要手段。

劉秀通過多年浴血奮戰才取得政權，在他的手下，有一大批立過不少戰

功的將領。這些人擅長打仗，但並不懂得如何治理國家，不少人還往往自恃功高，不聽命令，不遵法紀，為所欲為，如果繼續受到重用，他們身居高位，對東漢政權是一大威脅。因此，劉秀決定採取穩妥方式，一方面給他們加官晉爵，另一方面剝奪他們的實際權力。為了達到目的，劉秀開始大封功臣，他讓郎中馮勤專管此事。馮勤精明能幹，他規定按照功臣功勞的大小，決定其封地大小、遠近和土質肥瘠，並且制定了一個周密的方案。劉秀根據這個方案，一次就封了360多人為列侯，給予他們崇高的地位。這些列侯的食封數量，最大的有四個縣，小的只有數百戶，比西漢時少得多。除了大將李通、鄧禹、賈複三人參與議論軍國大事之外，其他大多數列侯成為閒員。經過削權封侯，漢光武帝有效地控制了這些將領的軍事力量。

封完功臣之後，劉秀又特地下了一道詔書說：希望大家「在上不驕，高而不危；制節謹度，滿而不溢。敬之戒之！傳爾子孫，長為漢藩」。就是說，希望大家不要恃寵而驕，對自己要求要嚴謹，節制自己的行為，這樣就不會有什麼危險，並能把爵位傳給子孫。光武帝就這樣連哄帶嚇地威懾眾臣。

退功臣的同時重用大批文吏。光武帝認為文吏們熟悉封建典章制度，懂得治理國家且情操高尚。建武六年、七年，劉秀連續兩次下詔，命令各地官吏推舉賢良，到京城參加選官考試。實行「徵辟」制度，即下詔特「徵」用某人為官，公卿和各地郡守也可自行「辟」用他人做幕僚。在詔書中，劉秀嚴格規定了選官的條件：第一，品德高尚，身世清白；第二，要有知識，是通經的博士；第三，熟悉各種法令，能熟練地依法辦事；第四，具有魄力才幹，遇事不惑，能獨當一面。各地官吏在選擇人才時，必須嚴格按照這四條標準，如有違者，必將依法治罪。

光武帝為了得到一批有高度文化修養的文吏，多次親自訪求名賢。在劉秀的同學中，有一位叫嚴光的人，此人很有才學。劉秀做皇帝後，他隱姓埋名，隱居山林。光武帝非常希望能和這位才德高尚的同學共謀國事，於是他叫人畫了嚴光的畫像，到嚴光的家鄉去尋找，找到之後，劉秀立即將

他接到京城。不料嚴光不願做官，劉秀幾次光顧他的住所，有時談得晚了，倆人就睡在一張床上。據說，嚴光睡覺不老實，還曾把兩隻腳放在劉秀的肚子上，劉秀也任他如此，並不挪開。還有一個南陽宛城人卓茂，是當時著名的儒生，精通《詩》、《書》、《曆法》等，待人寬厚，深受眾人敬仰。劉秀即帝位不久，就派人訪求這位大名鼎鼎的名士，並且任命七十多歲的卓茂作為太傅，封褒德侯。幾年之後，卓茂老死，光武帝駕車素服，親自送葬。光武帝禮賢下士，求賢若渴，確實網羅了一大批品行端正、廉潔奉公的有用人才。如陳留人董宣，為官清正，執法嚴明，不畏權貴。有一次，劉秀的姐姐湖陽公主劉黃的家奴仗勢殺人，董宣帶領士兵，當著湖陽公主的面將這個家奴打死。湖陽公主氣得渾身發抖，向劉秀哭訴。劉秀要殺董宣，董宣說：「陛下聖德，中興漢朝，而現在竟縱容親屬家奴殺害平民百姓，如此何以治天下？臣不需鞭殺，請讓我自殺！」說著把頭向柱子撞去。光武帝被剛正不阿的董宣感動，於是不再治其罪。但為了給姐姐一個下臺的面子，劉秀讓人扶董宣給湖陽公主叩頭謝罪。董宣硬是不從，劉秀命人按董宣的頭，董宣兩手按地，就是不肯俯首。劉秀非常感動，任命他為「強項令」，賜錢30萬。

　　為了加強中央集權，光武帝在政治制度上採取了「雖置三公，事歸台閣」的統治措施。

　　光武帝採取了西漢時加強尚書台權力的措施。東漢初年，中央的最高官職是三公，即司徒、司空和太尉。司徒是由丞相改稱的，管民政，權力比丞相小得多；司空是由御史大夫改稱的，不再管監察，而是管重大水土工程；太尉管軍事。三公職位雖高，卻徒有虛名，並無實權。劉秀為了把權力集中到自己手中，設置了尚書台機構，並加強尚書的職權，擴大機構，增設官吏。尚書台設尚書令一人，尚書僕射一人，尚書六人，合稱「八座」。他們直接聽命於皇帝，分掌全國政事。尚書的官位不高，尚書令每年的俸祿只有一千石，副職尚書僕射和六名尚書，每年的俸祿也只有六百石，他們的地位和待遇遠不能同每年俸祿為萬石的三公相比，但實際權力遠在三公之上。尚書台是最重要的行政決策機構。

光武帝除了通過尚書台獨攬大權外，還在宮廷內設置中常侍、黃門侍郎、小黃門、中黃門等宦官職務，由他們負責傳達皇帝的旨令和詔書，閱覽尚書進呈的文書。光武帝認為這些宦官們地位更低，他們不可能取得傾國大權，就更保證了他的集權統治。

劉秀以柔術治國，寬民眾，而對官吏極嚴。東漢初年，他恢復了西漢時曾設置過的三套監察機構，還進一步予以加強。這三套監察機構是：（1）禦史台有侍御史15人，負責察舉官吏違法事件，接受公卿、郡史奏事和解釋法律條文。（2）司隸校尉有從事史12人，主管察舉中央百官犯法者和各部各郡違法官吏。他們既是京官，又是地方官，監察權力很大，「無所不糾，唯三公不察」。（3）州刺史全國分12州，每州設刺史一人，他們遵照皇帝命令，代表中央，乘坐驛車，巡行全國各地。他們每年八月出巡，調查各地有無冤獄，同時考察各郡縣官吏政績，並根據政績好壞，決定升遷罷免。他們在年底或翌年初回到京城，向中央彙報。劉秀對巡察制度非常重視，授予他們很大的權力。

朝中無論官員職位高低，一律嚴格按照法律辦事。若有不遵守法律者，必會如實量刑定罪。曾任汝南太守的歐陽歙，世授《尚書》，八世皆為博士，德高望重，劉秀十分器重他，但在他度田不實、貪贓枉法的罪行被查出來之後，他立即被捕入獄。當時朝廷有上千名儒生守候在大殿門口，請求寬赦他，甚至有人情願替他犧牲，但劉秀堅決對其繩之以法，予以處死。

由於劉秀加強了監察制度，對違法官吏要求甚嚴，從而保證了皇帝的權力和意志能夠得以實現，這對中央集權制的鞏固，具有非常重要的作用。

❧ 解放奴婢　發展生產 ❧

當時，王莽改制就是因為土地問題（高度集中，兼併問題嚴重）和奴婢問題（奴隸化嚴重），這些西漢末年困擾統治者的問題，同樣危及東漢政權的穩固。劉秀為此採取了一些措施，主要的就是解放奴婢、精兵簡政和解決

土地問題。

　　要解決農業問題，勞動力是核心因素。解決奴婢問題，理所當然是重之又重。西漢中後期，由於地主、官吏無限制地兼併土地，使大量農民喪失了自己的土地，他們本人也被賣給官僚、貴族、商人家為奴。奴婢在主人家過著非人的生活，稍有不慎，就有可能受到主人的毒打，甚至被當成牛馬在市場上公開出售。奴婢問題，影響國家的安危和發展，漢哀帝和王莽新政都想解決，但都沒能夠解決這個問題。光武帝即位後，把解放奴婢作為一項大事來做。

　　從西元26年到西元38年光武帝先後多次下詔令解放奴婢，並且嚴禁虐殺奴婢。西元26年5月的詔令宣佈：民有出賣妻子，其妻子想歸父母者，從其便，如主人刁難，按律令論處。建武六年詔令：王莽時吏民被當成奴婢而不符合西漢法律的，一律免為平民。西元31年的詔令：吏民因饑餓戰亂淪為奴婢、妻妾的，留去自便，強制不讓走的，以賣人罪處置。建武十年詔令：取消奴婢因射傷人處死的法律。西元35年2月詔令：天地之間人為貴，殺奴婢者罪在不赦。同年6月詔令：炙灼處罰奴婢的，按律治罪，被傷害者免為平民。西元36年詔令：隴、蜀的人民被劫為奴的，如要離去，一律免為平民。西元38年詔令：益、涼二州奴婢八年來向官府上訟者，一律免為平民，也不必償還賣身錢。

　　光武帝在12年內，連續不斷地發佈解放奴婢的詔令，使大批奴婢獲得了自由，農業勞動力的問題得到了基本解決。

　　精兵簡政，是光武帝為發展生產而採取的措施之一。西元30年6月，光武帝下令說：「設官置吏，是為了奉行皇帝法令，為天下百姓謀福利，如今百姓遭難，戶口減少，而縣官吏職還這樣繁多。茲令各郡、國、縣削減吏員。縣級機構不夠設置長吏的，可以撤減合併。」這一年，裁併了四百多個縣，合併了十個郡、國，裁減大小官吏數萬人。在封建社會，能夠這樣大量地精簡官吏，確是少有之舉。

　　西元31年，光武帝又大量地裁減軍隊。建武七年，他下詔令說：「軍士

中都是年輕力壯之人，應當立即罷除輕車、騎士、材官、樓船和相關的軍吏，讓他們回去種田。」大批的士兵得以還鄉，從事農耕。這樣，既減少了軍費開支，又為農業生產提供了相當數量的勞動力。

勞動力問題解決之後，還有一項就是土地問題。東漢初期，土地兼併嚴重，很多農民沒有地種。光武帝於西元39年6月，下令各州、郡清查田地的數目和人口實數，稱為「度田」。這樣做的目的有兩個：一是核查田賦收入，防止大地主隱瞞田產，逃避納稅；二是可以從大土地佔有者手中沒收一些多餘土地，分給無地的貧民。當時，許多大地主擁有武裝，號稱「大姓」、「兵長」。他們隱瞞田地數量，謊報人口，反對清查。地方官吏也懼怕他們，有的還貪於賄賂，與他們勾結，任憑他們謊報。

劉秀得知此事，以「度田不實」罪誅殺了十餘個郡太守，並加緊「度田」。於是大姓、兵長們就武裝反抗。許多農民由於分不到土地，或分到的土地實際數量比政府應允的數量要少，也開始反對度田，參加武裝反抗。「群盜處處並起，攻劫在所，害殺長吏」。這就是史稱的「度田事件」。劉秀大怒，一再發兵鎮壓。但這些「群盜」等官兵一到，立刻解散，官兵一走，「群盜」又聚集起來。為了平息暴亂，光武帝採取了分化與鎮壓相結合的手段。宣佈：群盜們相互揭發，均可免罪，並可分到土地。原來因不敢追捕「群盜」而治罪的官吏，現在只要能夠使亂民遣散，政府就可以不再治罪。光武帝不愧為一個有經驗的統治者，他這種軟硬兼施的手段，很快就把反抗平息下去了。但是「度田」卻並沒有得到預期的效果。

光武帝還把田租的十稅一恢復到三十稅一。並下令，各郡國凡有餘糧的，要賑濟老年人和鰥寡孤獨以及無依無靠的窮人，各級官吏要親自負責此事，不允許失職。這些被稱為「德政」的小恩小惠，在廣大農民中樹立了東漢王朝的良好形象，穩定了人心。

漢光武帝劉秀，在兩漢之間激烈的動亂年代，順應歷史的潮流，採用軍事手段，平息群雄，使分崩離析的中華民族再度走向統一。統一之後，採取柔術治國，在政治、經濟等方面進行了一系列卓有成效的改革，推進了中國

封建社會的發展。到了建國40年時，全國已出現了「天下安平，人無徭役，歲比登稔，百姓殷富，粟斛三十，牛羊被野」的盛景。這也是東漢王朝最富庶和最安定的時期，史稱「東漢盛世」。

~⊙ 明君風範　瑕不掩瑜 ⊙~

　　劉秀作為一代明君，從不恣意放縱，豪華奢侈。他不喜歡飲美酒，也不喜歡聽音樂，從不把珠玉當作珍寶。他曾令太官不要接受郡中奉獻的珍饈美味，還把遠方異國進貢的名馬寶劍賜給騎士。漢朝自武帝以後，後宮嬪妃達到3000之多，除皇后以外，有爵秩品級的就分婕妤、容華、充衣等14個等級。劉秀即位後，只有皇后、貴人有爵秩，貴人的待遇只有穀數十斛。此外有美人、宮人、采女三等，均無爵秩和規定的待遇。劉秀在世時要建陵墓，名曰壽陵，特意叮囑地面不要太大，不要起高墳，低窪處只要做到不積水就可以了，將來要像漢文帝那樣，不隨葬金寶珠玉。

　　劉秀常常顯示出一種寬宏大度、平易謙和的氣概。西元28年，割據隴右的隗囂正徘徊於公孫述和劉秀之間，到底歸服哪方，猶豫未決。他就派他的將軍馬援先後去成都和洛陽觀察時政。馬援自幼就聰明過人，人們都認為他是神童，在西州很有名氣，很受隗囂敬重。劉秀接見馬援這樣一個關係重大的使者，卻沒有升堂坐殿，只是便衣便服，連帽子都沒帶，他獨自一人坐在洛陽宮宣德殿的廊廡下面，讓一個宦官引導著馬援去見他。他一見到馬援就微笑著說：「貴客敢往來於兩個皇帝之間，見多識廣。今天有幸見到貴客，真是深感榮幸。」這一平易謙和的姿態，使馬援立刻感到了一種明君的魅力。於是，馬援叩頭說：「當今的局勢，君主在選擇臣下，臣下也在選擇君主。」接著就說起公孫述接見他時戒備森嚴的情況，並說：「我現在從遠方來，陛下接見我連守衛都沒有，就不提防我是間諜刺客嗎？」劉秀又笑著說：「我知道你不是刺客，你只不過是個說客罷了。」這次會見，讓馬援目睹了劉秀的寬宏氣量。劉秀與當年的劉邦有驚人的相似之處，他不愧是東漢

的真正帝王之材。後來馬援勸隗囂歸服劉秀，隗囂不聽，他就脫身自己歸服了。

劉秀寬宏大度的氣概，還表現在他對待「逸民」、「隱士」、不馴的人物的態度上。太原郡當時還留有大量的晉國公族的後裔，他們對新的統治者常常保持一種對立情緒，或者尋機報仇，或者隱居不仕，王侯面前不肯稱臣。至漢初，太原郡（在今太原市以南）被稱為「難化」之地。劉秀時，太原郡廣武縣有個叫周黨的，在地方上很有名望，朝廷幾次徵他去做官他都不願意，後來不得已，就穿著短布單衣，用樹皮包著頭去見朝廷大員，劉秀卻親自召見了他。按禮節，士人被尊貴者召見，必須自報姓名，否則便是不尊重對方。周黨見了劉秀，不通報姓名，只說自己的志趣就是不願做官，劉秀也沒有強迫他。博士范升上書，說周黨在皇帝面前驕悍無禮，卻獲得了清高的名聲，應治「大不敬」罪。劉秀把范升的上書拿給公卿們傳閱，並下詔書說：「自古明王聖主都有不願為他做臣的人，伯夷、叔齊就不食周粟。太原那個周黨，不接受我的俸祿，這也是各自的志願，賜給他40匹綢子。」

劉秀對於臣下的歌功頌德、阿諛奉承，常能持一種清醒的、有時甚至是厭惡的態度。他更願意多表揚一些剛正不阿的官吏。在他的詔書中，經常說自己「德薄」，要上書者不要稱他聖明。各郡縣經常報告一些所謂「嘉瑞」事物，群臣要求史官將這些「嘉瑞」記載撰寫成書，以傳後世，劉秀一律不許。有一次，劉秀外出打獵深夜方歸，要從洛陽城的東北門進城，掌管這個門的官吏郅惲拒不開門。劉秀讓人點起火把，並告訴說皇帝回來了，郅惲說：「火光閃爍，又遠遠的，看不清楚。」就是不開。劉秀沒法，只好轉到東城門進了城。第二天，郅惲上書批評了劉秀一頓，說他游獵山林，夜以繼日，帶領出一種不良風氣，危害國家。劉秀不但沒有治罪於他，反而賞了郅惲100匹布，把掌管東城門的官吏貶為登封縣尉。

劉秀對官吏要求嚴格，以致以粗暴方式對待，對貪贓枉法的行為更是嚴厲懲罰。他在執政初期，內外群官，多由他自己選任；如做不完他交辦的事，尚書一類的近臣常被拉到面前棍打鞭抽，以致「群臣莫敢正言」。

劉秀對貴戚的過分行為一般能夠理智對待。司隸校尉鮑永、都事從官鮑恢性格剛直，不避豪強，敢於彈劾貴戚的恣縱行為。他們曾彈劾劉秀的叔父趙王劉良仗勢呵斥京官為「大不敬」，劉秀借此告誡貴戚們應當約束自己，「以避二鮑」。劉良臨死時，劉秀去看他，問他還有什麼要說的話。劉良說他沒有別的話了，只有一件事，他的朋友李子春犯了罪，縣令趙熹要判李子春死刑，他希望能保住李子春的命。劉秀說：「官吏公正執法，我不能徇情枉法。另說別的願望吧。」

　　劉秀的明君風範，使劉氏漢家天下走向繁榮，實現了「光武中興」。

晉武帝司馬炎

一統全國　太康盛世

二十五年的皇帝生涯，勵精圖治，結束了長達百年的分裂局面。統一全國，經濟繁榮，開創太康盛世……

三代侍曹　皇賜九錫

　　東漢末年，朝廷昏庸腐敗，在統治階級內部，宦官集團和官僚集團之間爭奪權力的鬥爭日益激烈。西元189年，漢靈帝駕崩，劉辯即位，史稱少帝。這時，中軍校尉袁紹乘機起兵，一舉誅殺大小宦官兩千餘人，從而結束了為時數十年宦官專權的局面。然而，由此也引起了天下大亂，各郡、州、縣出現了失控的局面。經過幾十年的兼併戰爭，最後出現了魏、蜀、吳三國鼎立的分裂局面。魏武帝曹操，霸主中原；昭烈帝劉備，稱雄西南；吳大帝孫權，割據江東。三國之間連年混戰，廣大百姓飽受禍害，有的流徙，有的死亡，村落破敗，戶口大減。《魏書·張繡傳》中記載說：「天下戶口減耗，十裁一在。」有的地方的人口甚至只有原來的幾十分之一。大量百姓死亡和流徙，全國連綿數百里的土地，完全荒蕪，無人耕種。連昔日富庶繁榮的京城洛陽附近，也變得蒿草叢生，百里不見人煙。曹操在一首詩裡說：「白骨露於野，千里無雞鳴。」就是這種荒涼景象的真實寫照。

　　司馬炎的祖父司馬懿，河內郡溫縣人，祖上許多人做過西漢的大官，是有名的望族，後來當上了曹操丞相府主管一切事務的主簿。司馬懿老謀深算，智慧過人。曹操死後，司馬懿歷任魏文帝曹丕、魏明帝曹睿兩代總管朝政的重臣，主管軍事，統率魏軍，同東吳、蜀漢對峙。蜀漢的諸葛亮智謀驚人，遇到司馬懿也不免有些顧忌。東吳的孫權對他顧忌更大，曾對人說：「司馬懿善用兵，可謂變化如神，所向無敵。」

　　西元239年，魏明帝死，8歲的曹芳即位，由司馬懿和曹爽共輔幼主。曹爽知道司馬懿實力比自己強百倍，對自己的威脅太大，所以，決定除掉司馬懿。司馬懿見勢不妙，便在曹爽輔政後的第8年，聲稱自己年老多病，力不從心，回鄉養病，但在暗地裡等待時機，伺機而動。曹爽認為司馬懿突然稱病肯定另有陰謀。曹爽的內線匯報說，司馬懿已經不能吃東西了，話也不能說了，頭腦也不清楚了。曹爽從此放鬆了對司馬懿的提防。

　　西元249年，曹爽陪伴魏帝曹芳到洛陽城南90里的高平陵去祭祀。佯稱重

病的司馬懿利用這一時機，假借皇太后的懿旨，精神抖擻地在城內突然舉行政變，其長子司馬師指揮早已蓄養的3 000名敢死隊，關上洛陽城所有的城門，佔據武器倉庫，接管了守衛皇宮的禁軍。然後，又派主力衝出宣陽門，來到洛水浮橋邊上，殺氣騰騰地逼向祭祀人群。最後，魏帝終於迫於司馬懿的威逼，誅殺了曹爽。曹魏的軍政大權又重新轉移到司馬懿手中。

西元251年，司馬懿得病去世，他的長子司馬師任撫軍大將軍、錄尚書事，繼續輔政。西元254年，魏齊王曹芳已經成年，他不滿司馬師專權，與幾位大臣密謀除掉司馬師。由於走漏風聲，司馬師首先動手，誅殺參與密謀的大臣，曹芳也遭廢黜，另立年僅14歲的曹髦為帝。不久，司馬師死，他的弟弟司馬昭接任其職，朝廷裡的要事都必須經過司馬昭之手。隨著曹髦長大，成熟，他已經懂得朝政，感到魏朝天下岌岌可危，心中十分憤慨。

西元260年5月7日，曹髦命令宮中宿衛士兵，捕殺司馬昭。司馬昭派大將賈充率兵將曹髦殺死，然後脅迫皇太后出來說話，以掩蓋自己的弒君之罪。太后下詔說：「曹髦越大越不像話，竟用箭射向宮中要殺我，有的箭還掉到我的腳旁，他還狠心地用毒藥來害我，這種不孝不敬的人，早該死了！」這樣，司馬昭殺掉無德不孝之君的行為就成為合法的了。

曹魏皇帝連續被廢被殺，改朝換代的氣氛一年比一年濃厚，司馬昭實際上已經掌握了皇權。但社會上還有相當一批人對這一局面很不滿意。司馬昭一邊收羅文人學士，為自己登基製造輿論，一邊積極準備征討三國之中力量較弱的蜀漢。

西元263年，司馬昭派大將鐘會、鄧艾、諸葛緒率兵18萬，進軍蜀漢。捷報頻頻傳來，魏帝曹奐下詔將司馬昭封為晉公，拜為相國，並賜「九錫」，即：最華貴的車馬、王袍似的衣服、樂器、朱紅色的門戶、有屋簷的臺階、300名衛兵、先斬後奏的刀斧、表示征伐的弓箭、祭祀用的香酒。這九錫是古代帝位更替的前奏，往往先受九錫，再行帝位禪讓之禮。西元263年，蜀漢滅亡，司馬昭因功又封為晉王。

⚘ 爭當太子　「無爲」治國 ⚘

　　司馬昭基本上掌握了魏國的大權，魏國皇帝成了名副其實的傀儡。司馬炎是晉王司馬昭的長子，按照封建時代立嫡以長的制度，司馬炎本該是合法的王位繼承人，但其父司馬昭把小兒子司馬攸過繼給自己的哥哥司馬師為子，並打算立之為世子。司馬昭每次見到司馬攸，便拍著晉王的寶座對他說：「這屬於桃符（桃符是司馬攸的小名）的寶座。」寵愛之情溢於言表。正是在這種複雜的政治背景下，不甘寂寞的司馬炎開始了他爭奪王位的活動。

　　齊王司馬攸為人溫文爾雅、親賢好施，喜愛古代典籍，並且多才多藝，是一位有著濃厚的藝術氣質的儒雅之士。而司馬炎卻似乎是一個天生的政治家，他在氣質上幾乎完全秉承了父輩的天性，既有足以左右形勢的謀略，同時也有著一副寬厚仁慈的外表。總之，政治家的大性加上客觀上的優勢，使得他在複雜的宮廷鬥爭中遊刃有餘。到晚年，司馬昭不得不以強大的政治理智克服個人情感，接受了大臣們的建議，立司馬炎為世子。

　　西元265年，司馬昭病死，司馬炎繼承了相國晉王位，掌握全國軍政大權。同年12月，經過精心準備之後，仿效曹丕代漢的故事，為自己登基做準備。在司馬炎接任相國後，就有一些人受司馬炎指使勸說魏帝曹奐早點讓位。不久，曹奐下詔書說：「晉王，你家世代輔佐皇帝，功勳高過上天，四海蒙受司馬家族的恩澤，上天要我把皇帝之位讓給你，請順應天命，不要推辭！」司馬炎卻假意多次推讓。司馬炎的心腹太尉何曾、衛將軍賈充等人，帶領滿朝文武官員再三勸諫。司馬炎多次推讓後，才接受魏帝曹奐禪讓，封曹奐為陳留王。司馬炎於西元265年，登上帝位，改國號為晉，史稱為西晉，晉王司馬炎成了晉武帝。歷史有驚人的相似之處，魏王朝從曹丕讓漢帝禪位稱帝，傳了45年，到此結束。司馬昭也同樣讓魏帝以禪讓的手段獲取了帝位，魏國遂亡。但這時的司馬炎心裡並不輕鬆，他很清楚，雖然他登上王位寶座，但危機仍然存在。

從內部看，他的祖父、父親為了給司馬氏家族奪取帝位鋪平道路，曾經對曹操以後的曹氏家族以及附屬勢力進行了殘酷的屠殺，這件事所造成的陰影至今仍然橫亙在人們的心中。從外部看，蜀漢雖平，孫吳仍在，雖說此時的東吳已不足以與晉抗衡，但畢竟也是一個不小的威脅。內憂外患告訴司馬炎，要想鞏固政權，進而完成吞併東吳、統一中國的大業，就首先要強固統治集團本身的凝聚力，而要達到這個目的，就必須採取懷柔政策。為此，司馬炎在即位的第一年，即下詔讓已成為陳留王的魏帝載天子旌旗，行魏正朔，郊祀天地禮樂制度皆如魏舊，上書不稱臣。同時又賜安樂公劉禪子弟一人為駙馬都尉，第二年又解除了對漢室的禁錮。這不但緩和了朝廷內患——尤其是消除了已成為司馬氏家族統治對象的曹氏家族心理上的恐懼——而且還安定了蜀漢人心，進而為贏得吳人的好感，為吞併東吳取得了主動權。

為了儘早地使國家從動亂不安的環境中擺脫出來，為統一奠定牢固的基礎，無為與寬鬆政策成了西晉之初的立國精神。這種立國精神在國家的各種領域中充分地體現出來。西元268年，司馬炎詔書中明確指出：「為永葆我大晉的江山，現以無為之法作為統領萬國的核心。」同年，又向郡國頒下5條詔書：一曰正身，二曰勤百姓，三曰撫孤寡，四曰敦本息末，五曰去人事。當年，曹魏王朝的奠基者曹操繼東漢的動亂政治之後，為了安定人心，恢復國力，曾實行了比較寬鬆開放、節儉求實的治國方略。但到了曹丕，政治漸趨嚴厲，社會風氣亦腐敗，曹操當年的風範已不復存在。皇帝為了滿足自己的私慾，往往不斷把強大的物質重負轉移到百姓的身上，而長期的戰亂更使百姓在慘澹的生計之外，還在心理上增添了一種恐懼與疲憊之感。在這種情況下，司馬炎反其道而行之，提出無為而治的強國方略是最適合不過的。

擊滅東吳　統一全國

西晉成立之初，晉武帝為了收買人心，大封功臣，許多大家族都被封為公侯。短短幾年時間，晉武帝共封了57個王，500多個公侯。蜀漢滅亡不久，

晉武帝為了穩定巴蜀人心，又任用了一批原在蜀漢供職的官吏為朝官。晉武帝沒有採取「一朝天子一朝臣」的慣用手法，而是採取拉攏、收買人心的辦法，穩定各級官吏，以確保社會穩定地過渡。因為晉武帝還看到，蜀漢雖亡，東吳未滅，全國還未統一。於是他開始運籌帷幄，準備擊滅東吳，結束全國的分裂局面。

早在三國鼎立之時，魏的勢力已超過蜀、吳，如以人口計，魏約占全國人口4/7，蜀、吳合占3/7。西元263年，魏滅蜀之後，三國鼎立變成了南北對峙，魏的力量更加強大。晉武帝代魏之後，雄心勃勃，「密有滅吳之計」，準備出兵滅吳，統一全國。

西晉全國正處於一種積極的態勢之中，然而吳國卻是在走下坡路。吳主孫皓的荒淫、殘暴使吳國喪失了重整旗鼓的機會。孫皓命令大臣的女兒要先經過他的挑選，漂亮的入後宮供他一人享受，剩下的才能談婚論嫁，這使他喪失了大臣們的支持，自毀根本，最終成了孤家寡人。對他勸諫的中書令賀邵不但沒有受到他的表揚，反而被他用燒紅的鋸條殘忍地鋸下了舌頭，其殘暴程度與商紂王沒有任何區別。孫皓殺人的方法很多，很殘忍，像挖眼、剝臉皮和砍掉雙腳等。孫皓的殘暴註定了他要滅亡。由於孫皓的殘暴使手下的將領們也對他喪失了信心，紛紛投降西晉。西晉的大臣們見吳國國力下降，政局不穩，也紛紛勸說司馬炎趁機滅掉吳國。

但是，晉武帝受到了以太尉錄尚書事賈充為首的保守派的反對，他們認為：吳有長江天險，且善水戰，北人難以取勝。且近幾年來西鮮卑舉兵反晉，此時對吳作戰，並「非其時」。而羊祜、張華、杜預等人則認為：吳帝孫皓腐化透頂，他不但對廣大人民殘酷剝削、鎮壓，而且在統治集團內部也排除異己，用刑殘酷。孫吳目前是「上下離心」，如此刻出兵，「可不戰而勝」。如果錯過機會，「吳人更立令主」，勵精圖治，再去滅吳就相當不容易了。

兩派意見，針鋒相對。這樣，一個極其嚴重的問題就擺在了晉武帝面前：是否出兵滅吳，統一全國？晉武帝意識到，自秦漢以來，統一已成為人

類歷史的主流，廣大平民百姓要求統一，渴望和平。因此，晉武帝堅定地站在主戰派一邊。

為了完成滅吳大業，晉武帝在戰略上做了充分準備。早在西元269年，他就派羊祜坐守軍事重鎮荊州，著手滅吳的準備工作。羊祜坐鎮荊州後，減輕賦稅，安定民心，荊州與東吳重鎮石城（今湖北鐘祥縣）相距最近，晉軍採取了「以善取勝」的策略，向吳軍大施恩惠。由於孫皓揮霍無度，部隊士兵常常領不到軍餉，連飯也吃不飽。羊祜命人向吳軍送酒送肉，瓦解吳軍。這樣，不時有吳軍前來投降，羊祜下令說：吳軍來要歡迎，走要歡送。有一次，吳將鄧香被晉軍抓到夏口，羊祜部下堅持要殺掉，羊祜不但不殺鄧，而且還親自為其鬆綁，把鄧送了回去。有時，吳軍狩獵打傷的野獸逃到了晉軍領地，晉軍也把這些野獸送到吳軍帳內。正是由於這樣的「厚」愛，東吳將領們的心已經一步步趨向晉軍。

晉武帝在襄陽一邊命羊祜以仁德對吳軍施加影響，一邊在長江上游的益州訓練水軍，建造戰船。經過長達10年時間的充分準備，西元279年，晉軍開始向東吳展開大規模的進攻。為了迅速奪取勝利，晉軍分5路沿長江北岸，向吳軍齊頭併發。第6路晉軍由巴東、益州出發，沿江東下，直搗吳軍都城建業。20萬晉軍直撲東吳。東吳守軍，在巫峽釘下了無數個鋒利無比的、長十餘丈的鐵錐，在江面狹窄處用粗大的鐵鏈封鎖江面。晉軍先用大竹排放入長江，晉軍在船上載了無數根數丈長的用麻油澆灌的火點燃火炬，熊熊烈火能夠把鐵鏈燒斷。就這樣，東吳長江的防守設施被一個個排除了。

在第6路晉軍進攻東吳時，為了分散、吸引守衛建業的吳軍兵力，安東將軍王渾率一路晉軍，由北向南，直取建業。孫皓忙命丞相張悌統率主力渡江北上，迎擊王渾，結果沿江東下的晉軍乘機攻佔了建業。

由於晉武帝準備充分，時機恰當，戰略正確，前後僅用了四個多月，便奪取了滅吳戰爭的全部勝利。從此，東吳的全部郡、州、縣，正式併入晉國版圖。

西元280年，三國鼎立的局面完全結束了。晉武帝司馬炎終於統一了全

國，結束了長達近百年的分裂局面。

◇◎ 發展經濟　太康繁榮 ◎◇

全國統一後，西晉政治上趨於安定，但由於多年戰爭的創傷，老百姓生活依然很艱苦。特別是皇室和權貴們無限制地霸佔土地，更加重了農民的苦難。據說，長安東南的藍田縣，有一個很不起眼的「雜牌將軍」龐宗，就占良田幾百頃，其他達官貴人就更不必說了。農民沒有土地，豪門世族利用佔據的田地肆意盤剝農民。西晉初年，晉武帝把解決土地問題作為發展經濟的重要內容之一。為此，他制定了「戶調式」的經濟制度。

戶調式共有三項內容，即占田制、戶調製和品官占田蔭客制。

占田制是把占田制和賦稅制結合在一起的一條法令。晉武帝時，對人口年齡進行了分組：男女年16～60為正丁；15～13，61～65為次丁；12以下為小，66以上為老。占田制規定：丁男一人占田70畝，丁女占田30畝。同時又規定：每個丁男要繳給國家50畝稅，計四斛；丁女繳20畝稅；次丁男繳25畝稅，次丁女免稅。

這一規定，使得每個農民都可以合法地去佔有應得的田地。不少豪門世家的佃戶，也都紛紛脫離主人，去領取屬於自己的一份土地。占田制發佈以後，不少農民開墾了大片荒地，這對農業經濟的好轉起到一定的作用。

戶調製即徵收戶稅的制度。戶調不分貧富，以戶為單位徵收租稅。這一制度規定：「丁男之戶，歲輸絹三匹，綿三斤；女及次丁男為戶者半輸。」對邊郡及少數民族地區的戶調也作了具體的規定：邊郡與內地同等之戶，近的納稅額的三分之二，遠的納三分之一。少數民族，近的納布一匹，遠的納布一丈。

品官占田蔭客制是一種保障貴族、官僚們經濟特權的制度，同時也有為貴族、官僚們占田和奴役人口的數量立一個「限制」的用意，以制止土地無限制地兼併和隱瞞戶口的情況出現。此制度規定：「其官品第一至第九，

各以貴賤占田。第一品占五十頃，第二品四十五頃，第三品四十頃　每低一品，少五頃。」對於庇蔭戶，「品第六以上得衣食客三人，第七第八品二人，第九品一人。」「其應有佃客者，官品第一第二者佃客無過十五戶，第三品十戶，第四品七戶，第五品五戶，第六品三戶，第七品二戶，第八品第九品一戶。」庇蔭戶的佃客，為私家人口，歸主人役使，不再負擔國家徭役。

實行戶調製的詔書發佈之後，遭到了豪門世族的抵制。他們或是隱田不報，或是反對農民佔有耕地。

儘管晉武帝的戶調式遭到了種種阻礙，但這一制度從一定程度上，用行政的手段將大量的流動、閒散人口安置到土地從事生產，這對於穩定社會秩序，促進社會經濟的恢復與發展，起到了積極作用。

晉武帝很注意開墾荒地，興修水利。如在汲郡開荒五千多頃，郡內的糧食很快富裕起來，又修整舊陂渠和新開陂渠，對於灌溉和運輸都起到了很重大作用。

晉武帝在強調發展生產的同時，反對奢侈，厲行節儉。有一次，太醫院的醫官程據獻給晉武帝司馬炎一件色彩奪目、滿飾野雉頭毛的「雉頭裘」，這是一件極為罕見的華貴服飾。晉武帝把這件「雉頭裘」帶到朝堂，讓滿朝文武官員欣賞，朝臣見了這件稀世珍寶，個個驚歎不已。不料，晉武帝卻一把火把這件「雉頭裘」燒成了灰燼。他認為，這種奇裝異服觸犯了他不准奢侈浪費的禁令，因此要當眾焚毀。他還下詔說，今後誰如敢再違犯這個規定，必須判罪。

由於數十年的戰亂，中原地區經濟遭到極為慘重的破壞，人口也大減。晉武帝的故鄉河內郡溫縣，人口也只有原來的幾十分之一。為此，晉武帝決定採取一些措施增加中原地區的人口。他下令，17歲的女孩一定要出嫁，否則由官府代找婆家。滅蜀之後，招募蜀人到中原，應召者由國家供給口糧兩年，免除徭役20年。滅吳後，又規定吳國將吏北來者，免徭役10年，百工和百姓免徭役20年。

西元268年，晉武帝還設立了「常平倉」，豐年按適當價格拋售布帛，收購糧食；荒年則按適當價格出售糧食，穩定糧價，維持人民的正常生活。晉武帝一再責令郡縣官吏，要「省徭務本」，打擊投機倒把、囤積居奇。

由於晉武帝採取了這樣一系列有力的經濟措施，使農業生產逐年上升，國家賦稅收入逐年充裕，人口逐年增加，僅平吳之後不到三年時間，全國人口就增加了130多萬戶，出現了「太康繁榮」的景象。

∽ 弘揚文化　洛陽紙貴 ∽

太康年間，天下太平，人民安居樂業，經濟生活有了好轉。與此同時，晉武帝還大力發展文化事業，弘揚民族文化，為中華民族古代燦爛的文化做出了一定的貢獻。

當時，盛行著一種被後人稱頌的「太康文學」，其代表人物有一左（左思）、二陸（陸機、陸雲兄弟）、二潘（潘岳、潘尼叔侄）、三張（張載、張協、張亢兄弟）。

西元282年，洛陽的人們紛紛購買紙張，原來有一個名叫左思的文人，寫了著名的《三都賦》，人們紛紛傳抄，引起了紙張奇缺，紙價飛漲，「洛陽紙貴」從此便流傳開去。「賦」是一種文體，兼有詩歌及散文的性質，極講究文采與韻律。據說，最早的賦是戰國時荀況的《賦篇》，一般賦都寫得比較短。而左思的《三都賦》不僅辭藻優美，鏗鏘有聲，而且長達一萬多字，成為舉世僅有。左思門第不高，母親死得早，他又是個結巴子，小時學過書法、音樂和兵法，但都沒什麼成就。他的父親曾對人說：「真是一代不如一代，他現在還遠遠不及我年輕的時候。」這句話深深地刺激了左思，他從此刻苦攻讀，奮力筆耕，用了一年時間寫出了《齊都賦》，受到人們好評。西元272年，他決心寫出《三都賦》。「三都」，即鄴、成都、建業，分別是三國鼎立時魏、蜀、吳的都城。他感到自己資料缺乏，便向朝廷提出，要求當一名管理圖書和著作事務的秘書郎。晉武帝隨即同意了，並告訴他，凡是

朝廷裡收藏的有關這三個都城的圖籍和資料，他都可以隨心所欲地閱讀和查證。

在晉武帝的關照下，左思這個出身寒門之人，用了十幾年時間，終於寫出《三都賦》。這是由《蜀都賦》、《魏都賦》、《吳都賦》三篇獨立又相聯結的賦組成的。賦中有三個假設人物：東吳王孫，西蜀公子，魏國先生。通過他們相互之間的傾訴，寫出三個名都的概況、歷史、物產、風土人物和各自的政治、軍事、經濟、文化面貌。《三都賦》一問世，立即轟動整個洛陽城，它不僅在中國歷史和文學史上有著一定的地位，而且對於考證、瞭解三國時期的歷史狀況，有著十分重要的作用。除此之外，左思的詩也寫得非常好。著名的《嬌女詩》語言樸素，感情真摯，把對小女兒的疼愛之情躍然紙上，後來的大詩人陶淵明的《責子》、杜甫的《北征》、李商隱的《驕兒詩》等，都受到它的影響。

在西晉的文壇中，最負盛名的要算陸機，被後人稱為「太康之英」。他的詩歌意新詞秀，講求形式的華美，以其深厚的筆力，優美的辭藻，純熟的技巧，表現了一種華貴之美。這種藝術追求，極大地影響了太康文學的藝術傾向。他的《文賦》是中國文學理論發展史上第一篇系統的創作論，對後世文學創作和理論發展，都產生了重要影響。《君子行》中「天道夷且簡，人道險而難。休咎相乘躡，翻覆若波瀾」的詩句，被不少後來的人所引用，以反映人們對政治環境和人生禍福無常的體會。《赴洛道中作》，是陸機五言詩的傑作，其中「行行遂已遠，野途曠無人。山澤紛紆餘，林薄杳阡眠」，「頓轡倚嵩岩，側聽悲風響。清露墜素輝，明月一何朗」等，都是情景交融的佳句。陸機還是著名的書法家，所寫的章草《平復帖》流傳至今，是書法中的珍品。另外，據唐代張彥遠《歷代名畫記》，陸機還有畫論。

西晉初年，是人才輩出的時代。在文學藝術方面，除了左思、陸機等一批文學家外，在其他領域還出現了不少傑出人物，他們對中國古代文明也做出了卓越的貢獻。所有的這些文明與晉武帝司馬炎開明的文化政策和人才保護措施是分不開的。

地理學家裴秀，是晉朝的尚書令。裴秀的舊交郝詡給他人寫了一封信，說：「尚書令裴秀是我的老相識，你如有什麼事要他幫助關照，我給你去說說，這點面子他總會給的。」於是，有人將信作為罪證告到晉武帝面前，說裴秀假公濟私。晉武帝為裴秀辯解說：「別人求裴秀辦事，是別人的事，裴秀怎能預先防止呢？況且假公濟私還沒有成為事實，裴秀有什麼罪呢？」不久，司隸校尉李憙又告發說：「劉尚替裴秀強佔官田，裴秀有罪，應該關押！」晉武帝又給他開脫說：「強佔田地罪在劉尚，為何要關押裴秀？」晉武帝的公正無私，不信讒言，使裴秀在地圖方面做出了重要貢獻。

早在魏末，裴秀曾隨司馬昭出軍討伐諸葛誕，跑了不少地方，由於地圖有誤，吃了不少苦頭。明明地圖上似乎很近的地方，但跑了幾天也看不見影子，明明地圖上沒有山也沒有水的標記，但真到了那兒，卻冒出連綿的山岡或洶湧的河流來。尤其是宮廷珍藏的那份地圖，是幾十匹綢子製成的，使用起來十分不便。裴秀發奮鑽研，改革地圖，修正錯誤。他首先運用了簡縮的技術，用「一分為十里，一寸為百里」的比例尺，把那幅用幾十匹綢子做的巨圖縮畫成了《地形方丈圖》。裴秀還提出了繪製地圖的六個基本要點，即比例尺、方位、交通路線的實際距離、地勢起伏、地物形狀和傾斜緩急等。這些都是世界地圖學史上劃時代的創新，除了經緯度和等高線外，已經包括了現代化製圖的基本要素。這在自然科學不發達的一千多年之前，是一個非常了不起的貢獻。

大醫學家皇甫謐，也是生活在西晉太康年間。他42歲得了風濕病，半身癱瘓，長期臥床，但他博覽群書，很有才華。晉武帝得知後，多次下詔要他出來做官，但他推說有病，婉言謝絕。他在病床上開始摸索針灸，一邊攻讀醫書，一邊在自己身上做試驗。經過7年苦心鑽研，他不僅治好了自己癱瘓多年的疾病，而且針灸技術越來越高，發現了不少針灸穴位，創立了自己的針灸理論，寫出了《針灸甲乙經》。此書不僅在我國醫學史上是一部偉大的著作，而且還流傳到國外，從西元6世紀開始，朝鮮、日本的醫生都把它奉為必讀的書籍。

宣導奢侈之風　爲孫子立痴子

晉武帝創立了西晉，進行了一系列的改革，使國家逐步走上了繁榮之路。看著自己的功績，從內憂外患進入太平盛世的晉武帝感到了一種前所未有的滿足與陶醉。他開始變得昏庸，日子不長，他就完全成了一個被物慾、色慾所主宰的帝王。為了表達自己的孝心，晉武帝開始大規模修建祖先的陵廟，12根巨大的銅柱皆鍍以黃金、飾以明珠，所用石料都是從遙遠的地方運到洛陽的，耗費的民力令人驚歎。司馬炎為了滿足自己的色慾，在滅吳後，又收留了孫皓宮中5000多名宮女，以致後宮人數超過1萬，因為人太多，他只能成天駕著羊車去觀看后妃。一些想接近皇帝、一睹天顏的后妃，便在門前插上竹葉，並撒上鹽巴，以使貪吃的羊走過自己門前時能夠停下。

面對司馬炎荒淫昏庸的行為，朝中有人感到不滿。有一次，司馬炎率群臣到洛陽南郊祭祀，禮畢，他問司錄校尉劉毅：「我能和漢代的哪一個皇帝相比？」他當時以為劉毅一定會說出一個響亮的名字，誰知得到的回答是：「可以和桓帝、靈帝相比。」人人都知道桓靈之世乃是東漢王朝最黑暗的時候，司馬炎不能不感到吃驚，因此問道：「怎麼會是如此地步？」劉毅毫不掩飾地說道：「桓帝之世雖賣官售爵，但把錢留給官府。陛下如今賣官售爵，卻中飽私囊。」面對這個耿直的臣下，司馬炎只得自嘲說：「桓靈之世聽不到你這樣大膽的言論，而現在我身邊卻有你這樣的直臣，可見我比桓靈二帝賢明。」

本來自魏武帝後，社會風氣就趨於奢侈，現在司馬炎又推波助瀾，於是，上行下效，西晉朝野頓時掀起了一股奢侈之風。朝中的權貴自不必說。太尉何曾即以奢侈著名，他的帷帳車服，窮極綺麗，廚膳滋味，過於王者，雖然在飲食上日費萬錢，猶言無處下箸。而尚書任愷的奢侈更超過何曾，每頓飯就要花去萬錢。有一次司馬炎到女婿王濟家做客，侍宴的100多個婢女都穿著綾羅綢緞。菜餚中有一道乳豬，味道鮮美異常，司馬炎向王濟打聽烹調的方法，王濟悄悄對他說：「這是用人乳餵養，又用人乳烹製的。」

在這種情形下，人人以誇富為榮，個個以鬥富為樂。更令人觸目驚心的是，有時這種豪奢還和殘忍結合在一起。石崇是當時有名的富豪，他宴請客人時總讓美女敬酒，如果客人飲酒不盡，便將美女斬首。

司馬炎已經不是當年的司馬炎，他荒淫無度，很快就體虛力虧，朝不保夕了。在這種局勢下，皇位繼承人的問題成了朝野矚目的大事，各種政治力量為不同的目的，再次展開了角逐。按照封建時代立嫡以長的遺規，司馬炎的長子司馬衷在9歲時就被立為太子，但他天生就是一個白癡，還鬧了不少笑話。立一個白癡兒子做太子，司馬炎不是沒有顧慮。就在伐吳的同時，司馬炎即已考慮這個問題。有一次他問中書令張華：「我的後事可以託付給誰？」張華毫不猶豫地回答：「要論才華和親屬關係，當然是齊王司馬攸。」張華的回答當然不會使司馬炎滿意。司馬攸和司馬炎是兄弟，司馬炎和司馬攸那場爭奪王位的鬥爭就足以使他把司馬攸排除在外。作為皇帝，他只會在自己的後代中作出選擇。司馬炎終於發現了一個亮點。有一次，宮中失火，司馬炎站在城樓上觀望，這時，太子司馬衷5歲的兒子司馬橘擋著武帝說：「夜間危險，不應讓光亮照到皇帝的身上。」司馬炎感到很驚奇，本來近乎絕望的心中燃起一股希望，於是他把全部的賭注押在了這個尚處在孩提時代的皇孫身上，於是最終還是選擇了司馬衷這個白癡做皇位繼承人。西元290年3月，司馬炎病逝。4月，這位風發一時的開國皇帝便與世長辭了，終年55歲，葬於峻陽陵，廟號「世祖」，諡為武帝。

晉武帝司馬炎在位20多年。他曾為經濟、文化的發展做出了突出的貢獻。但是，受時代的影響，他在政治制度上基本上沿用了漢代以來的分封制，嚴重地削弱了中央集權的鞏固。再加上他晚年生活奢侈腐化，公開賣官，宮中姬妾近萬人，上行下效，各級官吏不理政事，鬥富成風，奢侈之風盛行，加速了西晉王朝的滅亡。晉武帝去世不久，西晉王朝就發生了「八王之亂」，這場戰亂長達16年，加上天災不斷，瘟疫流行，廣大勞動人民又開始大批死亡或流離失所，「太康繁榮」的盛景很快失去了昔日的光彩，但它作為一段短暫的歷史，記入了中華民族歷史的畫卷。

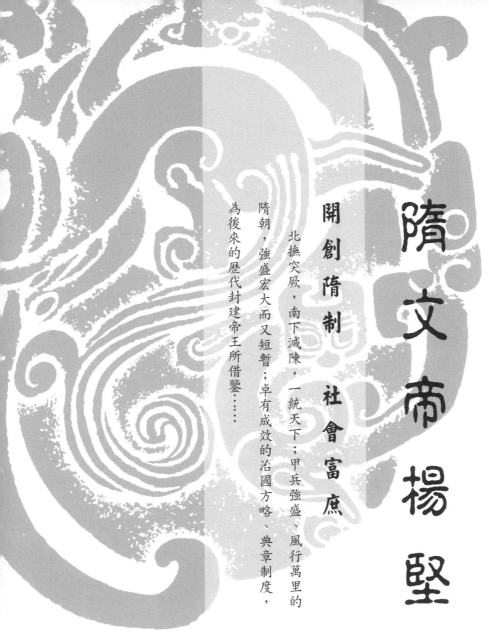

隋文帝 楊堅

開創隋制 社會富庶

北撫突厥，南下滅陳，一統天下；甲兵強盛、風行萬里的隋朝，強盛宏大而又短暫；卓有成效的治國方略、典章制度，為後來的歷代封建帝王所借鑒……

借助祖蔭　扶搖直上

　　晉武帝司馬炎統一全國相對於東漢末年到隋朝建立的近四百年時間只是十分短暫的一瞬。十六國之亂威脅著晉朝的政權。西元439年，北魏太武帝掃清了十六國殘餘，建立了北魏政權，但南朝仍然霸主江南。連北魏王朝日益強盛時的帝王魏孝文帝，生前也不無遺憾地寫下了「白日光天兮無不曜，江左一隅獨未照」的詩句。西元499年，北魏政權開始大亂，內部互相殘殺，各地農民紛紛起義。華夏大地上又出現了東魏、西魏、北齊、北周等國家。直到西元577年，北周武帝滅齊，才又統一了北方，但南方仍有陳朝、後樑對峙，北方的突厥也時常南下襲擾中原……四百年割據分裂的漫長歲月，廣大人民飽嘗了戰亂之苦。他們十分渴望國家能夠統一，國家能夠安定，社會能夠繁榮。

　　楊堅是東漢太尉楊震的第十四代子孫。楊氏家族從漢朝以來，直到魏晉、南北朝時期都是名門望族。西元537年，楊堅的父親楊忠追隨獨孤信投靠了西魏專權的宇文泰。因在宇文泰執政以及宇文泰的兒子宇文覺建立北周過程中功勳卓著，楊忠被賜鮮卑姓普六茹氏，位至柱國、大司空，封隨國公。

　　西元541年六月，楊堅出生在馮翊（陝西大荔）般若寺。和許多帝王一樣，傳說他出生時也有祥雲出現。然而青少年時期並不見其聰穎過人之處，唯好音樂。由於高貴的家族地位，楊堅念書時上的是王公貴族子弟的專門學校。但是他與眾多的學子相比學業並不理想，常常被別人挖苦，他也深知自己在學業方面不行，時不時地自嘲「不曉書語」。

　　楊堅不善於念書，但因為父親是功臣，楊堅在14歲就開始了政治生涯。15歲時，楊堅被授予散騎常侍、車騎大將軍、儀同三司的榮譽職銜，封成紀縣公。當時西魏權臣宇文泰非常賞識楊堅。第二年，宇文泰的侄子宇文護廢恭帝立堂弟宇文泰三子宇文覺為帝，即孝閔帝，建國號為「周」。楊忠升為柱國、大司空，封隨國公。其子楊堅又升驃騎大將軍、開府儀同三司。宇文覺只做了9個月的皇帝，便被宇文護殺掉，宇文護又立宇文覺長子宇文毓為

帝，即周明帝，楊堅晉封為大興郡公。西元560年4月，宇文護鴆殺宇文毓，擁宇文毓的四弟宇文邕為帝即周武帝。19歲的楊堅升為左小官伯，被任命為隨州（今湖北隨州）刺史，進位大將軍。西元566年，鮮卑大貴族、柱國大將軍獨孤信意識到楊堅前途無量，便把自己14歲的七女兒獨孤伽羅嫁給了楊堅。從此楊堅成為周明帝的連襟，楊堅的地位進一步提高。西元568年，楊忠死，楊堅繼承了隨國公的爵號。西元577年，北周滅北齊，楊堅立下戰功，又進封柱國。第二年，楊堅出任定州總管，不久轉為亳州總管。

楊堅並無突出的功績，地位卻扶搖直上，逐漸引起一些朝臣和貴族的嫉恨。北周初年，宇文護專權，多次想除掉楊堅，都因大將侯伏侯萬壽兄弟求情而沒有得逞。西元573年，周武帝宇文邕誅殺宇文護親政，齊王宇文憲勸他儘早把楊堅除掉，內史王軌也認為楊堅有反相，但周武帝都沒有予以重視，且又把楊堅的長女楊麗華嫁給皇太子宇文贇，進一步鞏固了楊堅的地位。

同時，楊堅也積極利用已有的社會影響，廣泛拉攏關係，擴大自己勢力。楊堅在做隨州刺史時已與驃騎將軍龐晃結為莫逆之交。後來，楊堅做定州總管，龐晃任常山太守，二人交往更密。楊堅將任亳州總管時，龐晃勸他就此起兵，建立帝王之業，楊堅握著龐晃的手說：「時機還不成熟啊。」至此，楊堅取周自代的願望溢於言表。

用權運謀　建立新朝

西元578年6月，周武帝駕崩，宣帝宇文贇即位。楊堅的長女楊麗華做了皇后，楊堅升任上柱國、大司馬，掌握了朝政大權。加上年少的皇帝比較昏庸荒淫，在群臣中沒有威信，於是，楊堅便考慮取而代之。

周宣帝日夜享樂，為了滿足自己的慾望，不顧朝臣的反對，修建洛陽宮，致使上下怨憤，楊堅便開始做取代周室的準備工作。有一次，楊堅與好友宇文慶談論時政，預感到北周的統治即將結束，對可能出現的動亂局面進行了充分的估計，並已經做好收拾北周局面的思想準備。

楊堅的行動也曾引起周宣帝的警覺，甚至曾想殺掉楊堅。但楊堅始終不動聲色，周宣帝既找不到藉口，也不願意隨便殺死自己的岳父。

楊堅儘管表面不露聲色，但內心對周宣帝的猜疑也感到不安。為逃避周宣帝的猜疑，也想在北周動亂時擁有實力，楊堅想暫時離開朝廷，到地方上去掌實權。西元580年，時機到來，周宣帝決定南伐。鄭譯便乘機向皇帝推薦了楊堅，由於皇帝對關西士族鄭譯向來都很信任，於是就任命楊堅為揚州總管。

這時，周宣帝病重，召見小禦正劉昉、禦正中大夫顏之儀，準備託以後事。二人到時，周宣帝已經不省人事。然而，宣帝的長子宇文闡才8歲，離當皇帝的實力還遠了點。劉昉為以後飛黃騰達，便找來鄭譯商議，共同擬定一個假詔書，聲稱周宣帝遺囑，傳位於宇文闡，即周靜帝，並尊楊堅的女兒楊麗華為皇太后，讓楊堅以皇太后父親的身份總攬朝政，輔佐周靜帝。宣帝死，劉、鄭等人暫不公開，首先由楊堅總管中外軍事大權。楊堅又以詔書的名義控制了京師衛戍軍隊，基本控制了朝廷。3天後，楊堅等人才正式宣佈宣帝已駕崩的消息，8歲的靜帝即位，以楊堅為假黃鉞、左大丞相，掌握軍事、政治大權。楊堅深知自己的地位還不鞏固，需要採取一系列措施。

楊堅首先是建立自己的統治核心。楊堅自任丞相，設丞相府，又拉攏真正具備政治才能的高熲等一幫人作為自己的親信。丞相府實際上已取代朝廷成為真正的決策機構。楊堅利用掌握軍權的司武上士盧賁，用軍隊的力量暫時壓服了尚未完全清醒過來的朝廷百官。

接著除掉皇室宇文氏的勢力。楊堅初執政時，周宣帝的弟弟宇文贊仍以皇叔身份居上柱國、右大丞相職，在朝廷中與楊堅平起平坐。楊堅指使劉昉把他勸回家中，不要過問朝政，答應以後由他做皇帝，只需在家裡等。宇文贊年輕無才，信以為真。於是楊堅排除了皇室中潛在的干擾。

但這時真正的威脅是已經成年並各居藩國的宇文泰的5個兒子。他們既有實力，又有影響，一旦起兵，楊堅根本無法控制。在還沒有公開宣帝的死訊時，楊堅便找藉口召他們回到長安，收繳了他們的兵權印符。宇文泰5個兒子

與雍州牧畢王宇文賢聯繫，請他起兵，但宇文賢很快就被楊堅擊敗。楊堅明知是宇文泰5個兒子從中搗鬼，卻假裝不知，並允許他們劍履上殿，入朝不趨，以此安定他們。宇文泰5個兒子看到外面指望不上，便尋找直接刺殺楊堅的機會，刺殺未遂，反而被楊堅將其一一剪滅。

然後，楊堅宣佈廢除周宣帝時的嚴刑峻法，停止洛陽宮的營建，以此取得臣民們的廣泛支持。這樣，楊堅在京師的統治已基本穩固。

接下來，楊堅一方面利用自己已經取得的政治優勢拉攏地方將領，對反對者進行分化瓦解；另一方面，投入自己所能控制的全部軍隊，經過半年的戰爭，地方武裝反抗被全部平定，楊堅控制了北周政局。

從輔政之日起，楊堅要做皇帝已是公開的秘密。在平定武裝反抗的過程中，楊堅又為自己做皇帝採取了一系列措施：宣佈自己由左丞相改任大丞相，廢左、右丞相設置，不久改稱相國；讓自己的長子楊勇出任洛陽總管、東京小塚宰，監督東部地方勢力；楊堅由隨國公改稱隨王，以20州為隨國，封獨孤氏為王后，楊勇為世子，隨王位在諸侯王之上；為進一步削弱宇文氏的影響，廢除宇文氏對漢人的所有賜姓，令其各複本姓，這一措施得到漢人的普遍擁護。

西元580年底，楊堅做皇帝的準備工作已基本完成。西元581年，楊堅派人為周靜帝寫退位詔書，內容極力稱讚楊堅功德，希望楊堅按照舜代堯、曹丕代漢獻帝的典故，接受皇帝稱號，代周自立。詔書由朝廷大臣捧著到隨王府送給楊堅。楊堅假意推辭，經過朝廷百官的再三懇求，楊堅才同意接受。儀式結束，楊堅穿戴上皇帝的龍袍，在百官簇擁下坐上皇帝的寶座。

楊堅由繼承父親的隨國公起家，進稱隨王，故把自己新王朝的國號定為隨，他又感到隨字有走字旁，與走同義，不太吉利，便改隨為隋。改元開皇，以長安為都，稱大興城。

楊堅在天下基本穩定、政治機構完善後，接受大臣的建議，採取了一系列改革措施，進一步鞏固自己的皇權。

突厥原是活動於中亞一帶的游牧民族，後來東遷，活躍在蒙古草原。在

北齊、北周時,突厥經常向內地侵擾。楊堅初執周政時,採取和親政策,努力緩和雙邊關係。楊堅代周後,突厥大舉南侵,攻掠甘肅和陝北一帶,被楊堅派河間王楊弘、高熲等在西元583年率兵擊敗。為阻止突厥南下擾民,楊堅多次徵發民眾大修長城,並加強防禦。後來,突厥分裂為東突厥和西突厥,西突厥向西面發展,東突厥接受隋朝的控制,北部邊防漸趨鞏固。

對於長期依附北周的後樑,楊堅開始時採取籠絡政策,當經濟和軍事實力有較大發展並對統一江南做好了準備後,楊堅就不能容忍在自己的疆域內再存在獨立王國。西元587年8月,楊堅邀請後樑帝蕭琮到長安,借機派兵滅掉梁國。

楊堅建隋後,即開始做統一江南的準備。在鞏固了內部、緩和了與突厥的矛盾和滅梁之後,西元588年秋,楊堅共發兵50多萬,東起海濱,西至四川,在整個長江沿線水陸並進,向陳國發動大舉進攻。這時,陳國兵力不過數十萬,而君臣仍生活在花天酒地之中。面對隋的全面進攻,陳後主陳叔寶及文武百官全部做了俘虜。晉武帝之後,200多年的分裂局面終於結束,全國再次統一。

∽ 勵精圖治　革舊圖新 ∽

楊堅在稱帝之後,首先是把自己的兒子封到戰略要地去駐守,同時掌管當地及周圍的軍事要塞。為了更好地管理國家,楊堅罷黜了一些沒有能力的大臣,將一些有能力的人提拔上來,輔在自己管理國家事務。

在政權基本穩定之後,楊堅便開始了一系列的改革措施,包括了中央和地方的政治體制、賦稅、土地制度、法律、貨幣、對外關係等方面。

在中央機構方面,楊堅廢除了北周的官制,將秦、漢、魏、晉、南朝各代的中央官職作了一次大綜合,在中央設立三師,三公,五省內史、門下、尚書(吏部、禮部、工部、兵部、刑部、戶部六部)、秘書、內侍。掌握軍政大權的是內史、門下、尚書三省及六部,三師是榮譽稱號沒有實際權力。

三公雖然也有臣屬，也參與國家政務，但僅僅是顧問性的機構，沒有實權。

三省是內史省、門下省和尚書省。其中內史省是中央的決策機構，負責起草和頒佈皇帝的詔令，長官稱內史令；門下省是中央的審議機構，負責審察政令，駁正違失，長官稱納言；尚書省是中央執行機構，負責執行全國的政令，長官稱尚書令。三省互相獨立，又互相牽制，共同擔負丞相的職責，以避免丞相權力過大而危及皇權。三省制度的確立使丞相的權力大大削弱，而皇帝的權力得到加強。尚書省下設六部，即吏部、戶部、禮部、兵部、刑部、工部，分別負責官吏任免考核、戶口賦稅、禮儀、軍政、刑法、工程營建等方面的事務。六部長官皆稱尚書。六部尚書分掌全國政務。

在地方組織方面，楊堅把東漢以來的州、郡、縣三級制，改變成州、縣兩級制。在南北朝時，州郡縣的設置既濫又多。楊堅廢除郡這一級，撤郡500多個，並且合併了不少州縣，裁減了大批官員。這種對地方行政機構大刀闊斧地精簡，節省了財政開支，提高了行政效率，加強了中央對地方的直接管轄。

在州縣屬吏的任用方面，楊堅廢除了地方官就地目聘臣屬的制度。隋朝規定，凡九品以上的地方官吏，一律由中央的吏部任免，州縣官員要三年一換，不得連任，所用之人，必須是外州縣者，凡本地人一律不得任用。這樣，中央就把地方官用人之權全部牢牢控制，州縣屬官回避本州縣，又防止了地方政權被當地豪強所把持。這就進一步加強了中央對地方的控制。

楊堅十分重視吏治，獎勵良臣，嚴懲不法官吏。為了使州縣官吏能夠廉潔治民，楊堅採取給田養廉的辦法，獎勵良臣，以使他們不去搜刮民脂民膏，墮入貪官污吏之列。與此同時，楊堅採取嚴刑，重治不法官吏。他經常派人偵察京城內外百官的施政情況，發現罪狀便加以嚴懲。有時他秘密使人給官吏送去賄賂，一旦有官吏受賄，立即處死。在開國之初，大批良臣不斷湧現，全國各地社會秩序井然，這與楊堅的吏治手段密不可分。

楊堅不僅要求各級官吏要清正廉明，不得奢侈腐化，他自己也帶頭節儉。隋文帝教訓太子楊勇說：從古帝王沒有喜好奢侈而能長久的，你當太

子，應該首先崇尚節儉。太子楊勇、三子楊俊都因生活奢侈，被罷免官職，楊勇的太子位也被廢黜。宮廷內人們所用衣物，大多是破了再補，直到不能用為止。

西元594年，關中鬧饑荒，楊堅派人去察看災情，見百姓所食都是豆粉拌糠，他拿著食品給群臣觀看，涕淚俱下地責備自己無德，命令取消常膳，不吃酒肉。他率領饑民到洛陽就食，令衛士不得驅趕民眾，遇見扶老攜幼的群眾，自己引馬避路，好言撫慰，道路難走處，令左右扶助挑擔的人。楊堅建國後著手統一錢幣與度量衡。自從東漢末年以後，中華民族一直處於分裂狀態，錢幣和度量衡也都各不相同，非常混亂。秦始皇時期的統一貨幣、統一度量衡早已被各朝各國帝王打破，自行一套。楊堅統一中國以後，深感錢幣不同，度量衡各異，嚴重地影響著社會經濟的恢復和發展。因此，他統一全國後，開始了統一錢幣和度量衡的改革。

錢幣在南北朝時期，極為混亂。南朝，陳有五銖、六銖等錢，嶺南諸州用鹽、米、布進行實物交易，根本不用錢幣。北朝時期，齊有常平五銖錢，製造精良，但市場上盛行私鑄錢，種類繁雜。北周有永通萬國、五行大布、五銖三種錢幣，與齊舊錢雜用。河西諸郡也用西域金銀錢。各地都有私鑄錢幣，朝廷法定的錢幣也只是數種錢幣中的一種。

楊堅統一全國之後，明令天下，錢幣統一，新鑄一種五銖錢，全國各地都發放樣錢，凡是不合樣錢的錢幣，一律不允許流入市場。在此以後的各種錢幣，全部廢除，不許再用。

西元585年，新五銖錢通行全國。為了防止再有私鑄錢幣流入市場，破壞錢幣統一，楊堅嚴令，如有敢私鑄錢幣者立即誅殺。

隋之前的度量衡也十分混亂。各朝官吏總想多搜刮民財，因此總是將度量衡由小變大。以王莽改制後的度量衡為標準，南朝盡增大不到一寸，北朝盡增大到二至三寸。南朝，齊國一斗等於王莽時的小斗五升，一斤等於一斤八兩。北朝，魏國、齊國一斗等於原來的二斗，一斤等於原來的二斤。隋文帝即位後，下令停止使用原來的度量衡，規定一尺等於王莽時的一尺二寸

八分，一斗等於莽制三斗，一斤等於莽制三斤。顧炎武在《日知錄》中說：「三代以來，權量之制，自隋文帝一變。」由於唐沿隋制，宋、元、明、清又沿襲唐制，因此，歷代再無更大變化。

統一錢幣和度量衡，是為了適應國家統一、經濟發展而出現的，它反過來又促進了國家的統一和經濟的發展。以當時東都洛陽為例，有三大商業市場，即豐都市、大同市、通遠市。其中豐都市周圍六里，有一百二十行，三百餘肆，四百餘客棧，南北商賈往來，絡繹不絕。糧、綿、紙、青瓷器、漆器、鐵器、鹽、香料等商品，應有盡有，市場商品經濟之繁榮，可見一斑。

◦∽ 創立科舉　刑律兵制 ∾◦

隋朝開國之前，選拔官吏採取九品中正制度，做官要憑門第，仕途完全為門閥世族把持。

西元587年，楊堅下令廢除九品中正制度，規定每州每年要推薦有才學的貢士3人，推薦的標準是文章華美，並需經過特別考試。西元599年，楊堅又命令，凡是京官五品以上、地方官總管刺史，要以有德、有才二科舉人。把德和才結合起來，通過考試的辦法來選拔人才擔任官吏。到了隋煬帝時，開始設立十科舉人，其中有「文才秀美」一科，即進士科。進士科的設置，標誌著科舉制度的成立。

科舉是以分科考試的方法取士，其中最重要的是進士科，考試以詩賦為主。隋朝的進士一科，對後世影響很大。以科舉制度代替九品中正制，這是選拔官吏制度的重大變革。科舉制度把讀書、應考和做官三者聯繫起來，這就使得無論是官宦子弟，還是貧寒子弟，都可以通過讀書、考試，獲得做官的機會。由此便打破了門閥世族壟斷做官的局面，擴大了封建政權的社會基礎。同時，也使得大批下層平民，為了將來能獲取官職而安心讀書，這對於維護社會安定很有益處。科舉制度大大加強了中央政權的權力，鞏固了中央

集權的統治。

　　自從秦朝制定了殘酷而又苛刻的刑律之後，漢承秦律，直到魏晉南北朝時期，都是一脈相承。西元578年，北周武帝死後，周宣帝即位。周宣帝頒佈了《刑經聖制》，用法更加殘酷。楊堅在輔佐周靜帝時，革除了周宣帝的一些暴政，刪削《刑經聖制》，改作《刑書要制》，用法寬大了許多。楊堅即位之後，命令楊素、裴政等十多人修定刑律。裴政為主，上采魏、晉舊制，下及齊、梁，以「以輕代重，化死為生」為指導原則，制定了《開皇律》。廢除了前代梟首、車裂、鞭刑等酷法，除了犯謀反罪，一律不用滅族之刑。律文僅五百條，極為簡要。刑名分死、流、徒、杖、笞五種。死刑只分絞、斬二等；流刑分一千里、一千五百里、二千里等；徒刑分一年、一年半、二年、二年半、三年半等；杖刑分杖六十至杖一百五十等；笞刑分笞十至笞五十五等。此外，又有「十惡」不赦之條：即謀大逆、謀叛、惡逆、不道、大不敬、不孝、不睦、不義、內亂等，凡有犯者皆從重治罪，均不赦免。

　　西元586年，楊堅又下令廢除孥戮、連坐之法。孥戮之法，原見於《湯誓》，連坐創自商鞅，這是兩種十分野蠻殘酷的刑法，至隋終於全被廢除。西元592年，楊堅又下詔：死罪囚必須報經大理寺復審，各州縣不得自決死罪，不得在當地處決。同時又規定，死罪須經過三次奏請，才能行刑。民眾有冤屈可以逐級上訴，直至訴至朝廷。

　　楊堅是個非常清明的開國君王。他採取的是「官嚴民寬」的政策，對各級官吏往往小罪重罰，可以不依法律，在朝堂上任意誅殺。而對民眾犯罪，用心卻是平恕。楊堅認為，官吏本負有治國安民之責，拿著國家俸祿，知禮知法，如瀆職犯罪，必須嚴處。平民一年四季，耕作勞苦，自食血汗，知禮知法者不多，犯罪可以從寬。楊堅晚年，對待官吏更嚴，誅殺尤甚。

　　楊堅在改革刑律的同時，對兵制也進行了相關的改革。魏晉以後實行府兵制，其特點是士兵以戰爭為職業，完全脫離生產。府兵制在和平時期為了維持軍隊的訓練，要消耗大量人力物力。北周與北齊對峙時，由於人力物力不及北齊，宇文泰便創立了府兵制。府兵來源於農民中的強悍者，平時從事

生產，本身免除租稅，農閒時進行軍事訓練，戰時由鄰居六家供給軍需。府兵制寓兵於農，但又自立軍籍，不編入民籍，不屬州縣，可以隨時調發，家屬也隨營居住，不入民戶，隨軍流移。這比完全依靠軍餉為生的坊兵制有節省軍費的優點。因此，府兵制在中國古代軍事史上具有重大的意義。

西元590年，楊堅對府兵制進行了重要改革，規定軍人和家屬都隸屬於州縣，墾田和戶籍，與一般農民一樣，也可按均田令分得土地。這樣，軍人和家屬就有了固定的居所，可以從事農業生產。軍人本身仍舊保留軍籍，屬於軍府統領。軍府是府兵制的基本組織單位。隋制設立十二衛，即左右翊衛、左右驍騎衛、左右武衛、左右屯衛、左右禦衛、左右候衛，各衛置大將軍，為府兵的最高將領，總統於皇帝，各衛下轄軍府。

楊堅改革後的府兵制，把兵制和均田制結合起來，改兵農分離為兵農合一，寓兵於農，平時生產，戰時打仗。既增加了農業生產勞動力，又減少了軍費開支。

⁖ 均田租賦　築倉積穀 ⁖

楊堅即位後，在經濟方面的措施首先是繼續推行均田令。農民受田，仍按北齊的方法，每丁受露田（即規定種植糧食的耕地）80畝，桑田或麻田20畝，婦女受露田40畝。露田在人死後交還國家，桑田或麻田可傳給子孫。丁牛一頭受田60畝，一家限牛四頭。但楊堅的均田制在執行時並不徹底，田「均」得相當有限。因為周武帝遵循齊制，楊堅也遵循齊制，實際上就是承認富貴人家已占田地的合法性。

楊堅派遣使官到各地推行均田法，地少人多的地方，富豪們想方設法抵制均田，甚至有人發動叛亂，楊堅乘機發兵鎮壓，然後沒收其田地，分給無地的貧民。或者是鼓勵農民向地廣人稀的地方遷移，大量墾荒。從西元598年到605年，全國的耕地面積大為增加。

與均田相關的是租賦的調整。楊堅數次下詔減免徭役和租稅，租賦一般

以床為單位，丁男一床，納租粟三石，桑田調絹一匹，綿三兩，麻田納布一端，麻3斤。單丁及奴婢納一半租稅。在徭役方面，每丁男每年服役一個月。不久又下令減輕租賦徭役，成丁年齡由18歲提高到21歲，每年服役時間由一個月減為20天，調絹由一匹減為2丈。後來又允許50歲以上的人可以輸庸代役，即交納布帛代替力役，這些措施提高了農民的生產積極性，大大促進了農業生產的發展。

為了增加國家的財政收入，楊堅在建立隋朝後，採用了兩項措施，即「大索貌閱」和「輸籍定樣」。

大索貌閱是根據年齡和面貌來檢查戶口，是不是隱瞞了，或者報了虛假年齡。

楊堅首先設立三長，作為控制戶口的基層組織，即在畿內設保長、閭正和族正，在畿外設保長、里正和黨長，令他們負起檢查戶口的責任。西元585年，多查出44萬3千丁，164萬1千5百口。

此外，對於那些依附於豪強的農民，楊堅頒佈「輸籍之法」。由政府規定各農戶的等級，從輕徵收其租稅的數量，使那些浮客知道自己的勞動大多被強家所侵佔，現在政府從農戶手中徵收的租稅，要比他們被強家侵佔的少。這是一種皇帝從豪強地主手中爭奪農戶的策略。

「輸籍之法」公佈以後，過去依附於豪強地主的農民，現在紛紛脫離豪強，向地方政府報出自己的戶口，向政府繳納租稅。於是，隋朝的丁口大增，國家租稅的收入也以驚人的速度增加。

輕徵租賦，戶口劇增，隋朝的財政收入也在急劇增長。經過幾年時間，府庫藏滿，只好堆積在廊廡之下。豐收之年不忘災荒。楊堅命人在洛陽、河南、河北等地大造糧倉，廣積穀物，以防凶年。隋文帝築的糧倉有兩類：一類是官倉，一類是義倉。

官倉為國家掌握，內儲租米，供朝廷之用。隋文帝建都長安，關中糧食不夠京城消費，漕運又受到三門峽的阻礙，一遇荒年，關中軍民便沒有糧食。西元583年，隋朝在衛州築黎陽倉，陝州築常平倉，在華州築廣通倉，三

倉逐次轉運，供給關中。後來，隋朝遷都洛陽，又在洛口築興洛倉。

義倉也稱社倉，是民間自築的公共糧倉。西元585年，楊堅採納大臣的建議，初置義倉。義倉設在鄉間，不讓州官管理，開倉方便，一遇災荒，隨時可以開倉，就地賑給。西元596年，又令諸州百姓及軍人收穫時，按照貧富分為三等，各出糧若干，在當地築倉儲蓄，委託鄉官管理。

官倉可以防大災，義倉可以防小災，城鄉共置糧倉，官民共同管理。這種積穀防災的辦法，確是楊堅的又一高明之處。

由於有了這些有效的措施，所以，整個隋朝都是很富足的。

⌒ 猜忌功臣　佞信佛道 ⌒

楊堅代周建隋，北撫突厥，南滅陳國，完成全國統一，在政治、經濟等領域進行一系列成功的改革，是一個很有作為的皇帝。但是，楊堅又有猜疑、苛察、喜怒無常的一面，他迷信佛道，廢除學校對於社會發展產生不好的影響。

楊堅做皇帝，使用了陰謀詭計，由獨攬朝政發展為取周自代。由此，楊堅也把它作為教訓，在避免使宗親、親信把持大權的同時，極力加強自己的專制統治，對朝廷百官，特別是功勳卓著的大臣，時刻保持高度的警惕，對他們的言行密切注意，惟恐他們也採取同樣的手段，顛覆楊家的天下。

楊堅在開國初期成功地排除了曾為他做皇帝立下汗馬功勞、但實際沒有治國能力的劉昉、鄭譯等人，使用了蘇威、李德林等一批真正能幫他治國的人才。在隋文帝鞏固統治的同時，他所重用的文臣武將都獲得了高官勳爵，但他們又引起了楊堅的猜疑。至楊堅晚年，開國功臣、平定三方武裝反抗的地方將領、南平北撫的文武大將、幫他在中央主持一系列改革的重臣，已所剩無幾，或遭殺戮，或被廢棄，大部分都沒有明顯的惡跡，只是充當了楊堅猜忌的犧牲品。

梁睿本是北周舊臣，在征討王謙時立下大功，出任益州總管。只因他在

益州頗得人心，楊堅便懷疑他有地方割據之意。梁睿也深知楊堅懷疑自己，便主動辭去益州總管的職務，到長安去做京官，接受楊堅的直接監督，終因招致非議，被免官。

王世積也是北周官僚，在平尉遲迥和滅陳時，數有大功，進位上柱國。王世積親眼看到許多功臣被殺，從此嗜酒如命，不參與任何政事。西元599年楊堅征遼東，王世積的一個親信皇甫孝諧犯罪，被官府緝捕，投奔王世積，王世積沒有接收。皇甫孝諧被捕，判以發配。為報復王世積不肯包庇，皇甫孝諧誣陷王世積謀反，楊堅明知並無任何根據，仍下令處死王世積。

高熲與楊堅的關係非同一般。高熲的父親本是獨孤信的部下，被賜姓獨孤氏。楊堅的妻子是獨孤信的女兒，故楊堅和高熲的關係一直十分融洽。楊堅在實施廢周靜帝自立為帝的過程中，高熲是高參。楊堅做皇帝後，高熲被任命為尚書左僕射。政治、經濟改革的許多重大決策，楊堅都得之於高熲。高熲是楊堅最得力的助手。楊堅對高熲也非常信任，常把高熲比作鏡子，說他可以矯正自己的過失；有人說高熲的壞話，楊堅一律不聽，甚至治告狀者的罪；對於高熲，楊堅封官職，晉爵位都到了極限，賞賜的財物更是無數。楊堅晚年對長子楊勇越來越不滿意，準備把帝位傳給次子楊廣。高熲卻反對廢楊勇而立楊廣。楊堅為削弱楊勇的力量要從東宮挑選衛士，高熲不同意。因為楊勇的女兒是高熲的兒媳婦，若楊勇繼位，高熲則是地位顯赫的皇親國戚。楊堅認為高熲堅持讓楊勇做皇帝並為其著想實是想效仿自己代周的辦法取代隋朝。不久，楊堅以別人告高熲謀反為由將其貶為平民。

楊堅不僅提倡佛道，對當時民間流行的各種迷信他都十分相信，包括山神、土地、河海龍王等等，甚至對於各種妖怪也不懷疑。楊堅的妻子獨孤氏和楊素的妻子鄭氏都得了病，醫生認為這是有人故意利用貓妖作怪，楊堅對此專門下了詔書：凡有意飼養並利用貓妖等怪物而害人者，一律流入邊境。

楊堅做皇帝的第二年，便嫌舊長安規模太小，且宮中又常鬧鬼，下令在舊城西北修築新都城，同年底完工。因楊堅最早的封爵是大興郡公，新城便被命名為大興城，皇宮稱大興宮，主要宮殿稱大興殿。

猜疑功臣使隋文帝失去了大批可以利用的臣僚，崇尚迷信又招來許多專事獻媚的小人，大興土木開奢侈之風，勞民傷財。隋文帝的晚年雖是隋朝盛世，但潛在的社會危機已露出端倪。

同朝二聖　滅太子黨

楊堅由專權而稱帝，獨孤氏家庭的地位和影響起了一定的作用。然而，楊堅對獨孤氏一直存在畏懼的心理。楊堅稱帝後，獨孤氏直接參與政事。獨孤氏實際成為皇帝的皇帝，故宮中把二人合稱「二聖」。

獨孤氏嫉妒心非常強，一般情況下不允許楊堅和其他女人接近。雖然當時在後宮也有嬪妃幾十人，但楊堅根本不能與她們親近。由於獨孤氏喜歡次子楊廣，楊堅最後也廢除了長子楊勇繼承皇位的資格。

楊勇是楊堅的長子，幼時頗得父母喜愛，故在楊堅做隋王時便被立為世子，後來確立為太子。開國之初，楊堅為提高兒子的地位，凡有軍國大事，都要楊勇參與處理。隨著年齡的增長，楊勇越來越迷戀女色，東宮嬪妃多被寵倖。獨孤氏最討厭和除妻子外的女人生孩子的男人，當然對楊勇的行為也不滿意。楊勇的第一個兒子是與尚未選入東宮的雲氏在外面生的，楊堅對此也大為不滿，指責楊勇。但楊勇不服，依然我行我素，從此逐漸失寵。但楊勇既為皇太子，當然會有一批人為了將來的利益為他出謀劃策，於是楊勇周圍逐漸形成一派勢力。當楊勇在父母面前失寵時，善於察言觀色的楊廣便開始策劃取而代之，在他周圍以當朝重臣楊素為首形成另一派勢力。

西元598年冬至日，朝廷百官都到東宮朝見楊勇，楊勇大張旗鼓地接受朝賀，這實際上是對楊堅的示威。楊堅不能容忍，專門為此下詔，嚴禁以後再有此類事情發生。楊堅廢除楊勇的決心此時已經正式形成。其後，父子互相猜疑。為防備楊勇，楊堅把東宮強壯的守衛全部挑走，並將守衛經常輪換，侍衛以上的官吏全由皇宮衛隊統一指揮，不受東宮調遣。楊勇本來就沒有雄才大略，依附者在皇帝的再三警告下也不敢妄動，楊勇便也束手無策。西元

600年，楊堅正式廢楊勇，並殺掉和罷免楊勇的一大批臣僚，徹底消滅了太子黨。

楊廣是楊堅的次子，善於討好父母。成為隋朝的第二代君王。

西元604年正月，楊堅要到仁壽宮遊玩，把朝廷的日常工作全部交給了楊廣。4月，楊堅染病；7月，病重，召楊廣等入宮侍候。然而，楊廣為儘快處理楊堅的善後事宜，寫信徵求楊素的意見，但楊素的回信卻被人送到楊堅手中，楊堅閱信後，勃然大怒，這對他的病情是很大的刺激。同時，在獨孤氏死後，楊堅最寵愛的宣華夫人向楊堅訴說楊廣夜裡調戲了她，楊堅一怒之下，怨恨已故的獨孤氏慫恿他廢楊勇而讓楊廣做了自己的繼承人，便讓人趕快召楊勇進見。楊廣聽說此事，便派親信進宮，把侍候楊堅的人全部趕出去。不久，楊堅病死，享年64歲。廟號「高祖」，諡號「文皇帝」。

楊堅結束了自東漢以來長達數百年的分裂動盪局面，實現了全國統一。他廢除九品中正制，開科取士，奠定了中國科舉制度的基礎。他對行政機構進行大刀闊斧地改革，創造出一套適合時代要求、有利於加強中央集權的政治制度。他創建的三省六部制和進行的一系列精簡機構、裁汰冗官的改革，為以後歷代所遵循。他以身作則，嚴肅吏治的有效措施，促進了社會的高速發展。他實行均田制，提高了農民的生產積極性。而他減輕剝削和檢查戶口的辦法，對促進經濟發展和加強國力有重要作用。他繼承了漢代以後的儒法兼用的統治手法，又摻進了不少佛家、道家的因素，這就使得他的文化政策更多包容兼蓄，而較少專宗一派。因此，在中國歷史上，楊堅是一位功名赫赫的開國皇帝。

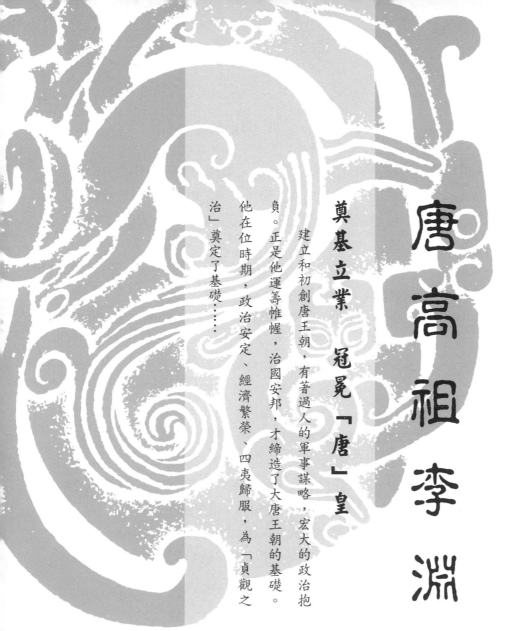

唐高祖李淵

奠基立業　冠冕「唐」皇

建立和初創唐王朝，有著過人的軍事謀略，宏大的政治抱負。正是他運籌帷幄，治國安邦，才締造了大唐王朝的基礎。

他在位時期，政治安定、經濟繁榮、四夷歸服，為「貞觀之治」奠定了基礎……

出身貴族　智勇起兵

　　李淵祖籍隴西成紀，祖父李虎，是後魏左僕射，封隴西郡公，官至太尉，成為著名的八柱國之一，位極尊貴，死後被追封唐國公。父親李昞，襲封唐國公，北周時任安州總管、柱國大將軍。西元566年，李淵出生於長安，不久世襲唐國公。

　　青年李淵，倜儻豁達，任性率真，寬仁容眾，在當時的人們心目中有很高的威望。隋文帝獨孤皇后是李淵的姨母，因此，李淵在朝廷中十分受寵，歷任譙州（今安徽宅縣）、隴州（今陝西隴縣）、岐州（今陝西鳳翔縣）刺史。

　　李淵的妻子竇氏，是京兆平陵人，父親竇毅在北周是上柱國，母親是北周武帝的姐姐襄陽長公主，所以竇氏就是武帝的外甥女。竇氏從小就很聰明伶俐，深受武帝喜愛，被留在宮中。武帝當時的皇后是突厥女，其時突厥犯境，武帝不得已與之成婚，婚後始終耿耿於懷。竇氏卻勸說舅舅隱忍，保持與突厥的婚姻，以消除北方的威脅，全力對付南陳和北齊。

　　在楊堅取代北周時，竇氏說：「我恨自己不是男子，無法為舅舅家掃除禍患。」嚇得父親趕緊捂住她的嘴：「不要胡說！這是滅門之罪！」

　　竇毅認為自己的女兒不是等閒之輩，在選女婿時想了一個辦法：讓人在門屏上畫了兩隻孔雀，凡是兩箭各射中一隻孔雀眼睛的，就招為女婿。前邊有幾十人都沒有射中，輪到李淵之時，兩箭都射中孔雀的眼睛。竇毅十分高興，便把女兒嫁給了李淵。

　　竇氏的聰明超出了一般人。一次，楊廣看到李淵的臉上皺紋較多，便戲稱李淵是「阿婆」。李淵回到家中很不高興，竇氏問清原因，馬上賀喜道：「這是吉兆啊，你繼承的是唐國公，『唐』便是『堂』，『阿婆面』就是指『堂主』啊！」竇氏指的是李淵將來要做皇帝，取代楊廣。竇氏育有4子，分別為建成、世民、元霸、元吉。元霸16歲夭折。

　　隋初，李淵為滎陽、樓煩二郡太守，不久，又被任命為殿內少監。西元

613年，升為衛尉少卿。這一年，楊廣發動了侵略高麗的戰爭，李淵受命在懷遠鎮負責督運糧草。當時，民不堪苦，怨聲載道，大貴族楊玄感利用人民的不滿情緒，起兵反隋。李淵飛書奏聞，楊廣命李淵鎮守弘化郡（今甘肅慶陽縣）兼知關右諸軍事，以備抵禦楊玄感。楊玄感兵敗，李淵留守如故。在這期間，李淵廣樹恩德，結納豪傑。

西元617年，李淵被任命擔任太原留守。太原是軍事重鎮，不僅兵源充沛，而且餉糧豐厚，軍糧可供10年之用，因此李淵十分高興，意欲在太原發展自己的勢力，以圖大舉。

李淵剛到太原之初，有「歷山飛」農民起義軍結營於太原之南，上黨、西河、京都道路都被斷絕。李淵出兵擊敗義軍，鞏固了自己在太原的統治地位。晉陽一帶的官僚、地主、豪紳也紛紛投靠李淵。李淵又命次子李世民在晉陽密招豪傑，傾財賑施，廣納賢才。其長子李建成也在河東暗中交結英俊，發展勢力，而此時的楊廣又遠在江都，沉湎酒色，鞭長莫及。李淵在太原韜光養晦等待時機。

步步爲營　西圖長安

隋朝末年，隋煬帝楊廣的殘暴統治，使得階級矛盾十分尖銳。隋煬帝楊廣即位後，就大興土木，建東都、修長城、開運河、築馳道，弄得民不聊生。

楊廣好大喜功，巡遊江南，北上榆林，以誇耀自己的武力；出兵邊塞，侵略高麗，以顯示自己的威風。由於徭役深重，戰爭頻繁，社會生產遭到嚴重破壞，人民生活痛苦不堪。廣大群眾無法生活下去，不得不鋌而走險，以武力反抗隋煬帝楊廣的殘暴統治。

西元611年，各地農民起義風起雲湧，有的隋軍將領也割據一方。天下沸騰，群雄割據，全國有100多支反隋大軍。

在反隋鬥爭中起義軍逐漸走向聯合，逐漸形成了以李密、翟讓領導的瓦

崗軍，杜伏威領導的江淮起義軍，竇建德領導的河北起義軍三支主要力量。在農民起義的衝擊下，隋煬帝楊廣的統治已岌岌可危，處在風雨飄搖之中。

在農民起義風起雲湧的同時，隋朝內部也分崩離析。李淵目睹動盪不安的天下局勢，從中看到了舉兵起事的時機。

西元617年2月，馬邑人劉武周起兵，殺太守王仁恭，自稱天子，國號定陽。李淵遂以討伐劉武周為名，積極募兵。李淵以維護隋朝統治者的身份出現，遠近的武裝紛紛雲集，不幾天就有近萬人加入李淵直接控制的軍隊。

李淵的行動，引起忠於隋煬帝的副留守王威和高君雅的懷疑。西元617年5月14日的夜裡，李淵命李世民在晉陽宮城外埋下伏兵。第二天早晨，李淵和王威、高君雅議事。晉陽（今山西太原）令劉文靜領開陽府的司馬劉政會到庭中，說有密狀給李淵。李淵便讓他交上來，但劉政會不交，說要告的是副留守，只有李淵才能看。李淵假裝吃驚地說：「怎麼會有這種事？」李淵看後便對大家說：「王威、高君雅要勾結突厥入侵。」於是命人逮捕了他們二人。第二天，果然有突厥幾萬人圍攻太原，人們都信以為真，李淵趁機將王威和高君雅二人處死。

殺掉王威和高君雅消除了內患之後，李淵便和將士嚴密防守，對付突厥。他命裴寂和劉文靜堅守城防，同時又讓大門洞開。城牆上也不樹旗幟。守城士兵不許張望、喧嘩。這使突厥軍隊不明底細，不敢入城。李淵又在夜裡派兵出城，早晨改道進城，使突厥誤以為是援兵到達。突厥軍隊不敢戀戰，只好退兵。突厥兵雖然退去了，但難保不再來，為了從根本上解決問題，李淵給突厥送去書信：「若能從我，不侵百姓，征伐所得，子女玉帛，皆可汗有之。」為了穩住突厥，李淵委曲求全地用了臣子的語氣。

西元617年7月，李淵率軍3萬，正式起兵。李淵傳檄諸郡稱「義兵」，以維護隋朝社會安定。

李淵在太原起兵之後，便以進軍關中拿下長安為最終目標。西進的第一個障礙便是西河郡。李建成和李世民兄弟僅用了9天便得勝而歸，使得李淵喜出望外。

然後，李淵建立了自己的軍事機構：設置大將軍府，自稱大將軍。長子李建成為隴西公、左領軍大都督，統領左三軍。李世民為敦煌公、右領軍大都督，統領右三軍。裴寂和劉文靜為長史司馬。

李淵第二戰是決戰霍邑。霍邑的西北有個賈胡堡，是霍邑的門戶，但守衛霍邑的宋老生卻沒有派兵把守，李淵由此斷定宋老生是個無能之輩。

李淵害怕宋老生守城不出，打持久戰對自己不利。於是李淵讓兩個兒子領幾十名騎兵近城觀察，自己將部隊分成十幾隊，從城東南到西南，擺出一副攻城的架勢。宋老生果然中計，以為李淵要攻城，便領兵3萬出戰。李淵領兵假裝後退，讓李建成和李世民領兵搶佔了東門和南門，切斷了宋老生的退路。在交戰中李淵又散佈宋老生已經戰死的謠言，動搖了軍心。隋軍大敗，全軍覆沒。李淵順利佔領了霍邑。

此後，李淵又攻打河東，沒有攻下。李淵便聽從了李世民直接入關中的建議，分兵攻打長安。在招降長安失敗後，李淵下令攻城，佔領之後又下令禁止擄掠百姓，受到百姓們夾道歡迎。西元617年11月，李淵擁立隋代王楊侑為帝，即隋恭帝，改元義寧，尊在江都的隋煬帝為太上皇，李淵為大丞相，封唐王，以武德殿為丞相府，李世民為秦王。這實際上是李淵日後稱帝的一個過渡。

到西元618年5月，隋煬帝楊廣的右屯衛將軍宇文化及在江都兵變，勒死了隋煬帝楊廣。然後立秦王楊浩為帝，自己做大丞相。隨後宇文化及領兵10萬北上，但被李密打敗，宇文化及敗走魏縣，毒死楊浩，自己稱帝，建立鄭國。第二年，過了皇帝癮的宇文化及在聊城被竇建德殺死。隋煬帝楊廣一死，李淵便不再需要隋恭帝這個傀儡了。西元618年，李淵逼楊侑禪位，稱帝建立唐朝，改年號為武德，定都長安。

李淵稱帝長安時，許多隋將割據稱雄，農民起義軍亦稱霸一方，全國處於四分五裂的狀態。

統一戰爭　掃平四方

　　唐朝開國後，許多地方還在分裂之中，農民起義軍和隋朝殘餘將領割據各地。李淵在長安安定之後便開始了長達10年的統一戰爭。

　　薛舉曾是隋朝金城郡的豪紳，西元617年，先稱西秦霸王，後又稱皇帝，佔據了全部隴西，兵力有十多萬人。薛舉起兵也想取代隋朝，自己做皇帝。西元617年12月，李世民率兵在扶風將薛舉打敗，將唐的勢力擴充到隴右一帶，進一步穩定關中局勢。西元618年8月薛舉病死，他的兒子薛仁杲繼續威脅長安。李淵命李世民為元帥第三次出征，這次在淺水原將薛仁杲徹底擊潰，薛仁杲也投降了唐朝，隴西收歸唐朝。

　　平了薛舉父子之後，李淵又開始對付割據河西的李軌。在李淵建立唐朝之際，李軌稱帝。

　　西元618年，李淵為了進攻薛舉，曾派人和他結盟通好。李軌非常高興，主動讓弟弟到長安做人質，李淵封他為涼王。但冊封使節到達時，李軌的下屬對是否接受唐朝冊封產生分歧，李軌沒有聽信部下的話，又不肯屈居李淵之下，對李淵自稱「大涼皇帝臣軌」。雖然用了「臣」，但李淵並不領情，他不能允許還有一個皇帝的存在，於是加緊了對李軌的軍事行動。

　　為了避免戰爭，李淵派安興貴去勸說李軌投降，安興貴是李軌戶部尚書安修仁的哥哥。李軌聽了安興貴的勸說沒有改變主意，反而說安興貴是為了報答李淵的恩情才來勸說他的。安興貴害怕李軌加害自己，便和哥哥一起謀劃，最後發動兵變，俘虜了李軌。河西於是平定。

　　劉武周也是李淵的一個勁敵，他起兵較早，和突厥勾結勢力比較強盛。西元629年，劉武周聯合突厥南下佔領了幷州，唐朝的幷州總管、齊王李元吉無力抵抗，棄城而逃。李淵先派裴寂出擊，也大敗而歸。李淵這時想放棄這個地區，遭到李世民的反對。最後李世民領兵出征，用堅壁清野消耗對方的戰術，全面擊潰了劉武周的部隊。劉武周逃到突厥，後來被殺。唐朝又恢復了原來在河東地區的統治。三個周圍的勁敵消滅之後，李淵便把注意力投向

了中原。

在中原的主要對手是王世充，他原是隋朝的江都通守，隋煬帝楊廣被殺之後，他擁立楊侗為帝，又打敗瓦崗軍，除了李密和部分軍隊外，其餘的瓦崗軍都被王世充收編。到西元619年，王世充踢開楊侗，自己稱帝，建立鄭國，定都洛陽。

李淵派李世民東征王世充，最後將王世充包圍在了洛陽一座孤城裡，王世充向北邊的竇建德求援。竇建德最後被李世民擊敗成了階下囚。王世充絕望之下只好獻城投降。竇建德的部將劉黑闥又舉兵反唐，不到半年就又恢復了原來竇建德的領地。

李世民又奉命征討，和劉黑闥所部兩萬人激戰，從中午到黃昏不分勝負，李世民便命唐軍決堤水攻，劉黑闥敗退投奔突厥，然後又捲土重來。李淵命李元吉征討，被劉黑闥擊敗。太子李建成又親自出征，他採納了謀士魏徵的策略，安撫民心，最終瓦解了劉黑闥的部下，劉黑闥在敗退時被殺。河北和山東地區終於平定。

隋朝末年，蕭銑趁亂割據在江陵一帶。蕭銑佔領的地區非常廣闊，南到交趾，北到漢水，西達三峽，東及九江。但蕭銑和其他割據者一樣只是想偏安一地。蕭銑是原來南朝梁宣帝的曾孫，祖父蕭岩在梁被隋滅時逃到了陳朝，陳被隋滅時，蕭岩被押到長安斬首。但在隋煬帝楊廣時，因為蕭銑和隋煬帝的皇后蕭氏同是南朝梁的後裔，所以又被任命為羅縣縣令。由於隋末各地起義不斷，作為梁朝的後裔蕭銑被地方將校推為首領，割據反隋。於是，蕭銑也聲稱要恢復梁的疆土。隋煬帝楊廣死後，一些隋朝的將領也投靠了他，其地盤不斷擴大，成了南方最大的割據勢力。

李淵在派李世民東征王世充的同時，命大將李靖領兵南下攻取長江中游的蕭銑。然而，蕭銑這時為了防止眾將奪其兵權，竟說要罷兵經營農業，導致自己和部將矛盾加深，許多將領離他而去。面對富有軍事韜略的李靖的大舉進攻，蕭銑雖然由於部將的叛離力量削弱，但也只得硬著頭皮應戰。李靖出奇制勝，在長江水漲、蕭銑認為他不能用兵時，李靖偏偏說服眾將趁機進

軍，大敗蕭銑軍。蕭銑最後聽從了中書侍郎岑文本的勸告，投降了唐軍。

割據江淮一帶的是杜伏威，他佔據歷陽，自稱總管。唐軍圍攻洛陽時派人招降他，杜伏威便投降了唐朝，被李淵封為吳王。杜伏威讓屬將輔公石留下統領兵將，自己請求入朝，留在長安做了人質。幾年後，輔公石起兵反唐，稱帝對抗唐朝，結果李淵將杜伏威殺死，派大將李靖等討伐，不久，輔公石被當地武裝抓獲，送唐軍營中處死，江淮地區也宣告平定。

～◎ 修明政治　奠定盛世 ◎～

李淵稱帝後，百廢待舉。他一面組織力量進行統一全國的戰爭，一面注意加強政權建設。唐朝前期的政治、經濟、文化、軍事制度，在李淵時期基本上粗具規模。

政治體制方面，李淵繼承了隋朝的制度，又有一些發展。唐朝中央建立政治制度概括地說是三省六部二十四司。三省是尚書省、中書省和門下省。尚書省掌管全國政令，是命令的執行機關。下屬共有六部，即吏、戶、禮、兵、刑、工。吏部掌管官吏的選用、考核與獎懲；戶部掌戶籍和賦稅；吏部掌禮儀和科舉；兵部掌軍事；刑部掌刑獄；工部掌土木工程；每部又分四司來作為辦事機關。中書省負責皇帝詔書的起草，是決策機關。門下省則審核中書省起草的詔書，不合適的駁回修改。監察機關是禦史台，職責是監督、彈劾文武百官。

地方的政權機構基本是兩級，即州和縣。長官分別是刺史和縣令。刺史每年要巡查各縣，考核官員政績，還負責舉薦人才。縣令要負責一縣的各種事務，官很小，卻是最繁忙的官員。

唐朝軍事制度為府兵制，是一種職業兵制。這種制度創始於西魏的宇文泰時期，經過北周、隋朝，沿用至唐朝。在太原起兵進軍長安的途中，李淵就逐步將手下軍隊納入了府兵制度中。府兵制將練兵權和領兵權分離，以防止將領擁兵自重，對抗中央。府兵制建立在均田制的基礎上，是兵農合一

的制度，士卒平時在家生產，戰時出征。農閒時由兵府負責操練，提高戰鬥力。在隋文帝時期，曾實行過這種制度。府兵的重要職責是輪流到京師或者邊塞服役，叫做「番上」，戰時則出征禦敵。在服役期間，士兵可以免除自身的租和調，但不論「番上」還是出征，所需的兵器和衣服糧食等都要由自己負責籌備。府兵制從根本上減輕了國家的負擔，它不但能擴大兵源，也能保證戰鬥力。而北方的游牧民族如突厥，其騎兵來源和府兵制相似，但都是牧民組成，平時沒有什麼軍事訓練，所以，在和訓練有素的內地軍隊的較量中，雖然他們總在數量上佔優勢，但戰鬥力卻很弱，經常打敗仗。

唐朝賦役制度主要是均田制和租庸調製。均田制：丁男授田一頃，包括口分田八十畝，永業田二十畝。對於貴族田地也有限制：從親王到公侯伯子男，授田數從一百頃到五頃不等。在職的官員從一品到九品，授田數從三十頃到二頃不等。此外，各級的官員還有職分田，用地租補充，作為俸祿的一部分。均田制對土地的買賣也做了限制，官僚和貴族的永業田和賜田可以買賣，百姓在貧窮無法辦理喪事時可以賣永業田，從人多地少的地方往人少地多的地方搬遷時也可以出賣永業田。

唐高祖李淵在實行均田制的基礎上，又實行了租庸調製：受田的農民，每丁每年要交粟二石，這是租；每年交絹二丈、綿三兩，或者交布二丈五尺，麻三斤，這是調；每丁每年服役20天，不服役可以折算為每天絹三尺，這是庸。假如官府額外加了役期，加夠15天則免調，加30天免租調。每年的加役最多30天。唐朝的租庸調製與隋朝的相比，用庸代替服役的條件放寬了很多，更有利於農民從事農業生產。

唐朝將隋朝創立的科舉制度完善了很多。參加考試的一是國子監所屬學校的學生，叫「生徒」，一是各地的私學中通過州縣保舉的學生，叫「鄉貢」。科舉的形式可以分為兩種：一是常舉，二是制舉。常舉每年定期舉行；制舉則由皇帝臨時進行，親自主持，考試科目也臨時確定，時間和錄取人數不定，沒有常舉那麼頻繁。常舉的考試科目主要有秀才、進士、明經、明法、明算等，其中進士和明經最受歡迎，因為這是做官的重要途徑。進士

一科主要考詩詞和歌賦，還有時務政策。這科很難考，錄取率只有5%左右，有的人白了頭髮還在考。

在文化教育方面，李淵也做了一些有效的工作。

在唐朝，儒家非常受尊崇，儒家的經書是教學的重要內容，如《周易》、《左傳》、《禮記》、《尚書》。李淵對教育的重視可以從他專門頒佈的敕令中看出來：「自古為政，莫不以學為先，學則仁義禮智信五者俱備，故能為利深博。朕今欲敦本息末，崇尚儒宗，開後生之耳，行先王之典謨。」

同時，李淵對佛教採取抑制政策。在唐朝初年，最早反佛的是相州鄴人傅奕。李淵在做隋朝地方太守時和傅奕結識，李淵建立唐朝後任命他為太史令。西元624年，傅奕請求滅佛，認為佛教宣傳的是「不忠不孝」的思想，迷惑百姓。傅奕所提倡的儒家思想是用忠孝來達到鞏固政權的目的，而佛教卻與此背道而馳。但李淵最後沒有採取措施實施傅奕的滅佛思想。

在文化貢獻方面，李淵下詔編撰了《藝文類聚》，這是一部類編圖書，引用的古籍共有一千多種，為後人保存了很有價值的歷史資料。李淵還下詔開始修訂各朝歷史。

晚年昏庸　皇子火拼

李淵稱帝後，重用佞臣、猜忌功臣、愛好酒色，這些都使得他當皇帝後無法有更大的作為。原隋朝晉陽宮副監裴寂，在晉陽時就與李淵是酒肉朋友。他私送宮女給李淵，又常與李淵晝夜賭博飲酒，荒淫無度。晉陽起兵時，裴寂又送五百宮女給李淵，讓他帶著行軍。李淵稱帝後，認為裴寂功勞最大，授其高官厚祿，引為親信。

原晉陽令劉文靜，和李世民一起策動起兵，南征北戰，是唐朝的開國功臣。劉文靜對自己位在裴寂之下，甚感不平，遂與裴寂發生矛盾。西元619年的一天，劉文靜酒後口出怨言，裴寂等乘機陷害，說劉文靜欲反朝廷，李淵

竟聽信其言，殺死劉文靜。李淵賞罰不明，加深了臣子內部的矛盾和鬥爭。

李淵統治後期，廣納妃嬪，安於後宮享樂。在有的妃子挑撥李建成和李世民之間的關係時，李淵沒能及早制止，反而聽信讒言，致使兄弟之間兵戎相見，發生流血事件。隨著統一戰爭的順利進行，李淵的思想開始鬆懈下來，安於享樂，對政治事務不再關心，這直接導致了皇儲問題的產生。

李淵想讓幾個兒子和睦相處，但又在立皇太子的問題上，沒有明確的主意，使得兄弟相爭不已。在劉武周大舉南下，攻陷太原威脅長安的時候，李淵親自為兒子李世民送行，還許諾得勝回來後立他為太子。但李世民回來之後，李淵又反悔，聽信后妃們的求情，保留了李建成的太子之位。這直接導致了兄弟之間的不和，成了激烈的太子之爭的導火線。

太子李建成和秦王李世民為了爭奪皇位明爭暗鬥，展開了你死我活的鬥爭。西元626年夏，突厥犯境，李建成向李淵推薦齊王李元吉為出征元帥，想借此把秦王府的精兵和驍將掌握在自己手中，然後除掉秦王。不料這一密謀被李世民得知。在這緊急關頭，李世民先發制人，密告太子、齊王淫亂後宮，李淵決定次日詰問。次日，李世民在玄武門設下伏兵。當太子、齊王途經玄武門時，李世民及部下將其殺死，並讓心腹尉遲敬德帶甲入宮報告李淵。此時李淵正和大臣蕭禹、裴寂坐在一隻小龍船上，蕩漾在南海池中，他見尉遲敬德全副武裝立在岸邊，十分驚駭。尉遲敬德說，太子和齊王造反，秦王已把他們處死，特派我前來保駕，李淵聽後驚得目瞪口呆。旁邊的蕭禹等趕忙勸李淵把國事都託付給秦王，尉遲敬德也敦促李淵下詔，令諸軍悉受秦王節制，以便制止東宮和齊王府軍隊的騷亂。李淵無奈，被迫寫下詔書，命令所有軍隊悉聽秦王處置，並詔立世民為太子。此時，全國局勢基本上被李世民控制，李淵無奈，表示願早些退位。

西元626年8月，李世民正式登上皇帝位，從此李淵徙居太安宮，過著太上皇的生活。

李淵當了太上皇後，自知權力已被李世民掌握，自己心灰意懶，也就不再干預政事。李世民表面上對李淵以隆禮相敬，對李淵的享樂需要儘量滿

足，並在長安城東北修建大明宮，作為李淵的養老享樂之所。李淵也明白李世民的用意，所以也就知趣而退，樂於過太上皇生活。

西元635年5月，李淵病死，時年71歲，諡號「神堯大聖大光孝皇帝」，廟號「高祖」，葬於獻陵。

李淵的一生，基本上是在馬背上度過的，他經過無數次血與火的洗禮，終成一代開國帝王，建立了大唐帝國。他處變不驚，計謀超絕，往往運籌帷幄，決勝千里之外；常常不戰而屈人之兵。他胸懷寬博，宅心仁厚，待人誠懇，以心治人，是少見的帝王之才。

大周皇帝武則天

功過是非 自有後人評說

武則天是中國歷史上唯一的女皇帝，大唐帝國因為有了她

而更加繁榮昌盛，但她殺女弒兒，重用酷吏，排除異己，死後

墓碑不刻一字。她為後人留下了無數的謎……

少女入宮　爭奪后位

西元624年，即唐高祖武德七年的正月二十三，武則天出生在唐都城長安。她的父親武士彠雖然也是唐朝貴族，但祖先並不顯要。武則天祖籍並州文水（今山西文水縣）。武士彠做木材生意，後來因為正趕上隋煬帝大興土木，結果發家致富。他在做生意的過程中，經常和權貴們交往，得到了一個下級軍職。

西元617年，李淵起兵反隋，武士彠以軍需官的身份跟隨效勞。最後李淵攻克長安後，武士彠因功被拜為光祿大夫，封太原郡公，列入14名開國功臣行列，從此成為唐朝新權貴。西元620年，武士彠的原配夫人病逝，透過唐高祖作媒娶了隋朝顯貴楊達的女兒，楊氏後來為他生了三個女兒，第二個便是武則天。

武則天的少女時代，是隨做官的父親在四川度過的。西元635年，武士彠死在荊州都督任上，隨後全家回到長安。前妻生下的兩個兒子武元慶、武元爽和他們的堂兄弟武惟良、武懷運對待楊氏刻薄無禮，武則天孤女寡母四人在長安過了一段很不舒心的生活。武則天十三四歲時，博覽群書，博聞強記，詩詞歌賦都奠定了基礎，而且擅長書法，字態卓爾不群。

到了西元636年，即唐太宗貞觀十年，太宗的皇后長孫氏病逝。次年，武則天因美貌出眾被召進宮中做了才人（唐時，皇后以下有貴妃、淑妃、德妃、賢妃四妃，為夫人；昭儀、昭容、昭媛、修儀、修容、修媛、充儀、充容、充媛為九嬪；婕妤、美人、才人各9人，共27人為代世婦；寶林，禦女、采女各27人，共81人是代禦妻。），當時只有14歲。不過在封建社會，這個年齡的女子基本上要出嫁了。

武則天對宮廷生活充滿著嚮往。進宮之後，太宗賜給她武媚的稱號，所以人們都叫她媚娘。雖然她的確十分嫵媚，但由於她性格倔強，缺少女人該有的溫柔，所以很不受太宗寵愛。這使得武則天進宮12年稱號也沒有提升。十幾年的半幽禁生活儘管使武則天虛度了最好的一段青春，但這畢

竟是武則天登上政治舞台的第一步，而且是關鍵的一步。

　　武則天的機會來自於太宗的兒子李治，即後來的高宗。當太宗還在世的時候，武則天便和李治產生了感情。貞觀二十二年，即西元649年，唐太宗駕崩。按照慣例，沒有生育過的嬪妃們要出家做尼姑，生育過的則要打入冷宮，為死去的皇帝守寡，她們都是皇帝的「東西」，即使皇帝死了，其他任何人也不能動。武則天因沒有生育被送到感業寺出家。她在感業寺出家的兩年中，並沒有安心念佛，而是處心積慮地想出來。李治即位後的第二年，太宗的忌日，高宗李治到感業寺裡進香，武則天緊緊把握住了這次機會。她使高宗又回憶起了先前的戀情，武則天的美貌加上舊情，促使高宗不再顧忌佛教教規和禮教的約束，將武則天帶回了皇宮。

　　已經28歲的武則天，重獲入宮的機會，這是她做夢也沒有想到的。她下決心要利用與高宗的感情，奪回失去的青春年華。事實上，這次入宮後，已經成熟的武則天就開始在權力之爭中大顯身手了。

　　武則天這次再入宮也和宮中的鬥爭有關，當時魏國公王后祐的女兒王皇后為了和淑妃蕭良娣爭寵，鼓動高宗接武則天進宮，她還自作主張讓武則天先蓄髮，做好準備再入宮。王皇后沒有想到自己這是在引狼入室。入宮後，武則天很感激王皇后的照顧，她對王皇后非常尊敬，侍奉得也很周到，這使得高宗也很高興。皇帝和皇后都高興了，武則天的嬪妃地位也就升到了昭儀，這是正二品的級別，超過了其他8個嬪妃，是九嬪之首。在她的上面，只有皇后和四妃了。

　　武則天進宮之後，前後生了四男二女，而高宗總共才有12個子女。後邊的6個都是武則天生的，可見武則天的受寵程度是其他嬪妃無法相比的，這連主張讓她進宮的王皇后也沒有料到，結果自己也吃了大虧。

　　武則天的性格決定了她不甘於居人之下，她的目標是皇后。隨著在宮中地位的逐漸穩固，她便開始有心計地活動了。她在後宮裡想方設法籠絡太監、宮女，特別是和皇后、蕭淑妃關係不好的人，她總要設法接近拉攏，給予一些小恩小惠，讓她們注意監視皇后和淑妃的行動。由於武則天

過人的聰明和超絕的手段，她很快成了比王皇后、蕭淑妃還要受寵的嬪妃。為了登上皇后寶座，武則天利用王皇后和蕭淑妃爭寵，聯合王皇后攻擊蕭淑妃，使之被廢為庶民。之後武則天又將攻擊目標對準了王皇后。

西元654年，武則天第二胎生下一位公主，很討人喜歡。王皇后也禁不住前去看望，逗弄一番後，知道皇帝要來就先走了。武則天趁機殘忍地掐死親生女兒，然後輕輕蓋好被子。一會兒，皇帝來看女兒，武則天面帶歡笑，帶皇帝來到床前，掀開被子，佯裝才發現自己女兒被害，失聲痛哭。皇帝見此情景，十分震驚，趕忙追查是怎麼回事。侍女告訴他，王皇后剛才來過。高宗大怒，武則天又趁機進讒言，使王皇后有口難辯。再加上王皇后久未生育，高宗就此下定廢王皇后、改立武則天為皇后的決心。

在封建社會，皇后的廢立屬於國家大事，必須由眾大臣們共同商議決定。武則天做皇后的阻力主要來自重臣國舅長孫無忌，宰相褚遂良等大臣也極力反對。朝廷中的大臣們分成了兩派，除了長孫無忌和褚遂良等人以外，李義府、許敬宗等人為了在高宗面前爭功邀寵，就站到了長孫無忌的對立面，支持武則天做皇后。高宗把長孫無忌等反對的人召到一起，商量皇后的廢立問題，武則天則在簾子後面監聽。長孫無忌極力反對，為王皇后辯解，說她出身高貴，忠厚賢慧，沒有什麼大過失，不該廢皇后之位。而武則天卻是出身貧寒，還曾經侍奉過先帝太宗，再立為皇后違背了禮制。

褚遂良也堅決反對，而且還磕頭磕得流血，並提出辭官回家。武則天見了，怒火頓生，大聲喊道：「怎麼不把這種臣僚亂棍打死！」其他人見狀，趕忙替褚遂良求情。褚遂良性命雖然保住了，但被貶官到湖南長沙任都督。

最後，還是開國的功臣李勣給高宗出了個主意，他說皇后的廢立是皇上的家務事，沒有必要和大臣們商量。同時，李義府和許敬宗等人也在朝廷大臣們中間大造輿論，支持武則天。終於，在西元654年，即高宗永徽五年的十月十三日，高宗正式下詔書廢王皇后，將蕭淑妃貶為庶人。六天

後，即十九日，高宗正式立武則天為皇后。後來武則天將王皇后、蕭淑妃二人各責打了一百杖，然後殘忍地砍去雙腳，泡在酒甕裡活活折磨死，並將王皇后改姓為「蟒」，蕭淑妃改姓為「梟」。

鴆殺太子　終成女皇

武則天做了皇后，為了維護自己的皇后地位，開始干預朝政。她先要清除對她威脅最大、反對自己當皇后的長孫無忌。她指使許敬宗等人，捏造罪名製造朋黨案，然後將長孫無忌牽連進去，把他流放外地。後來許敬宗又逼長孫無忌自盡。長孫無忌集團其他的人也被清除，或殺或流放。

武則天的日益專斷引起了高宗的不滿，他和宰相上官儀商量廢掉武則天的皇后，上官儀答應起草詔書。武則天安插在皇帝身邊的耳目得知後趕忙報告。武則天趕到後，軟硬兼施，說得高宗心軟，改變了主意，高宗還把責任全推到了上官儀的身上。武則天於是讓許敬宗捏造上官儀和已經被廢的太子李忠圖謀反叛，將上官儀處死，賜死廢太子李忠，李忠時年22歲。

作為母親，武則天的心比一般的母親要狠多了。為了自己的權勢和皇位，她對親生兒子都不肯放過。武則天親生的兒子一共有四個，長子李弘、次子李賢、老三是李顯、老四是李旦。西元656年，武則天的長子李弘被立為皇太子。

李弘為人忠厚，處事謙虛忍讓，而且頗具政治才幹，高宗和大臣對他都很滿意。隨著身體狀況的下降，高宗想把皇位傳給李弘。

但武則天卻不願意讓兒子來侵奪自己已經習慣享受和控制的政治權力，而且兒子一旦即位，自己的權力夢特別是女皇夢就要破滅了。況且，李弘對武則天也不是那麼聽話。於是，在權力和親情之間武則天狠心地選擇了前者。西元675年，即上元二年四月，武則天用毒藥將年僅24歲的兒子李弘毒死。以天子禮葬於恭陵，追號孝敬皇帝。因李弘無子，便以楚王

李隆基過繼為子。

李弘死後，高宗由於精神受到刺激，再加上原來的頭疼病，覺得身體狀況已不允許他再操勞國家大事了，就想把皇位讓給武則天。但是，朝中大臣們的極力反對，使武則天沒能如願，但這對於武則天卻是個極大的刺激與鼓勵。

西元675年5月，次子李賢被立為太子。李賢在高宗讓他處理政務的過程中也顯示出過人的能力，加上宰相們的輔佐，武則天又感到權力將要離她而去了。所以，武則天指使人誣告太子貪戀女色，荒廢政事。西元680年8月，李賢被廢掉太子身份，貶為庶人，後來又被迫遷到巴州。到了西元684年的時候，在武則天廢黜中宗李顯後的第三天，她就又派人到巴州將李賢殺死。

在李賢被廢掉太子的第二天，三兒子李顯被立為太子。

李顯即位後就是唐中宗，他尊母親武則天為皇太后。李顯為人非常軟弱，所以他的即位才被母親所接受。

但中宗也沒有將皇帝的寶座坐熱，僅僅兩個月就被武則天趕了下去。中宗即位後，想讓岳父韋玄貞做宰相，但是父親高宗臨死時立的顧命宰相裴炎不同意，中宗便任性地說：「我就是把天下都給了他，又能怎麼樣？」裴炎便報告了武則天，武則天立刻召集大臣們到了乾元殿，將中宗廢為盧陵王，幽禁在深宮之中。幽禁中宗後，武則天把最後一個兒子李旦推上了皇位，即唐睿宗。

武則天雖然讓小兒子繼承了皇位，但不許他處理朝政，一切大事都由自己來決定。逐漸地，武則天做女皇的願望更加強烈了。

武則天首先將東都洛陽改為神都，準備將來做都城用。她還把唐朝文武百官的名稱進行了變動：尚書省改成文昌台，左右僕射改為左、右丞相，門下省改為鸞台，侍中改為納言，中書省改為鳳閣，這些名稱明顯地體現了其女性特徵。原來的宰相名稱「同中書門下平章事」也改成了「同鳳閣鸞台三品」。尚書省下屬的六部也改了名稱：吏部改成天官，戶部

開國大帝

成了地官，禮部是春官，兵部是夏官，刑部是秋官，工部是冬官。禦史台分成了左肅政和右肅政兩台，由左台負責監察朝廷，右台負責糾察地方郡縣。

武則天這些為以後做女皇的準備活動，被一些大臣識破，遭到了他們的激烈反對。在西元684年的9月，原來被武則天貶出京城的徐敬業起兵反抗。

徐敬業在揚州起兵，十多天便召集了10萬兵馬。武則天看到徐敬業同黨駱賓王的《討武曌檄》後卻連連歎賞不已，對如此傑出之士不能為自己所用表示遺憾。尤其是讀到「一抔之土未乾，六尺之孤何託」時，武則天怫然作色，說：「此人才不用，這是宰相的過失。」武則天連忙調動了30萬兵馬迎戰，讓李孝逸領兵平叛。徐敬業不久便連遭失敗，他和駱賓王先後被部將殺死。只有40天的時間，徐敬業的叛亂便被平定了，武則天有驚無險地度過了這次大的政治危機。

在平定徐敬業的叛亂之後，武則天又對宰相班子進行了調整，因為原來的宰相裴炎在這次危機中不但不幫助武則天對付徐敬業，還以此要求武則天還政睿宗，結果被武則天處死。然後，武則天將其他幾個宰相罷免，補韋方質、武承嗣、韋思謙為宰相。以後的兩年內，武則天對宰相班子進行了頻繁的調整，建立了效忠於自己的執政親信。

為了給自己做女皇鋪路，武則天在輿論方面利用迷信等手段來為自己樹立威信。比如她的侄子武承嗣派人送來一塊刻著「聖母臨人，永昌帝業」的白石頭，謊稱是來自於洛水。武則天十分高興，還改年號為「永昌」。後來武則天總共改過18次年號，有時一年就改三次之多。武則天還接受了睿宗和群臣上的尊號「聖母神皇」。這在歷史上是絕對沒有先例的，原來的皇帝只有在死後才有尊號，武則天卻打破了這個慣例。

武則天為當女皇做的這些準備，遭到了唐高祖李淵第十一子李元嘉的武力反抗，但不久就被武則天平定了。從此，再沒有人對武則天的權勢提出過挑戰。

武則天是一位很不尋常的女性，她經過幾十年的苦心經營，把登基之日選在重陽節這一天，意義就很不一般。同時，武則天也把自己名字的「照」，改為「曌」，意為武氏王朝將如日月當空一樣，長久永存。

破門閥世俗　推行《姓氏錄》

門閥觀念，在封建社會中是一條扼殺人才的繩索，是為世族豪門培植私家勢力的重要工具。它重門第、輕才學，以祖宗的功德大小、門第的高低貴賤作為封官授爵的標準。

自從曹丕制定了「九品中正制」以後，「上品無寒門，下品無士族」的局面就一直沒有真正被打破過。出身寒門的人為了能進入上流社會，總是呼籲打破門閥觀念，而他們一旦掌握了政權，就又會把自己的家系封為高貴等級，子孫後代，永享官祿，壓制其他等級。

武則天踏上政壇之後，首先進行的一項工作，就是通過唐高宗詔告天下，修訂《姓氏錄》，取消唐太宗時訂立的《氏族志》。這是打破門閥制度、吸納寒門俊傑的一個重要戰略步驟。

武則天這樣做的主要原因，是因為她本人就是出身於寒門之家，同時，她念念不忘長孫無忌當年說她出身貧寒的話。於是，武則天組織許敬宗、李義府訂立《姓氏錄》，取代了唐太宗時訂的《氏族志》。《氏族志》雖然也是以唐朝官爵的高低作為等級排序的，但仍十分注重是否士族，舊的士族觀念還很濃厚。新修的《姓氏錄》是以武氏家族為第一等，下邊按官職高低共分九等，凡是官員達五品以上者，皆可進入等級。無論祖上有無功德，門第是高是低，只要通過科考或軍功升至五品以上的官吏均可升高家族等級。這樣一來，許多出身低微的庶族官吏，都可以憑政績提高自己的地位。而那些舊門閥的子孫，則被廢除了憑祖宗族望躋身於上流社會的特權。為此，他們紛紛起來反抗，強烈反對《姓氏錄》的規定，被列入書中的舊族官僚也恥於敘錄，紛紛要求退出，企圖使《姓氏錄》成

為一紙空文。武則天借用皇權，強行沒收焚燒天下的《氏族志》，堅決推行《姓氏錄》。不管武則天是出於怎樣私利的考慮，《姓氏錄》終究代表著一股衝擊舊門閥觀念的新潮流，對沿用了數百年的門閥舊制是一種徹底的否定，並從此結束了以門第定官職的歷史。

舊門閥制度被打破之後，大批新成長起來的寒門出身的知識份子蜂擁而來，要求進入官場。新登上政治舞台的武則天，為他們打開了閘門，借此不斷培植擁戴自己的官僚隊伍。據史載，每年吏部接納的選人成千上萬，每年人流數超過1400人次，比正常需要補充的人數高出幾倍。武則天對如此急劇增加的人數不但不加以控制，而且在西元666年泰山行封禪禮之後，又宣佈「文武官員三品以上賜爵一等，四品以下加一階」，使一大批官員通過泛階制度成為五品、三品高官。西元675年，武則天又始設「南選」，即在江淮以南，主要是嶺南、黔中一帶選拔人才。

武則天推行《姓氏錄》，打破了門閥世俗，使眾多過去沉溺於下層的普通地主、寒門俊傑，登上了封建社會的政治舞台。這些人進入官僚隊伍以後，又成為武則天推行自己政治路線的得力工具。可以說，武則天正是透過這些人登上大周皇帝寶座的。

科舉取士　選拔賢能

發展科舉制，是武則天選拔治世賢能的又一種方法。唐太宗時對科舉制已進行了不少改革，無論在考試的內容、方法上，還是對考生的錄用、授官方面，都有一些新的規定。但是，唐太宗是個十分精明的君主，他一方面反對以門第取人，主張憑才學任官；另一方面，他又不願使更多的寒士僅通過考試便獲取高官。因此，他在把大批知識份子捲進爭奪進士桂冠的激流中去之後，又設置種種關卡，僅使很少一部分人得到官品。唐太宗執政23年，一般每年才取進士幾名至十幾名。

武則天執掌朝政之後，大開科舉之門。她對科舉制的發展，一是改變

考試內容，二是增加錄用人數。

　　隋朝招考進士科，起初只是策問。唐太宗時又加入讀經史一部，但主要還是策問。而策問大多只是泛泛而論，並不能真正切中時弊。武則天在招考進士時，增加為三個內容：（1）貼經；（2）雜文兩篇，成文、詩賦各一篇；（3）策問。加試雜文制度，對於全面了解考生的知識、文才，以及對時事的分析等，有著十分重要的作用。唐代文壇空前繁榮，就是這一政策的直接作用。唐玄宗開元盛世年間的名相姚崇、宋璟、張九齡和文壇巨擘陳子昂、劉知幾等，都是這時期通過科舉制度選拔出來的傑出人才。

　　武則天為了加快培植自己的勢力，放開關卡，大量錄用有才學的考生。在她執政的50多年中，取進士達1000多人，平均每年錄取人數要比唐太宗時增加一倍以上。西元690年，武則天在洛成殿親自主持對貢生的考試，以示皇恩。從此，貢生考試都有了殿試。除此之外，武則天還破格用人，放手給人官做。

　　招官的辦法主要有：

（1）自舉九品以下官吏以及百姓，皆可自我舉薦，請求做官或升官；

（2）試官各地舉薦人才，凡是被舉薦者，一律允許做官，稱為試用之官；

（3）員外官即編制之外的及第士人，暫無官職，置為員外官，同正官一樣享受俸祿；

（4）武舉招收天下有武藝的人。此項內容為武則天在西元702年首次開創。

　　由於武則天放開手腳，廣開仕途，使大量的普通地主和下層貧民湧進了武氏王朝的官僚隊伍。當然，這一制度在衝破官僚貴族把持政局的同時，也出現了用人過濫的問題。

　　如何駕馭如此急劇膨脹的官僚隊伍呢？武則天自然有她的辦法。她雖然放開手腳大量招收官吏，給人官做，但一發現不稱職者，輕的革職，重

的誅殺。當時投機為官者很多，武則天法綱嚴峻，大量予以誅殺，使很多本想過官癮的淺薄之徒，沒上任幾天便丟了腦袋。

武則天善於在實踐中選拔有真才實學之士，任用官吏不是僅憑考試、推薦或自我吹噓，為官者不能枉受國家俸祿，在位者要勝任其職，造成損失者得拿命補償。她在大量的及第考生中，選拔、任用了不少文武大臣，其人數並不比貞觀時少，如她當時任用的主要宰相魏元忠、狄仁傑、姚崇、張柬之等，都為大唐盛世的出現，做出了一定的貢獻，也是中國歷史上名揚千古的官吏。

治世能臣　北門學士

「二聖」時期，表面上是唐高宗和武則天共同執掌朝政，但由於高宗身體狀況越來越差，實際上是由武則天以皇后的身份來處理大量的、繁重的國事。她非常清楚，自己深居後宮，要想駕馭整個國家機器，還需要建立一支屬於自己的親信力量。當年曾為她爭取皇后地位出過大力的親信們，十多年來，大都被淘汰殆盡了，只剩下李勣、許敬宗兩人，也已是風燭殘年，不久於人世了。因此，武則天準備重新建立一支新的力量，作為自己治國安民的工具。

西元666年，武則天從左、右史和著作郎中，物色了一批才學俱佳的文人學士。這批文人學士被特許從玄武門出入禁中，時人稱之為「北門學士」。

武則天「以修撰為名」，把這些文章高手召入禁中之後，編寫了一批署武則天之名的著作，如《列女傳》、《臣軌》、《官僚新誡》、《樂書》、《少陽正範》等。

武則天建立的「北門學士」，名義上是修撰著作，實際上是武則天的智囊班子，武則天密令他們參決朝政，「以分宰相之權」。這批「北門學士」組成的智囊班子，為武氏造輿論、定主意出了很大的力。在此後

大周皇帝武則天

功過是非　自有後人評說

129

的二十餘年中，武則天不僅在皇后的位置上坐得穩穩當當，高宗死後她又臨朝稱制，並逐步造成改唐為周的形勢，這些都是與「北門學士」分不開的。因此，武則天也沒有忘記這些功臣，他們多數被擢升為三、四品高官，範履冰、劉禕之還做到宰相，長期受到重用。

「北門學士」不僅幫助武則天分減皇權和相權，而且在有關國家的經濟、軍事、文化、政治等方面為武則天出過不少良策。西元674年，唐高宗稱天帝，武則天升為天后，四個月之後，她就在「北門學士」的協助下，提出了治理國家的一個政治綱領：《建言十二事》。其內容為：（1）勸農桑，薄賦徭；（2）給復三輔地；（3）息兵，以道德化天下；（4）南北中尚禁浮巧；（5）省功費力役；（6）廣言路；（7）杜讒口；（8）王公以降學習《老子》；（9）父在為母服喪三年；（10）上元前勳官已給告身者無追核；（11）京官八品以上益稟入；（12）百官任事久，材高位下者得進階申滯。

武則天建言勸農桑、薄賦徭、給復三輔地，並禁浮巧、省力役，對於緩解災荒起到了一定的作用。「北門學士」從組織起來，直到武則天登基稱帝的二十多年中，一直是武則天手中重要的執政工具。武則天正是透過這個由文章高手組成的智囊班子，才一步一步地從皇后、天后，走向皇帝寶座的。稱帝之後，武則天總攬朝綱，廣招天下俊傑，「北門學士」的作用才慢慢衰落下去。

無為治農　鞏固統一

武則天在位時，一貫強調建國之本，必在務農。但她的治農，採取的是「無為而治」的方法，任其自由發展。

武則天十分尊崇佛教，但也不排斥道教。如她在《建言十二事》中，提出「勸農桑、薄賦徭」、「給復三輔地」的同時，號召「王公以降學習《老子》」，這是以老子「小國寡民、無為而治」的思想來教育王公

大臣。武則天十分尊崇老子,對土地管理、農民生產,不過多地干預。當時的均田制已實行了一百多年,封建國家對土地、人口控制很嚴,甚至連種植什麼農作物也作具體規定,十分不利於調動農民積極性。不少農民為了擺脫國家的奴役剝削和渴望新的自由生活,紛紛逃亡,這被稱為「逃戶」,即從國家戶籍上脫漏。但這些逃戶脫籍不脫產,一部分逃往荒原僻地去墾荒種地,一部分依附於王公百官富豪之家。

武則天在對待「逃戶」的政策上,採用逃戶還歸,可享受「給二年」的種種優待。以往的逃戶回來後,不論戶等高低,給複二年。有些地區的逃戶,田地由官府貸種託人經營。如果逃戶回來,歸還田地莊稼,課役全免。

武則天對逃戶和廣大農民,採取放任和寬容的政策,減輕了地主官府對農民的盤剝,從而緩和了農民同統治者之間的矛盾,不僅使當時的農業有了一定程度的振興,而且在武則天對統治階級內部大行誅殺之時,全國農民都比較安定,沒有出現大規模的農民起義。這實際上是「以無為為有為」的治農方略取得的效果。當然,武則天也並非對農業一點也不管理。如她組織「北門學士」編寫的《兆人本業》,就是教育臣民如何進行農業生產的。她還規定,凡州縣「田疇墾辟,家有餘糧」,則地方官吏可得升獎,如「為政苛濫,戶口流移」,則地方官要受懲罰。因而在武則天統治時,糧倉豐實,人口比貞觀時還增加了一倍,這一功績是有口皆碑的。

治理邊民是歷代封建統治者不可忽視的一個重要內容。

國盛兵強的帝王,多以武力開疆。唐太宗則恩威並濟,一面訴諸強兵悍將開疆,一面以「德化」治邊,致使貞觀之時,邊疆30年無戰事。到了唐高宗和武則天時,邊疆又開始動亂起來,而武則天在處理這個問題方面,也有自己的手段。

西元670年,原已歸唐的吐蕃舉兵反唐,攻陷了西域十八州城及龜茲、于闐、焉耆、疏勒四鎮。西元679年,東突厥24州酋長也叛唐複立,邊疆戰事又起。叛軍企圖把戰火引向中原。面對這些突然興起的戰爭,素

以武功見長的李氏家族後世子孫,遠沒有其先祖李淵、李世民的勇氣與膽略,他們驚慌失措,不知該如何是好。武則天面對叛軍,處驚不亂,採取了拉攏、安撫與驅兵鎮壓的兩種手段。

對於東突厥,武則天除了動用軍隊防止其兵進中原之外,又不斷派遣使臣,向突厥酋長陳述利害,以求國家安寧。東突厥的反叛,主要是想收回在咸亨年間被安置在豐、靈、代、朔、勝、夏等六州的突厥降民。武則天得知,立即答應還降戶數千,由其自治。並又給其「穀種四萬斛,雜彩五萬段,農器三千事,鐵四萬斤」,幫助他們發展生產。很快,唐同突厥之間的緊張關係緩和下來。突厥默啜可汗還兩次出兵,幫助唐軍襲擊騷擾河北的契丹軍隊,使河北的戰火很快平息下來。武則天又授予默啜「立功報國可汗」的稱號,這表明,突厥民族仍然是大唐帝國的臣民。此後,武則天又不斷地給突厥地區贈送大量的生活資料和農業械具,幫助他們發展生產。

而對於攻佔西域的吐蕃軍隊,武則天從戰略的眼光出發,為維護大唐疆土,堅持不斷地派出大批軍隊,同吐蕃反復交戰,特別是爭奪安西四鎮。安西四鎮是扼守西北、維護東西方絲綢之路的交通要道。武則天在西北邊防大規模地開展屯田運動,增加西北防務。西元692年,大周將領王孝傑終於收復了安西四鎮,並派三萬精兵鎮守。當時,吐蕃請求歸還安西四鎮,武則天拒不同意,聲明置四鎮予以據守,就是為了防止吐蕃東侵。強大的軍事防備,震懾了猖獗一時的吐蕃叛軍。此後,武則天為了安撫吐蕃臣民,不斷派使臣向他們闡述友好,並多次稱讚松贊干布和文成公主為加強唐蕃之間的親密關係所做出的貢獻,希望唐蕃人民繼續友好下去。在這種強大的政治宣傳面前,好戰的吐蕃首領論欽陵,終於在內訌中自殺。

任用酷吏　鎮壓異己

武則天在治理國家方面,除了運用一幫文人學士之外,還組織了一批

兇殘狠毒的酷吏隊伍，以嚴刑酷法來懾服群臣，鎮壓反對自己的勢力，維護自己的統治。

　　武則天在稱帝前後，都實行了一套酷吏政治，但前後有所差別。稱帝之前，武則天主要運用酷吏來清除自己臨朝稱帝的各種阻力。在封建社會，一個女人要登上皇權高位，面臨的阻力之大是可想而知的。西元694年2月，中宗被廢，武則天獨攬朝政，同時開始濫用酷刑。她在朝堂放置銅匭，接受告密文書，並且規定：凡是告密者，其他任何官吏不得過問，一律用驛馬送至京城，按五品官標準供給食宿，失實者不加追究。結果造成「四方告密者蜂起，人皆重足屏息」的恐怖氣氛。武則天任用了來俊臣、周興、李元禮等一批酷吏，專辦告密信件。這些人兇狠成性，滅絕人性，專門編寫了《告密羅織經》，教唆黨徒按經上告，就會使被告無法自辯。他們還製造發明了「定百脈」、「喘不得」、「突地吼」、「失魂魄」、「宿囚」、「驢駒拔橛」、「玉女登梯」、「鳳凰曬翅」、「獼猴鑽火」等駭人聽聞的酷刑，使被告者見之「戰慄流汗，望風自誣」。凡被下獄者，幾乎無一人生還，朝臣人人自危，不知何時也會大難臨頭。不過武則天在這個階段裡，主要把屠刀指向宗室王公，尤其是唐高祖、唐太宗、唐高宗三代皇帝的皇子們。

　　武則天透過酷吏，一批又一批地將皇族中的異己殺掉。連續幾年的誅殺，到她改唐為周稱帝時，這三代皇子除了自己生的李顯、李旦外，其餘全部被殺。皇族近支，誅殺殆盡。對於唐室重臣元老，稍有不滿，也大加誅殺。武則天靠著血腥的屠殺，摧毀了同自己爭奪帝位的勁敵李唐宗室，打通了通往皇帝寶座的道路。

　　武則天稱帝之後，繼續任用酷吏，但主要是為了鞏固帝權，其濫刑主要對象轉移到了朝廷中的反對自己的文武大臣，特別是權傾朝廷的宰相們。朝臣連連被殺，宰相走馬燈般地更換，以致形不成一個反武的核心勢力。朝臣們每次上朝，總是戰戰兢兢地同家人訣別，不知能否還回得來。

　　武則天動用酷吏，主要是為了鎮壓反對勢力。但酷吏們濫殺無辜，到

了群情激憤的時候，她便陸續殺掉酷吏，以平民憤，緩和政局。西元691年，她稱帝後第二年，便殺掉了李元禮，流放了周興，以向天下表示，以往的濫殺罪在二人，不是她自己。西元697年，武則天又誅殺了最大的酷吏來俊臣。由於來俊臣作惡多端，仇家們爭著咬吃來俊臣屍體的肉，挖其眼珠，剝其面皮，剖其心肝。武則天為了收攏人心，立即下詔書，列舉來俊臣的罪惡，並加以滅族罪，說是「以雪蒼生之憤」。其實，來俊臣所做的一切，都是秉承她的旨意辦的。

　　值得指出的是，武則天在動用酷吏和嚴刑對皇帝貴族和上層官僚大開殺戒的時候，也並非「隨意濫殺」。如她在酷吏殺人最為猖獗的時候，也保護了徐有功、狄仁傑、魏元忠等一批高才直臣。其實，武則天動用酷吏，以刑怖天下，與破格用人的濫選不無關係。她以快速流動的方法，來更換、篩選有用之士，打破僵死的政治機構和門閥世襲的特權，使大量的普通地主和寒門出身的俊傑們，有機會登上政治舞台，施展自己的才能。正是因為武則天不斷地在統治機構中更換新鮮血液，才使得當時的社會沒有被酷吏的血腥氣息所淹沒，歷史還是堅定地向前邁出了步伐。

～⊛ 立儲遜位　還國李氏 ⊛～

　　通過酷吏政治，武則天鞏固了自己的權勢和皇位，但在皇位繼承問題上，她又左右為難。建立周王朝之後，她讓侄子們做了宰相和將軍，掌握朝政大權，其餘大臣有了功勞也賜給武姓，而不是李姓。她還免掉了武姓的田賦，把自己的故鄉文水縣改為武興縣，從這些看來，武則天是想把皇位傳給她的侄子。這促使她的侄子武承嗣等人公開地對李旦的皇儲地位提出了挑戰。

　　西元693年，武則天在萬象神宮舉行了祭典大禮，武則天讓侄子武承嗣為亞獻，武三思為終獻，而正式的皇儲李旦卻被冷落到了一邊。武則天的行為無疑是對侄子們的公開鼓勵。

但是，武則天的意願遭到了宰相狄仁傑等人的激烈反對，這讓武則天非常矛盾。如果把姪子立為皇儲，雖然可以保住大周政權，但以後的即位人絕對不會把她供奉到祖廟裡去的，因為她是武氏家族出嫁的女人，這在封建社會等於是外人了。如果立自己的兒子做皇儲，將來繼承皇位，她可以順理成章地保住皇后的正統地位，和丈夫高宗一起享受兒孫們歷代的供奉。但是，這樣又要回到她已經打破的舊傳統中去。

武則天的矛盾最後還是由聰明的狄仁傑給化解了。一天，已經74歲的武則天對狄仁傑說：「朕昨天晚上做了一個奇怪的夢，夢見一隻大鸚鵡的兩個翅膀折斷了。愛卿看是什麼徵兆啊？」狄仁傑抓住這個絕佳的時機對武則天說：「陛下姓武，那鸚鵡便是陛下了。兩個翅膀就是陛下的兩個兒子，如果陛下再次起用兩位愛子，兩個翅膀就會重新好起來的。」

同時，宰相吉頊也在努力。他對武則天當時的男寵張易之和張昌宗兄弟倆說，你們倆因為受皇帝的寵愛，蔑視群臣，被眾大臣們嫉恨，如果要保住性命，只有現在為立儲君出力，日後才會有可能將功贖罪。你們要利用自己接近皇帝的有利條件，勸說她立盧陵王李顯為太子。張氏兄弟聽了吉頊的話，十分賣力，勸說武則天立李顯為太子。

西元698年，武則天將李顯秘密接回了京城洛陽，這讓武承嗣極為生氣，因為他的繼承權完全被剝奪了，不久武承嗣便氣悶而死。

武則天為了避免在自己死後姪子和兒子們相互殘殺，還處心積慮地把太子李顯、相王李旦、太平公主、武姓的姪子們召集到了明堂，然後祭告天地，立下了鐵券，把鐵券收藏在史館，以為佐證。

西元704年年末，武則天病倒在床上，幾個月也不召見朝臣，只有張易之兄弟倆侍奉左右，左右朝政大事，這使大臣們六神無主。宰相張柬之發現機會難得，經過周密部署，在西元705年的正月裡發動了兵變，迫使病中的武則天讓位，由中宗復位，重建唐朝。

這年的正月二十五，武則天不情願地離開了她做了15年女皇的宮殿，搬到了洛陽宮城西南的上陽宮。中宗給她上了尊號「則天大聖皇帝」，但

沒有了帝位的武則天心情很壞，沒有了精神支柱，本來就衰老的身體很快垮了下來。西元705年的十一月初二，虛歲82的武則天死於上陽宮的仙居殿。臨終時她異常清醒，立下了遺囑，包括去掉帝號，稱則天大聖皇后，葬在乾陵，和高宗合葬。只許為她立碑，不許立傳，這就是武則天無字碑的來歷。西元706年的正月，武則天的靈柩運回了長安。

武則天死後，她的諡號幾經變動，但兒孫們的尊敬態度沒有變。睿宗第二次即位後，改稱為「天后」，後來又先後改為「大聖天后」，尊為「天后皇帝」，改為「聖后」。唐玄宗即位後，改為「則天皇后」。到了西元749年，李隆基最後把武則天的諡號定為「則天順聖皇后」。

武則天14歲入宮，從才人、昭儀，到皇后、天后、太后、聖母神皇，一直到龍袍加身、立國稱帝，一生當政50餘年，獨掌朝綱21年，其中有15年是名正言順的大周帝王。

武則天為後人留下了無數的謎，經受了一代又一代人的褒貶。她的剛毅、果敢和權欲，不讓鬚眉，登極問鼎，自有她不同凡人之處。她不讓後人在自己的墓碑上刻字，有人說其本意是自己功德無量，書不勝書；也有人說，那是武則天認識到一個人的功過是非，不應自己吹噓，還是由後人去評論。各種猜測，不一而足。

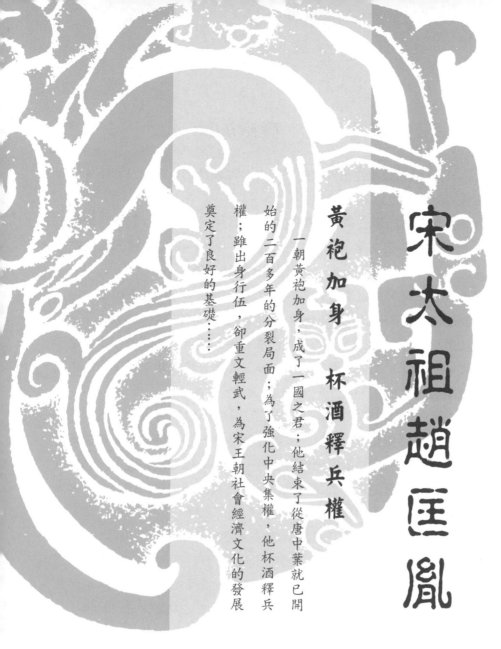

宋太祖趙匡胤

黃袍加身　杯酒釋兵權

一朝黃袍加身，成了一國之君；他結束了從唐中葉就已開始的二百多年的分裂局面；為了強化中央集權，他杯酒釋兵權；雖出身行伍，卻重文輕武，為宋王朝社會經濟文化的發展奠定了良好的基礎⋯⋯

陳橋兵變　黃袍加身

　　西元927年，趙匡胤出生於洛陽的夾馬營，家境貧苦。在他幼年時，父親趙弘殷曾經一度攜帶妻兒，外出逃難。

　　父親趙弘殷本是後唐莊宗李存勖所寵愛的戰將，但自李存勖在兵變中被殺後，他也就開始受到冷落，家境也日益艱難。西元945年，趙匡胤結婚成家。成家之後，他毅然離家外出，決心闖蕩出一番事業。

　　趙匡胤先是去投奔父親幾位先前的好友。但世態炎涼，他不但沒有從這些有權有勢的前輩那裡得到關懷和幫助，反而受了不少的白眼和冷遇。

　　西元950年，趙匡胤來到河北鄴都，投靠在後漢樞密使郭威的手下，當了一名普通士兵。次年，郭威發動兵變，滅掉了後漢，建立起後周王朝。趙匡胤因戰功卓著被提拔為禁軍東西班行首，負責宮廷禁衛。

　　西元954年，周太祖郭威病逝，柴榮即位稱帝，即周世宗。周世宗的即位，為趙匡胤施展才華和抱負創造了極好的條件。一方面因為趙匡胤是周世宗稱帝前的親信將領，自然會受到重用；另一方面，也是最重要的一點，因為周世宗是一個順應歷史趨勢的英明君主，他後來積極從事的統一全國的事業，為趙匡胤等一批有才華的文武大臣提供了用武之地。

　　周世宗即位後，趙匡胤隨之被調到中央禁軍任重要職務。同年2月，北漢對後周發動進攻，趙匡胤隨周世宗前往迎敵。雙方部隊在高平相遇，遂展開激戰。戰鬥開始不久，北漢軍隊就占了上風，後周大將樊愛能、何徽畏敵如虎，一見陣勢不好，竟臨陣脫逃，一時間後周軍隊陣腳大亂，形勢十分危急。此時的趙匡胤卻很冷靜，在他的建議下，周世宗將身邊的禁軍分為兩部：一部由張永德指揮，搶佔制高點，居高臨下，以密集的箭矢壓住敵人的進攻；另一支由趙匡胤親自率領，從左翼直撲敵陣。北漢軍隊抵擋不住突如其來的衝擊，紛紛敗退，後周軍隊終於轉敗為勝。

　　趙匡胤以高平之戰的出色表現，受到了周世宗的進一步賞識。戰後，他不但被破格提拔為殿前都虞侯，成為後周禁軍的高級將領，而且還被委以整

頓禁軍的重任。在趙匡胤親自主持下，後周禁軍完成了汰除老弱、調選精壯和組建殿前司諸軍的工作。

趙匡胤利用主持整頓的機會，開始在軍隊中形成自己的勢力。他將羅彥環、郭延斌、田重進、潘美、米信、張瓊、王彥升等自己麾下的「委心」之人安排在殿前司諸軍任中基層將領，同時又以自己高級將領的身份，主動與其他中高級將領交結，並同其中的石守信、王審琦、韓重斌、李繼勳、劉慶義、劉守忠、劉廷讓、王政忠、楊光義等高級將領結拜為義社十兄弟，形成一個以趙匡胤為核心的勢力圈子。

從西元956年到西元958年，周世宗對南唐前後發起過三次進攻，逼迫南唐將江北15州的土地割讓給後周。在整個戰役中，趙匡胤表現得最為突出，被提升為忠武軍節度使兼殿前都指揮使。

自南唐戰役以後，趙匡胤不僅注重在軍隊中交結武將，開始對文人也比較重視了。趙普、王仁贍、楚昭輔、李處耘等人都是在這前後被他招到麾下成為心腹幕僚的。除此之外，趙匡胤自己也開始留意研讀經史，一改從前那種不喜讀書的草莽作風。

西元959年6月，周世宗去世。其七歲的獨生子柴宗訓即位。後周王朝隨即出現「主少國疑」的局面，一時間人心惶惶，謠言四起，一些忠於後周的官吏，馬上就敏銳地意識到動亂的根源是出在趙匡胤那裡，指出趙匡胤不應再掌禁軍，甚至有的人主張先發制人，及早將趙匡胤殺掉。

趙匡胤及其幕下心腹文武也在加緊活動。一個很明顯的事實是，在周世宗去世後的半年裡，禁軍高級將領的安排，發生了對趙匡胤絕對有利的變動。整個殿前司系統的所有高級將領的職務均由趙匡胤的親信擔任。

經過近半年的部署準備，趙匡胤覺得可以選擇一個適當的場合動手了。西元960年正月初一，後周君臣正在朝賀新年，突然有人謊報遼和北漢聯兵入侵的戰報。柴宗訓誤以為真，便徵求了宰相范質、王溥的同意後，令趙匡胤率領禁軍前往迎敵。

出發後前進中的後周部隊，突然接到命令，在離京城汴梁東北50多里的

陳橋驛駐紮下來。將校們一個個神情嚴肅、緊張，街上崗哨林立，一隊隊士兵穿梭巡行，氣氛顯得非同尋常。

不久，有人在軍隊中很快就宣傳開了：「主上年幼，未能親政，我們這些人出生入死為國家打仗，他能知道嗎？」「有道理，我們的點檢為人仗義，英武蓋世，不如先策點檢為天子，然後再北征！」「對，咱們一塊找點檢去！」頓時，群情激昂，有人帶頭呼喊著，叫嚷著，圍住了點檢趙匡胤的大帳。

當時，天剛濛濛亮，趙匡胤被呼喊聲吵醒，他披衣走出大帳，見一群將校個個手執兵器，列隊於廳前，他們齊聲喊道：「諸將無主，願策點檢為天子！」趙匡胤還沒來得及開口，已被群兵簇擁到廳堂。這時，有人把一件早已預備好的黃袍罩在趙匡胤的身上，然後眾人口呼「萬歲」，拜跪於地上。趙匡胤還想再推辭，參與其謀的趙普上前說道：「主帥素來愛兵如子，此次擁立如不應允，這些將校兵士將會落個大逆不道的罪名，死無葬身之地，主帥還是應允了吧！」「對！應允了吧！」全體將帥齊聲呼喊著。見此情景，趙匡胤裝得無可奈何地說：「你們立我為天子，必須聽我的命令，否則我不應允！」將士們異口同聲地說：「我們願意聽你的！」「那好，現在我宣佈兩條紀律：第一返回京城，不得搶掠，擾亂百姓；第二，少帝和太后都是我所侍奉的，公卿大臣都是我的平輩，你們不能傷害他們，以往改朝換代，都要大殺大搶，你們不能這樣，如有違反，格殺勿論！」

當天下午，趙匡胤率領部隊返回汴梁。京城中早有人接應，文武百官，列於殿前，歡迎新皇帝登基。因為趙匡胤所領的軍隊駐紮地為宋州，於是趙匡胤改國號為宋。至此，大宋王朝就在中國歷史上出現了。

杯酒釋權　治兵有術

五代時期，是個動盪不定的時期，也是英雄輩出的時代。誰擁有強大的兵力，誰就可以實現他的野心。在大分裂的五十多年間，軍校擁立、弒君

篡位、互相砍伐、戰場廝殺的現象，從未間斷過。趙匡胤也是靠著自己手裡有一支強大的軍隊才登上帝位的。他當年作為一個軍人，也參與過擁立周太祖郭威的行動。因此，他一上臺，首先考慮的是如何控制手中握有重兵的將帥，防止兵變的發生，以便永葆帝業。

趙匡胤登基後不久，召見謀臣趙普，向他問道：「自從唐亡以來，幾十年間，帝王換了八姓，戰爭不止，生靈塗炭，是什麼原因呢？我想使天下戰火永息，兵不再戰，為國家作長久打算，應當怎麼辦？」趙普回答說：「過去的動亂，只是由於方鎮太重，君弱臣強。若想改變這種狀況，也並不太難，只要削奪其兵權，管制他們的穀錢，收了他們的精兵，天下自然就會安定了。」趙普這一番話，使趙匡胤驚歎不已。趙匡胤很快又說道：「卿言過重，這些弟兄跟隨我多年，他們絕對不會背叛我，你太多慮了。」趙普又說：「我並不是憂慮他們本人會背叛你，但萬一他們手下的人要擁立，也由不得他們了。」趙匡胤聽後，聯想到自己親身經歷的那次兵將擁立的場面，頓覺不寒而慄。特別是他想到擁立自己的那些將帥和弟兄，有的是禁軍的高級將領，掌握著全國最精銳的部隊，如慕容延釗、韓令坤、石守信等人；還有的自恃擁立有功，已經出現不服管制的跡象。於是，趙匡胤下決心削奪他們的兵權。

西元961年秋天的一個晚上，明月當空，月光如水。趙匡胤準備了一席豐盛的晚宴，把石守信等幾個手握重兵的軍事將領請到一起，飲酒歡歌。酒過三巡之後，趙匡胤突然摒退左右，對石守信等人說：「諸位愛卿，如果沒有你們的幫助，我哪能會有今天？因此，我對你們感恩不盡。不過這天子也並不是怎麼好做的，還不如節度使快樂些。從登基到現在，我還沒睡過一個安穩覺。」石守信等人忙問緣由，趙匡胤說：「這還不明白？我這個天子的位置，誰不想坐？」諸位將領聽後大驚失色，慌忙問道：「現在天命已定，誰還敢有異心？」太祖說：「不對，你們雖然沒有異心，怎奈你們部下會有些貪圖富貴的人，如果有一天，他們也把黃袍加在你們身上，難道還容許你說不做嗎？」將領們聽罷，一起跪倒頓首說：「我們沒有想到這些，請陛下給

指示一條生路。」趙匡胤說：「人生就好像白駒過隙，轉眼即逝。人們所追求的不過是多積金錢，吃喝玩樂，再替子孫們攢下些基業，讓他們過上好日子罷了。你們何不放棄兵權，出守大藩，選買些好的田宅，替子孫們置備下百世產業，多置些歌兒舞女，天天飲酒作樂，過一輩子，豈不快哉！我還同你們結成兒女親家，君臣之間，兩無猜忌，上下相安，以終天年，這不是很好嗎？」

　　眾將領聽罷，明白了皇帝的意圖。第二天，他們一個個以各種理由提請罷免兵權。趙匡胤表面裝得很惋惜，內心卻十分高興，立即應允，對他們假作安慰一番，又送給他們每人大量的錢財，打發他們以節度使的名義，出外鎮守去了。這就是歷史上有名的「杯酒釋兵權」。

　　石守信等一批掌握重兵的將領軍職被解除之後，趙匡胤意識到，如果不對軍事機構加以調整，還會有新的軍事實力派產生，因此，他著手改組軍事機構。北宋初年的禁兵，分隸殿前、侍衛兩司，殿前都點檢、侍衛親軍都指揮使是最高的軍事將領。趙匡胤奪得帝位，就是利用了殿前都點檢這一重要職位。所以，在眾將領提出辭職之後，一些重要的軍職也隨之撤銷了。

　　到第二年石守信請解軍職，趙匡胤又撤銷了侍衛馬步軍都指揮使。這樣，形成了禁軍由官職較低的殿前都指揮使、侍衛馬軍都指揮使、侍衛步軍都指揮使分別統領的「三衙」制度。「兩司三衙，分天下兵而領之」，改變了過去一人統領三軍的局面。三衙權柄雖重，但只有帶兵權，而沒有調兵權。調兵大權歸樞密院，樞密院雖可以調兵，而卻沒有帶兵權。只有皇帝才可命令兩院，執掌全部兵權。遇有戰事，或者臨時命將，或太祖自任主帥。戰事結束，兵歸宿衛，將還本職。兩院互相牽制，皇帝一人從中駕馭，從制度上防止了軍事實力派的產生。

　　「強幹弱枝」是宋太祖治軍的另一個重要策略。強幹是在兵力部署上，把重兵、精兵佈防在京師；「弱枝」，就是削弱地方兵力，使地方部隊無法同京師兵力相抗衡。為了加強禁軍的力量，宋太祖對禁軍進行了必要的整頓。他親自檢閱軍隊，驍勇的挑選為「上軍」，老弱的淘汰為「剩員」。

「剩員」編制主要用來容納那些已經失去戰鬥能力的老弱禁軍，讓他們去做看倉、守護、清潔等雜役。「去其冗弱」之後，禁軍需要大量補充，宋太祖命各州長吏從當地挑選驍勇兵卒，送到京城來，補充缺額。挑選的標準是琵琶腿、車軸身，高度適中，體力強健者。為了做好這一工作，他挑選一些「樣兵」分送各州，後來又改用木棒，拿長短來分別等次。這樣一來，各地的強兵銳卒，統統集中於京師，組成了強大的禁軍隊伍。

禁軍除了在京師宿衛外，還要輪流外出戍守，即所謂「更戍法」。這樣做一方面能避免禁兵日久驕惰，讓他們「南北番戍，以勞苦其身，遠離其子，使習南北風土之異，而不得坐食於本營」。另一方面，可以造成「兵不知將、將不知兵」，「兵無常帥，帥無常兵」的局面。就是在一個城中駐紮的部隊，宋太祖也十分注意「習其筋骨，以戒其驕惰」。駐紮在城東的部隊，偏要讓他們到城西倉庫去取軍糧；駐紮城西的部隊，偏要讓他們到城東倉庫去領取軍糧，城南城北也是這樣。兵士們挑負著軍糧，來回往往要走幾十里路。通過這樣長期訓練，禁軍士兵個個身強體壯。

在全國軍隊的佈防上，宋太祖也是經過精心考慮的。當時全部兵士有22萬，有10萬駐紮京師，十多萬分駐紮各道。這樣京師的兵力可以控制外道，防止外道發生兵變。而各道的兵力總和又同京師相等，這樣就防止了京師駐軍的騷亂。「內外相維」、互相牽制，在京師布兵也是這樣，京城內有親衛諸兵，城外是「諸營列崎相望」，城內的兵和城外的兵力又基本相等，也形成互相牽制之勢。這就有力地防止了軍事將領禍亂中央的現象產生。

荒年養饑兵，是宋太祖在養兵方面的獨創。宋初軍隊兵士是向民間招募的，尤為特殊的是宋太祖除了及時補充兵員外，遇有荒災凶年，更是大量招募饑民當兵。宋太祖的這種做法使社會上的動亂因素大大減少，防止了饑民的反抗，從而穩定了王朝的統治。這樣的募兵制度，後來一直成為宋朝統治者的傳統政策。

由於宋太祖在軍事制度方面採取了以上措施，成功地防止了驕兵悍將對皇權的顛覆活動。大宋王朝歷時幾百年，與宋太祖採取的這一套治軍方略是分不開的。

未雨綢繆　金匱之盟

　　宋太祖剛登基時，隨行的儀仗較為簡略，排在前面的是由禁軍組成的「駕頭」，隨後是皇帝坐的步輦，步輦之後是擎著扇的方隊。方隊後面是公卿百官大多是後周舊臣，與端坐在步輦之上的「皇帝」乃並肩多年的同僚，但現在卻跟在他的步輦之後作臣民，心中多少會有些不自在，所以儀仗隊總有些雜亂。

　　一次，當鑾駕緩緩通過御街，跨上大溪橋時，有人放冷箭，箭緊擦著步輦飛了過去，射到了後面的摺扇上，衛士大驚。宋太祖顯得比衛士們鎮定多了，他從步輦中探出身子，指著胸膛說：「教射，教射。」又笑道：「射死我，這皇位也輪不到你！」這話，笑中含刺，不單單是講給刺客聽的，也是講給步輦下面的一大批後周的舊臣聽的。

　　宋太祖捷足先登獲得皇位，只不過使舊臣失去一次實現野心的機會，卻沒有打消他們的野心。他們有的在等待觀望，希冀再起，準備與新王朝重新來一番角逐。

　　面對這種隱患，宋太祖和趙普等人認為應採取以穩定京城、籠絡後周舊臣為主的方針，以靜制動。因為，「京城若亂，四方必轉生變」，「都城人心不搖，則四方自然靜謐」。

　　為此，宋太祖對後周舊臣實行了官位依舊、全部錄用的政策。為了保證對後周舊臣籠絡和收買的成功，對於那些恃勢欺凌舊臣的新貴們，宋太祖則毫不留情地嚴加處罰。京城巡檢王彥升，是當年兵變入城時的先鋒，自恃擁立有功，橫行不法。一天夜裡，他以巡檢為名，去敲宰相王溥的門，嚇得王溥「驚悸而出」，結果王彥升被貶為唐州刺史。宋太祖的這些做法，對穩定後周舊臣的情緒，緩解他們對新王朝的逆反心理，使他們放心地為新王朝服務，具有很好的作用。

　　對後周舊臣的政策收到了很好的效果，宋太祖精神上的壓力減輕了很多，行為上也有點放縱了。一段時間他「沉湎」於酒席之中，常有失態，有

時還喝得大醉，但他及時克制了自己。緊接著發生的一件大事，使他對形勢的認識變得清醒起來。

　　西元961年六月初二，宋太祖的母親皇太后杜氏因病去世。杜氏為人有膽有識，當年陳橋兵變時，有人聽到消息後告訴她，她鎮靜地說：「我兒素有大志，應當如此。」臨終前夕，杜氏突然問一直在身旁侍奉湯藥的宋太祖說：「你可知道你為什麼能做天子嗎？」趙匡胤覺得現在不是討論這一問題的時候，所以「嗚噎不能對」，但太后偏要他回答，他只好應付道：「這都是祖宗和太后積德積功的結果。」太后嚴厲地說：「根本不是這麼回事！你能做天子，那是因為周世宗死後繼位的國君年幼的緣故，如果當時是一位成年皇子繼位的話，你能當上天子嗎？我想將來你傳位時，就應當傳位給你弟弟光義，立年長者為國君，是社稷之福呀！」後來，太后遺囑藏於金匱之中，這就是歷史上所謂的「金匱之盟」。

　　在太后逝世的第二年7月，趙匡胤的弟弟趙光義就以泰寧軍節度使、大內都部署的身份被任命為開封尹、同平章事。這是一個十分重要的任命，因為在五代時期，凡皇位的繼承人都要封王任開封府尹，趙光義此時雖未封王，但其任開封府尹已經隱然有繼位人的地位了。這不但是宋太祖貫徹太后臨終遺囑的一個重要步驟，更重要的是，宋太祖希望通過此向他的大臣們表明，在未來的皇位交接中，是不會再出現那種「主少國疑」的局面了。

～ 削弱相權　官不久任 ～

　　宋太祖在軍事制度方面進行了一系列改革之後，在對如何駕馭群臣方面，也採取了一系列相應的政策，以鞏固皇權。

　　宰相在封建社會中央集權制的政府機構裡，是一人之下而萬人之上，統率百官，總掌政務，權傾朝野。相權過重，往往對皇權造成一種威脅。因此，歷代帝王總是採取手段，削弱宰相的權力。

　　宋太祖趙匡胤在削弱相權方面，有自己的高招。

一是設置副相削弱宰相政權。即在宰相之外，又設置一個參知政事，即相當於副宰相。開始時參知政事只是一個陪襯，並沒有什麼權力，不用押班、知印，也不設政事堂。後來太祖見宰相趙普專權過重，開始給副相以押班、知印、升政事堂的權力，與宰相輪流充任，使副相地位大大提高。與此同時，宋太祖又採取靈活方式，降低宰相的待遇。在他剛登皇位時，宰相上殿奏事，太祖都讓座獻茶，商談國事。後來宰相范質上殿奏事，太祖照例賜座，可開始奏事時，太祖說：「我最近眼睛有些昏沉，請把奏章拿近來我看。」范質便離開自己座位，走近太祖，太祖暗中吩咐宦官，把宰相的座位撤去。從此以後宰相見，也只能站著和皇帝說話了。

二是設置「二府」，分割宰相兵權。二府，指宰相府之外，又有一個樞密院，形成宰相府和樞密院兩府牽制局面。在五代時期，樞密院的權力都在宰相之上，是宰相之外複有宰相。宋太祖時，將樞密院權力改為執掌調兵大權，凡軍國機務、兵防、邊備、戎馬等政令，都由樞密使主持，和宰相對峙。太祖設制，每逢入朝奏事，兩府錯開，互不相見，各說各的。這樣就使皇帝能在雙方的奏情中對比分析，掌握實情。從此，分割了宰相的兵權。

三是設置「計相」，分割宰相的財權。舊制時，宰相統轄軍、政、財權。宋太祖時，設三司使，奪其財權。三司原屬舊制官職，負責鹽鐵、度支、戶部，平衡全國的財政收支。太祖有意提高三司的地位，號稱「計省」。由三司使主持三司政務，其地位僅次於宰相，人稱「計相」。這樣就剝奪了宰相的財權。

另外，宋太祖還採取「官職分離」、「名實不一」的方法，干擾相權，使宰相無法行使統率百官的權力。如侍郎和給事中，並不負責本省的政務。司諫官如果沒有皇帝的特旨，也不能過問諫諍之事。連中央政府的三省主官，也只有奉旨才能行使本部的範圍之權。即所謂「官無定員，員無專職」，至於僕射、尚書、丞、郎、員外，居其官而不知其職者，更是常有的事。在這一制度下，「官」、「職」和「差遣」是有明確區分的。「官」，是品位的一種名稱，並無實際的權力，如中書令、尚書令，官位很高，但無

權參與朝政。「職」，是具有某種權力的標記，某一職位，具有什麼樣的權力，但並無固定人員，無論你是什麼「官」，只要讓你擔任此「職」，便具有此「職」的權力。「差遣」，指受到指派，某人可以行使何種職權，這就是具有了實際權力，可以「治內外之事」。如中書令、侍中都是「官」，只有帶有上級的「差遣令」，方能擔任宰相或行使其他實際權力。「差遣」的變動性很大，一個官員要隨時聽從「差遣」，接受新職。宋太祖就是通過這樣的手段，來削弱宰相的權力的。

　　宋太祖在剝奪了中央幾位重要軍事將領的兵權之後，又運用趙普「削奪其權」、「制其錢穀」的策略，解決地方的藩鎮遺患。

　　宋太祖逐步改由文臣代替軍人執掌一州行政。文臣代替武將執掌一州政務，宋太祖也並不是很放心。因此，他任命的知州，前面往往加上「權知」二字，以使他們明白「名若不正，任若不久」，以扼制他們專權的野心和地方勢力的抬頭。與此同時，在「知州」之外，另增置「通判」一職，這是趙匡胤在經過精心考慮後採取的一個重要措施，是他在削弱相權時採用的手段在地方政權中的繼續應用。通判一職在本州中地位相當高，權力也很大，有權過問州中的一切政務，並可同知州分庭抗禮，直接傳達中央。但有的通判往往以「監州」自居，說：「我是朝廷派來監視你的」，以示權重知州。後來有人告訴宋太祖，通判權力太重，不利於知州行使地方職權。太祖才又下令，沒有知州與通判聯名簽署的政令，不能實行，這就使二者互相牽制，聽命於中央。

　　縣級機構，五代時期多由軍人把持。雖然軍人任縣令的不多，但由於節度使委派「鎮將」，這些「鎮將」往往干涉地方政務，縣令任免官吏，也往往要徵求他們意見。他們每年利用徵集軍糧名義，在一縣之中橫徵暴斂。「鎮將」們利用掌管盜賊、鬥毆之權，肆意欺壓百姓，以致形成了「事權旁落，縣官失職」的局面。為了扭轉這種局面，宋太祖令吏部選派強幹官吏，分到各縣擔任縣令，抑制地方軍人的跋扈勢力。同時又在每縣設置「縣尉」一職，專門負責一縣之內盜賊、鬥毆等事宜，「鎮將」不得再行插手。從

宋太祖趙匡胤　黃袍加身　杯酒釋兵權

147

此，縣令才真正成為一縣之長，總管縣境的民政，平決獄訟、催收租稅、勸課農桑。軍人干預地方政務的現象得到有效的控制。

宋太祖這一套用官原則，對於鞏固中央集權來說，是一種有效的政治措施。

◈ 巡緝窺伺　寬仁爲治 ◈

為了更好地鞏固統治，趙匡胤密派親信分赴各地，巡緝窺伺各地官吏，制治於未亂之時。趙匡胤是依靠陰謀手段奪取後周政權的，因此，他十分懼怕反對勢力也像他一樣，秘密積蓄力量，推翻他的統治。其實，當時確實有一些軍人實力派，蠢蠢欲動，陰謀顛覆趙宋。為了防患於未然，宋太祖從登基之初，就大量派遣親信軍校，分赴全國各地，窺探有關各地官吏的情報。這種特務活動，曾使得眾多官吏膽戰心驚。例如駐真定（今河北正定）的節度使郭崇，聽說趙匡胤做了皇帝，非常憤懣，以致悲傷痛哭，被察探窺知，立即報於太祖。太祖立即派人前去查處，使郭崇未敢輕舉妄動。駐在蒲州的楊承信，暗中準備武裝暴動，太祖以送生日禮品的名義，派密使前去偵察。楊承信懼怕暴露，未敢起事。

對於居住京城的官吏，宋太祖防範更嚴。大街小巷，到處都佈滿密探，他們隨時隨地監視各級京官。除了派密探偵察各級官吏外，對位居重職的官員，宋太祖還經常親自外出，改扮普通人裝束，暗中巡察。他私訪的對象，大多是舊勳功臣，看他們有無謀反之心。由於宋太祖實行這一套嚴密的特務系統，使他對各級文武官員的舉動，瞭若指掌，有力地鞏固了皇帝集權。

宋太祖控制大臣，在制度上規定甚為嚴謹，但他為人寬宥，從不濫施刑罰，暴殺大臣。即使有人犯罪很嚴重，也不忍心誅殺。如對待周室舊臣、藩鎮降王，一律實行寬大政策。

宋太祖不僅對自己的部將寬仁，對降王也同樣寬仁。除了從制度上限制有功之臣的許可權之外，多以金錢美女、田地宅院予以安撫。「杯酒釋兵

權」就是例子。還有一次，太祖在後苑挾弓彈雀，忽有大臣急事求見。宋太祖趕忙跑去，接過奏章一看，原來是件很普通的小事，便責怪大臣說：「這樁事情，怎麼能說是急事？」大臣反駁道：「這同彈雀相比，當然是急事。」太祖大怒，拿起弓朝大臣嘴上捅去，把其門牙打下兩顆。大臣一聲不吭，撿起牙齒，放在懷裡。太祖問：「你豈要告我不成？」那人說：「不敢控告，自然有史官會記載的。」一個宦官勸太祖殺了這個敢頂撞皇上的大臣。太祖沒有聽，而是沉思片刻，不但不殺，反而賜給大臣一些金帛，給予慰勞。

　　宋太祖作為一個封建帝王，「寬仁」總是有限度的，那就是無論是舊臣、部屬，其行為不能危及皇權，如果觸及了皇權統治，決無「寬仁」可言。如對反抗宋政權的後周殘餘勢力李筠、李重進，都予以誅殺。宋太祖控制朝臣，手中拿著兩個武器：一是金錢、地位，二是屠刀，這都是為了鞏固自己的統治。最能說明問題的是王全斌事件。王全斌因平蜀有功，受到太祖嘉獎。後來，他又因貪污錢財引起了西川兵變，被判死罪。後來被赦，宋太祖又恢復了他的節度使職。宋太祖還向他道歉說：「朕因江左未平，怕南征眾將不遵守紀律，委屈你幾年，為朕立法，現已攻克金陵，還給你的節度使。」宋太祖深知「攻心為上」的政治策略，這比起那些只以屠刀治理天下的暴君來說，確實高明得多。

平定割據　治國安民

　　五代時期，連年戰亂不止。老百姓飽受戰爭割據之苦，十分渴望國家統一，社會安定。在周世宗在位時，其他割據勢力範圍內的百姓就紛紛逃入周境。周世宗每平息一個藩鎮，當地的老百姓就攜帶酒、肉，前來歡迎。有不少地方的百姓，因憤恨軍閥的苛政，多次向周世宗求救。趙匡胤當年跟隨周世宗南征北戰，親眼看到了老百姓要求國家統一的熱切心情。因此，他即位以後，決心把周世宗未完成的事業進行下去，把統一天下、穩定社會、發展

經濟作為自己治國安民的基本之策。

　　宋王朝建立之初，周圍存在著幾個由外族所建立的敵對國家和許多由漢族所建立的割據政權。在北方有契丹族建立的遼國，在西北有黨項族的強大勢力，夾在二者之間的則是割據山西一帶的北漢。北漢受到契丹的支持，與以前的後周和剛建立的宋王朝一直處於公開敵對的狀態。在江淮以南，則存在著南唐、吳越、後蜀、荊南、湖南、南漢、南平、漳泉等8個割據政權。雖然這些割據政權處於物產豐富的地區，但由於其各自疆域狹小，又互不聯合，因而大多國力不盛，軟弱怯懦，不得不向以前的後周和剛剛建立的宋王朝表示名義上的臣服或通好。

　　在這種形勢下，擺在趙匡胤面前有兩條路：一是乘南方諸國名義上表示臣服的時機，繼續周世宗的政策，進行北伐，收復為遼所佔領的燕雲16州領土，割斷遼與北漢的聯繫，進而消滅北漢這一公開的敵對勢力，然後統一南方諸國；另一條道路則是南征，在完全征服了南方8個割據勢力以後，再伐北漢，攻取燕雲16州，將契丹趕回長城以北。經過君臣之間的反覆爭論，宋太祖集思廣益，最後終於在西元962年確立了「先南後北」的統一方針。

　　自西元962年9月首次對外用兵起，至西元965年正月，短短不到3年的時間，宋太祖就平定了南平、荊南、湖南、後蜀4個割據政權，統一了南方大片領土。西元970年9月，宋太祖決定攻取南漢，繼續實施「先南後北」的統一方略。

　　南漢以廣州為中心，割據嶺南兩廣地區達60年之久。北宋平定後蜀後，潘美等宋將就曾攻取了南漢的郴州，形成了良好的進攻態勢。這一年，潘美等接到宋太祖滅亡南漢的指示後，很快就攻陷了賀州，隨之連克昭、杜、連、韶4州，大敗南漢軍10餘萬於蓮花峰下。至次年2月，即攻克廣州，南漢滅亡。

　　南漢滅亡之後，南方剩下的最後3個割據政權個個自危，震恐異常。勢力最強大的南唐皇帝李煜這時也不得不主動要求取消國號，放棄皇帝的稱號，改稱「江南國主」。另外兩個割據政權吳越和漳泉早就上表稱臣，接受宋朝

的官職。

　　經過3年的準備，西元974年10月，宋太祖令曹彬為統帥、潘美為都監，率水、步、騎兵在採石一線強行渡江，進圍金陵；同時令吳越國主錢俶統率吳越軍5萬，由宋將丁德裕監軍，從東面攻取長州，然後會師金陵；令王明為西路軍，向武昌方向進擊，牽制屯駐在江西的南唐軍隊，使其無法東下援救金陵。

　　11月中旬，宋軍依照樊若冰的圖示在採石用預先造好的戰艦架設浮橋獲得成功，其主力部隊通過浮橋，順利跨過了長江天險，大敗南唐水陸兵10餘萬於秦淮，直逼金陵城下。與此同時，錢俶率兵攻克了長州、江陰、潤州，形成了對金陵的外線包圍，金陵成了一座孤城。11月27日，在李煜仍不投降的情況下，宋軍發起總攻，金陵城破，李煜做了俘虜。

　　滅南唐是宋太祖統一南方的最後一仗，也是當時最大的一次江河作戰。這次戰爭中的「浮橋渡江」、「圍城打援」，是宋太祖戰略部署中的得意之舉，也是古代戰爭史上的創舉。

　　西元976年，宋太祖死去。宋太宗趙光義按照宋太祖的既定方針，繼續對吳越和漳泉施加壓力，終於不動一兵一卒，迫使錢俶和陳洪納表獻土，以兩浙和福建地區的15州1軍100縣歸降北宋。南方至此完全統一。在此基礎上，宋太宗一鼓作氣，滅掉了北漢，延續了數十年之久的分裂割據局面終於結束了。除了遼所控制的燕雲16州外，漢族所聚居的中原地區和南方的廣大區域重新獲得了統一。這時，離宋太祖逝世僅3年。

☙ 減輕徭役　獎勵農耕 ☙

　　建國之初，由於戰爭需要，宋太祖曾大力徵役人民，百姓負擔很重。當政局逐漸穩定之後，宋太祖實行了寬減徭役的政策，以便農民休養生息，發展生產。

　　西元961年，他明令免除各道州府徵用平民充當急遞鋪遞夫的勞役，改用

軍卒擔任。第二年，又免除徵民搬運戍軍衣物的勞役。若州縣不遵令行，百姓可以檢舉。宋太祖減輕徭役，主要是指那些官吏可以從中私取其利的勞役，還有些是兵役，如他一再減少各縣的弓手名額。政府徵用的勞役，主要是用來發展生產，特別是修河。宋太祖自己說：「朕即位以來，平常沒有別的差役，只有春初修河徵用勞役，那也是為人民防患。」在平息藩鎮、統一南方的戰爭中，宋太祖每攻下一個地方，除收編一部分精兵外，其餘軍士一律遣散返鄉，派人幫他們修蓋房屋，發給耕牛、種子、糧食，鼓勵他們積極生產、認真耕作。這樣，大批的人力從繁重的徭役中解放出來，進行農業生產，對於宋初社會經濟的恢復起到了很好的推動作用。

五代時期，連年戰亂，田地荒蕪比較嚴重。為了刺激農民墾荒，宋太祖下令，凡是新墾土地一律不徵稅，凡是墾荒成績突出的州縣官吏給予獎勵，管轄區內田疇荒蕪面積超過一定畝數的，要給予處罰。

桑、棗、榆等樹是古代主要的經濟作物，桑對蠶絲業的發展關係密切，棗、榆可幫助人們度過凶荒之年。因此，宋太祖明令嚴禁砍伐：凡剝三工以上，為首者處死，從犯流三千里，不滿三工，為首者減死配役，從犯徒三年。」（宋時412尺為一「工」，如毀樹長度共達412尺，即為一工。）可見政府對濫伐樹木者懲治之嚴。

除此之外，太祖還鼓勵農民種植桑棗，曾發佈種樹令：每縣將農民定為五等，第一等種雜樹100棵，第二等種80棵，依次遞減。如果是種植桑棗，只要達到半數，即可完成任務。由於鼓勵種植桑樹，使蠶絲業發展較快。北宋時的紡織業中仍以絲織業最為發達，工藝水準也達到相當的高度，如定州刻絲用各色絲線，織出鮮豔美麗的花草鳥獸，堪稱絲織珍品。

在宋初實行的農業政策中，水利建設被放在非常重要的位置。因為水利除了灌溉、運輸之外，對於防止洪害、穩定社會的意義也非常重大。出於使皇權長治久安的需要，宋太祖對有關國計民生有重要影響的黃河下了很大的力量治理。黃河的問題主要是水患，五代時期，黃河決堤、改道，淹沒村莊農田，宋初也不斷有水災出現。太祖在西元962年，令黃河沿岸修堤築壩，

並大量種樹，以做防洪時用。如建隆三年（西元965年）太祖詔曰：「沿黃、汴河州縣長吏，每歲首令地分兵種榆柳，以壯堤防。」每年的正月、二月、三月，為黃河堤壩例修期，宋太祖下令嚴格巡察，防患於未然。因此，素以黃害著稱的黃河在太祖在位的17年中，只有十幾次潰決的記載，並且都沒出現嚴重的災害。除了黃河之外，宋太祖對運河、汴河、蔡河等主要河流，也做了不少修整。這對於農業經濟的穩定、商業經濟的流通來說，具有重要作用。

◎ 重振儒學　文化統治 ◎

　　國家的統一、社會的穩定，除了需要在軍事、政治、經濟等方面採取一定的措施之外，思想文化方面的統治，也是非常重要的內容。秦始皇的「焚書坑儒」、漢武帝的「罷黜百家，獨尊儒術」、魏孝文帝的宣導佛教、唐玄宗的尊崇「老子之術」　無一不是為了加強思想文化方面的統治。宋太祖趙匡胤吸取先代的統治經驗，也採取了相應的措施統治百姓。

　　宋太祖登基之後下令制止符命迷信，反對元象圖讖。因為這一類的胡談，可能會教唆出一些圖謀不軌的野心家來，趙匡胤自己就是這樣發跡的。他曾流浪於市井，賭博鬥毆，無所事事。一次趙匡胤進了一個廟宇，碰見香案上有占卜吉凶命運的竹茭，他一邊禱告，一邊拋擲竹茭，第一次問的是可否當個小校，可連問幾次，終是不吉；又問可否當個節度使，仍是不吉；他有些氣憤，壯著膽子問能否當個天子，不料竹茭一下現出吉兆。從此，他在心中立下了要當皇帝的宏願，現在他果真當了皇帝，心想天下難保不會有像他當年一樣的人。因此，宋太祖在即位之後，嚴令禁止讖書、符命之談。他頒佈詔令：「禁元象器物、天文圖讖、七曜曆、太一、雷公、六壬、遁甲等。不得藏私於家，有者並送官。」如有違者，處以極刑。曾做過通事舍人的宋惟忠，就因「私習天文，妖言利害」被殺了頭。為了制止這一類東西在民間流行，宋太祖命人大量收購舊的圖讖，組織一幫人將內容故意刪亂顛

倒，胡亂摻雜，抄寫了約100本偽本，流放於民間，因此引起民間偽本流行，難辨真假，從而達到破壞人們信仰的目的。

宋太祖的另一文化統治策略是重振儒學，恢復綱常名教。五代時期天下混亂，君臣之道破廢，父子之道不講。因此，在統一天下的過程中，宋太祖又開始極力提倡儒學，用等級名分的封建綱常來統治臣民。他命人在國子監和祠宇內，修飾「先賢十哲」，繪畫「先賢」、「先儒」肖像，讓學子後人頂禮膜拜，他還親自為孔子、顏回做像贊。他教育大臣說：「今之武臣，亦當使其讀書，欲其知為治之道也。」意思就是要武將克服驕悍之氣，學會以文雅治天下。同時，由於佛教可以使百姓忍受現實生活中的痛苦，以求死後進入「極樂世界」享受幸福，宋太祖一改周世宗反佛的政策，開始提倡佛教。他親自到京城中的佛寺，如大相國寺、開寶寺中禮佛，以示尊崇。於是，天下信佛者日漸繁盛，僧尼人數大大增多。

宋太祖趙匡胤是一位十分高明的封建帝王。他結束了從唐中葉就已開始的200多年的分裂局面，穩定了大宋王朝的政局。他所創造的許多政治策略，對大宋王朝的昌盛與發展，起了十分重要的作用。特別是他從制度上防止天下混亂，促進華夏民族的統一，扭轉武臣亂政，提倡安民為本，在中國封建社會的帝王史冊上留下了不可磨滅的一頁。

但是，他的這些策略也有很大的弊端，他的一系列集權的軍政措施，加強了皇權，削弱了軍隊；政府官僚化，導致了北宋積貧積弱；兵權過於集中，將不知兵，兵不認將，削弱了軍隊的戰鬥力；官僚機構重疊，互相牽制，辦事效率極低。他的後人只會效仿而不懂得變通，最終導致國破家亡，徽、欽二帝被擄做了亡國奴。

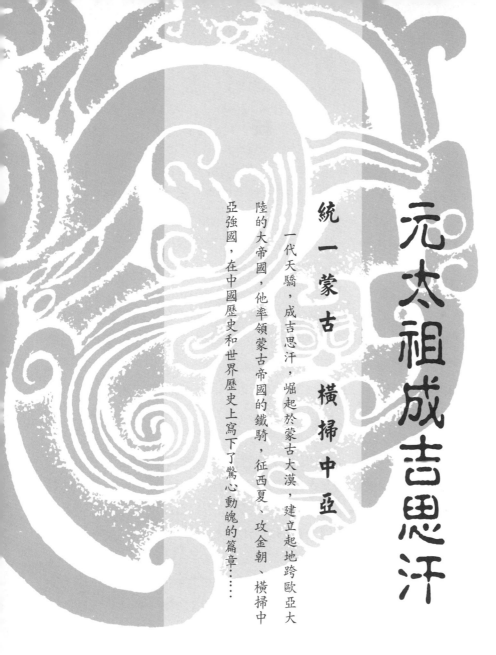

元太祖成吉思汗

統一蒙古　橫掃中亞

一代天驕，成吉思汗，崛起於蒙古大漠，建立起地跨歐亞大陸的大帝國，他率領蒙古帝國的鐵騎，征西夏、攻金朝、橫掃中亞強國，在中國歷史和世界歷史上寫下了驚心動魄的篇章……

奮勇圖強　統一蒙古

　　12世紀的蒙古大草原上，分佈著大約一百多個大小不等的部落。他們之間為了爭奪牧地和牲畜，獲得蒙古草原的霸主地位，相互之間展開了長期的血腥屠殺。

　　在這衆多的部落中，有一個蒙古族部落。在蒙古族部落中，又分為若干部，其中有一個叫孛兒只斤部，部中有兩個強大的氏族乞顏氏族和泰赤烏氏族。成吉思汗就是乞顏氏族首領也速該的兒子。

　　西元1162年1月1日，成吉思汗出生於迭里溫孛勒答合（今蒙古國肯特省達達勒縣境內）。成吉思汗出生那天，他的父親也速該正好生擒了兩名塔塔爾部人，其中一將領名鐵木真，遂以其為成吉思汗命名，藉以紀念這一勝利。其父也速該作為一氏之長，經常帶領氏族成員四處征戰，搶奪其他部落的財物。有一次，也速該誤入了仇人塔塔爾的部落，吃下了有毒的食物，被毒死了。當時鐵木真才9歲。

　　也速該死後，他手下的一些部屬，紛紛脫離了其統治。其他一些部落也想趁機吞併乞顏氏族，特別是泰赤烏氏族，搶走他們的全部牲畜，拉走他們的奴僕，不斷欺壓他們，鐵木真的家境完全破敗了。母親訶額侖只好帶著一群未成年的子女，移居到鄂嫩河上游的肯特山旁，靠打野獸、拾果子、挖野菜度日。

　　在艱苦的生活中長大的鐵木真，擁有一副強壯的身體。而且艱險重重的生活，使他有一種堅強不屈的性格和一個遇事機敏的頭腦。泰赤烏氏族的首領擔心乞顏氏族會重新興盛起來，威脅自己的地位，視鐵木真為後患。他們抓獲了鐵木真，將他帶上木枷，送到泰赤烏部的老營，逐營巡走示衆，使鐵木真受盡了侮辱。可是在夜晚，鐵木真用木枷擊倒看守，機敏地逃跑了。

　　長大後的鐵木真，為了恢復乞顏氏族高貴的地位，他開始謀劃、進行了一系列的活動。他認識到，要對付泰赤烏氏族的壓迫，單靠自己的力量是不行的，必須聯合一些強大的勢力作為庇護。於是，鐵木真前往弘吉剌部落

迎娶童年時訂婚的妻子孛兒帖，從而加強了與弘吉剌部落的聯繫。弘吉剌部落贈送了鐵木真不少的禮物，其中有一件非常珍貴的黑貂裘。鐵木真又把這件黑貂裘作為禮物，前往土兀剌河黑林的地方，去拜見克烈部的首領脫斡里勒。克烈部落是漠北草原足以和塔塔爾部、泰赤烏部相抗衡的強大部落。首領脫斡里勒是鐵木真父親的「義兄弟」，鐵木真尊奉脫斡里勒為父。經過一番寒暄，鐵木真終於博得脫斡里勒的歡心。在脫斡里勒的蔭庇下，鐵木真開始積聚力量，他先後收下了折里表，後又有很多自由的騎士、勇敢善戰的勇士接踵而來。

一次，篾爾乞人突然襲擊了鐵木真的部落，鐵木真倉促逃跑。而他的妻子孛兒帖不幸被篾爾乞人俘虜去了，他不得不去求脫斡里勒和紮答剌部的札木合的幫助。札木合是鐵木真兒時的夥伴，他們很快擊潰了篾爾乞人，奪回了妻子和被掠的家人。西元1185年鐵木真率兵消滅了篾爾乞部落，因此聲名大振，不少當時乞顏氏族的舊屬民，又紛紛重新投靠於他，連一些原先有名望的貴族也向鐵木真靠近。鐵木真的力量逐漸強大起來。

西元1189年，28歲的鐵木真被乞顏部落的貴族推舉為首領，成立了部落聯盟。鐵木真清醒地意識到，參加聯盟的各部貴族，都是為了自己的利益才聯合到一起的，沒有統一的制度，難以形成一個強大的勢力。被推舉為首領後，鐵木真就立即建立起一套鞏固自己統治地位的制度。首先，成立了專門保衛他的侍衛隊，然後設立了帶弓箭的、管牧羊的、管修造車輛的、管人的、帶刀的、掌馭馬的、管牧馬群的、負責守護部落的機構。這些機構的負責人，都出身於奴隸或屬民，是鐵木真的心腹，在關鍵時刻可以為鐵木真獻出生命。鐵木真也非常注意用思想統治部落，他在部落中運用各種機會，大力讚揚將士們征戰、殺掠的行為，使全部落都把這些行為看成是最受人尊敬的美德。通過這些措施，鐵木真造就了一支最精銳的快速鐵騎，擁有一批英勇善戰的將帥和指揮官。

鐵木真的勢力逐漸強大，使原先的好友札木合感受到了危險，他不能容忍這個新出現的強大勢力，伺機要剷除鐵木真這個可怕的對手。恰好札木合

的弟弟岱察爾因為劫掠鐵木真部下的馬群而被射死，於是札木合以此為藉口發動了十三翼之戰。札木合糾集了泰赤烏氏族等13個部落共3萬人，向鐵木真發起進攻。鐵木真也將自己部落的3萬人組成13個翼迎戰。雙方在答蘭巴勒主惕擺開陣勢，展開了激戰，史稱「十三翼之戰」。結果鐵木真大敗，被迫退到鄂嫩河上游的狹地中去了。

但是，札木合在勝利後顯得過於殘忍，他命令用70口大鍋烹煮戰俘。這種野蠻的暴行激起了同盟者的不滿，加上他不善治軍，內部各部落首領不合，不少人反而前去投奔鐵木真。鐵木真雖然失敗了，可並沒傷元氣，他在失敗後更加注意收攏民心。在一次圍獵中，他故意將快要到手的野獸驅入泰赤烏部屬照烈氏的獵場，讓他們多獲。照烈氏首領本來就不滿意泰赤烏貴族的欺凌，見鐵木真如此仁義，便率部投奔了鐵木真。沒有多長時間，鐵木真的力量又壯大起來了。

十三翼戰役之後不久，金朝接連發動了對塔塔爾部落的戰爭。塔塔爾部落原先依附於金朝攻打別的部落，但是在金兵進攻呼倫貝爾地區時，塔塔爾人趁機攔奪金兵的羊馬，因而同金朝發生衝突。西元1196年，金朝派兵攻打塔塔爾部，鐵木真為報世仇，抓住這個有利時機，立即出兵幫助金朝攻打塔塔爾部。結果塔塔爾部大敗而逃，鐵木真借機捕殺其首領，掠走其車馬糧餉，並聲稱是「為父祖報仇」。這次戰爭使塔塔爾部從此一蹶不振。鐵木真不僅獲取了大量的物資，贏得了好名聲，更重要的是同金朝結成了聯盟，並接受金朝皇帝授予的「諸部統領」的官職。金朝的封賞大大提高了鐵木真的政治權力，從此，他就利用朝廷命官的身份，號令蒙古部落和統轄其他貴族了。

鐵木真的不斷壯大，使他的敵人聯合起來一起對抗他。西元1201年，塔塔爾、泰赤烏、合營斤等11個部落聯合起來，共推札木合為王，立誓要消滅鐵木真。鐵木真得知消息後，同克烈部首領、父親的「義兄弟」脫斡里勒聯合起來，共同迎擊強敵。最後鐵木真終於打敗了札木合，隨之又橫掃了塔塔爾部落，佔據了水草豐美的呼倫貝爾草原。從此，鐵木真的部落同蒙古草原

中部的克烈部、西部的乃蠻部，成為鼎足而立的三股力量。

　　隨著共同敵人的不斷消滅，鐵木真與脫斡里勒的關係變得緊張起來。西元1203年，克烈部企圖吞掉鐵木真的勢力，剷除鐵木真對自己的威脅。克烈部首領脫斡里勒本是鐵木真尊奉的「罕父」，但為了爭奪霸主地位，他們終於反目成仇。先是脫斡里勒假意宴請鐵木真，想借機殺掉他，不料走漏消息，雙方在合蘭真沙陀進行了一場血戰。由於脫斡里勒得到札木合的支持，鐵木真全軍潰敗。

　　不久，鐵木真又收攏殘部，假意同克烈部求和，並願意歸順脫斡里勒。脫斡里勒信以為真，沒有提防，誰知鐵木真在夜間突然襲擊了克烈部。經過三天三夜的激戰，鐵木真終於擊敗了克烈部，脫斡里勒逃入乃蠻部界內，被乃蠻部所殺。從此，整個漠北草原，只有乃蠻部落可以同鐵木真相抗衡。

　　乃蠻部是蒙古草原西部的霸主，實力非常強大。克烈部的覆滅震驚了乃蠻統治者，自恃強大的乃蠻部首領太陽罕決定出兵討伐鐵木真。然而，乃蠻部落內部並不團結，兄弟各據一方，軍紀鬆弛，部將各有各的打算。西元1204年4月，鐵木真重整軍隊，率軍迎戰太陽罕。雙方在納忽山展開激戰，結果太陽罕受了重傷，率部突圍時大部分將士從山崖上掉下摔死，剩餘部下人馬相踏，死傷慘重，太陽罕也因傷重不治而死去。鐵木真乘機征服了乃蠻的部眾。

　　鐵木真經過一系列的謀劃、征戰，於西元1205年終於剷除了草原上最後一個霸主，使西起阿爾泰山、東至興安嶺的整個漠北草原上的各部落，幾乎全都成了鐵木真家族的部屬。

∼ 建立帝國　制定政策 ∼

　　西元1206年的春天，45歲的鐵木真在斡難（今蒙古鄂嫩河）河源頭，召集全體將領、貴族和其他部落的首領莊嚴宣佈建立「大蒙古國」，鐵木真被推選為成吉思汗，「成吉思」的意思是「海洋」，象徵著鐵木真具有像海洋

那樣廣闊無比的權力。由於蒙古尚「九」尚「白」，便以九游白旗作為大蒙古國的標誌。

建立帝國之後，成吉思汗建立了一套比較完整的統治機構，這套機構具有草原游牧民族的特點。

成吉思汗在他統治的領域內推行千戶、百戶、十戶的制度。他把全蒙古的百姓劃分為95個千戶，分封各個開國功臣做千戶那顏，分別進行統治。那顏都有指定的地盤，供他們游牧、生活。千戶之下又設百戶，百戶之下又設十戶，都有相應的官吏統治。由下至上，層層隸屬。千戶那顏和百戶那顏都有權力在自己管轄的地區內徵派徭役，凡15歲至70歲的男子都要服兵役，要隨時聽候調遣，戰時自備馬匹、兵器，由各自千戶那顏、百戶那顏率領出征。為了防止百姓逃跑或千戶之間為爭牧地而發生爭執，成吉思汗規定，每個千戶的領地都不得隨意擴大，相互之間必須嚴格遵守界限，違者嚴懲。各個千戶的百姓，也不許離開自己所屬的千戶、百戶或十戶，否則，要受到嚴厲懲罰。成吉思汗這樣做，是為了做好戶籍管理，抑制草原牧民游散的特性，便於治理。

千戶之上還有萬戶。成吉思汗任命親信大臣木華黎為左軍萬戶，管轄蒙古東部直到大興安嶺廣大地區的各個千戶。博爾術為右軍萬戶，管轄蒙古西部直到阿爾泰山地區的各個千戶。納牙阿為中軍萬戶，統領全部護衛軍。萬戶、千戶、百戶等各個等級之長，都是世襲的，但如果不稱職或不忠於成吉思汗，將會被撤銷職務並受到嚴厲懲罰。他們是大蒙古國帝王的臣僕，同時又是高踞於普通牧民頭上的統治階級。成吉思汗就是通過這一套機構，使大批原來的部落人口被分編在不同的千戶中，許多部落的界限從而泯滅，開始形成共同的蒙古族。

為確保至高無上的汗權，成吉思汗建立了一支強大的由大汗直接控制的常備護衛軍，總人數為1萬名。其主要責任是保護大汗的金帳和分管大汗委派的各種事務，同時也是大汗親自統領的作戰部隊。護衛軍的成員大都在貴族子弟中挑選，如萬戶那顏、千戶那顏、百戶那顏的兒子；也有一小部分來自

「白身人」。這些人都身體強健，軍事技術高超，所需費用在原來的千戶內徵取。

每一萬名護衛軍被分為三部分：宿衛1000人，箭筒士1000人，散班8 000人。散班和箭筒士負責白天的護衛，分四班，三日一輪換。宿衛負責夜裡的護衛。護衛軍的責任重大，地位非常高，享有一定的特權。成吉思汗規定：「我的護衛地位高於在外的千戶，我的護衛的伴當，高於在外的百戶那顏、十戶那顏。在外的千戶那顏和我的護衛相互鬥毆，罪罰千戶那顏！」護衛軍成員即使已經離開原籍，但對本戶仍舊享有繼承權。這些護衛軍平時守衛，戰時隨成吉思汗出征打仗。成吉思汗把護衛軍當成整個大蒙古國軍事力量的核心，是自己對外征戰時最精銳、最可靠的中軍。由於這些兵士又都是各百戶、千戶、萬戶長的子孫，成吉思汗把他們控制在自己身邊，同時也是為防止各戶官長的不軌行為。

在行政方面，成吉思汗設置總斷事官，即相當於中原的丞相，負責分配人口戶數、審理盜賊、詐偽之事。大蒙古國建立以後，總斷事官把成吉思汗的命令、規定編制成習慣法，成為全體社會成員必須遵守的法律條文。

「別乞」與蒙古文是成吉思汗對廣大牧民進行精神、思想方面統治的主要手段。蒙古人當時普遍信仰一種原始巫教薩滿教，他們相信巫師能夠和上天通話交談，傳達上天的意旨。大蒙古國建立以後，為了能使自己的統治思想通過「長生的天」的名義去制服天下各部首領和人民，成吉思汗在建國大會上，又任命兀孫老人為「別乞」，主管薩滿教事務。他規定：擔任別乞的人，穿白袍、騎白馬，坐在眾人的上面，選擇吉日良辰，發表具有重大意義的議論，全體臣民都應該尊敬他，他的話具有天的威力。

蒙古人原來沒有文字，調發兵馬時靠結草為記或刻木記事。西元1204年，成吉思汗消滅乃蠻部落時，俘虜了為乃蠻可汗掌管印章的畏吾兒人塔塔統阿，成吉思汗問他掌管的印章有什麼用處，塔塔統阿告訴他：「凡是出納錢穀、委任官長，一切號令的發佈，都要用它作為憑據。」乃蠻可汗的印章是用古畏吾兒字刻的，成吉思汗就命令塔塔統阿用畏吾兒文的字母來拼寫蒙

古語，創造了蒙古文。全蒙古貴族的子弟都要向他學習蒙古文。蒙古文創造出來之後，成吉思汗就用它來發佈命令、登記戶口、記錄所辦的案件和編集法令。在他的護衛軍中，專門設有書記一職，掌管文書，這就進一步加強了國家機器的職能。

千戶制、護衛軍、總斷事官和別乞、蒙古文的使用，構成了大蒙古國國家機器的基本內容。在蒙古國這些政權機構的建設過程中，成吉思汗表現出非凡的組織才能和政治謀略。這套國家機器的創立，標誌著蒙古高原的諸部落從野蠻的、分散的社會，進入了文明的、統一的游牧封建社會，在遼闊的蒙古草原上，不同語言、種族、文化、風俗習慣的諸部落，開始結合為一個共同體。一個以蒙古為名稱的、強大的、新的民族，在成吉思汗所建立的政權和領導下，開始出現在歷史舞台上，並從此對中國和世界的歷史產生重大影響。

☁ 征服西夏　逼和金朝 ☁

蒙古國成立之後，征服鄰國成了成吉思汗的主要目標。在這種欲望的驅使下，他差不多把全部的精力都投入到接連不斷的對外征服的戰爭中。蒙古國的疆界跟在他強勁的鐵騎後邊，不斷地向外擴展著。

當時蒙古國的主要兩大鄰國是西夏和金朝，它們成為成吉思汗首要征服的對象。

西夏是由黨項族建立的政權。西元1038年，黨項族首領李元昊稱帝，建國號為夏，以興慶府為國都。到成吉思汗建國時，西夏已有200年的歷史。西夏的主要領地在今天的寧夏、甘肅和陝西的西北部一帶，那裡土地肥沃，物產豐富。

金朝和西夏同在蒙古國的南邊。金朝當時無論從政治、經濟、軍事等方面，都要比西夏強大得多，而且西夏還在向金朝納貢稱臣。如果先攻取金朝，西夏很可能在金朝的指使下，從西側攻擊蒙古軍，對成吉思汗造成掎角

之勢的威脅。從蒙軍自身來說，他們最擅長於在開闊的原野山地乘馬鏖戰，如果先攻金朝，蒙軍進入人口稠密的農耕定居地區，攻擊設防堅固的城堡壁壘，取勝的把握不大。因此，成吉思汗經過再三考慮，決定還是先易後難，首征西夏。

西元1207年秋天，成吉思汗藉口西夏不願向其納貢稱臣，率兵直取西夏。蒙古軍很快佔領了兀剌海城，駐營以後，縱兵四出，劫掠大批人口和駱駝、羊馬，然後固守營地，沒有輕易向深處推進。五個月之後，成吉思汗又率兵撤回蒙古高原。這麼做的目的，是為大規模的攻夏戰爭收集情報，熟悉地理環境。經過兩年的籌畫，西元1209年春天，成吉思汗才真正開始對西夏發動大規模進攻，首取目標仍是兀剌海城。佔領兀剌海城後，蒙古軍又長驅直入河西地區，直搗夏都中興府。西夏帝李安全忙命嵬名令公率兵5萬迎戰。嵬名令公在賀蘭山險隘克夷門設防，試圖扼制蒙古軍的進攻。成吉思汗用計引誘嵬名令公進入伏擊圈，將他擒住，遂破克夷門，圍逼中興府。

蒙古軍兵臨都城，西夏皇帝李安全親督全城將士誓死守城。在堅固的城防面前，蒙古軍久攻而未能成功。無奈之下，成吉思汗卜令挖河築堤，引黃河水灌城，中興府四周一片汪洋。而李安全則派使臣突圍出城，向金朝求援，金朝皇帝竟拒絕救援。一直到12月，河堤突然潰裂，洪水倒淹蒙古軍大營，西夏才轉危為安。

這時，成吉思汗看到自己消耗太大，遂採取緩兵之計。他派西夏降將進城勸降。李安全答應蒙古的條件，將公主嫁給成吉思汗，並向蒙古納貢稱臣，成吉思汗這才帶兵返回蒙古草原。這次戰爭雖然沒有攻取西夏，但大大削弱了西夏的力量，特別是加深了西夏與金朝之間的矛盾，分裂了金夏聯盟，使他可以放手進攻金朝。

金朝是女真族首領完顏阿骨打在西元1115年建立的，都城會寧府。後來金朝勢力逐漸壯大，西元1125年滅遼，兩年後又滅掉北宋王朝，宋徽宗第九子趙構逃往杭州，建立南宋王朝。金朝遂在中原立國。金朝的強大，成吉思汗是早就知道的。當年，成吉思汗幫助金朝攻打塔塔爾部時，曾以金朝授予

自己的官職為榮。但現在，金朝已度過了自己的鼎盛時期，國勢日漸衰落，朝政混亂，君臣之間各懷疑慮，朝臣勾心鬥角，軍隊長期不耕不戰，士氣低落且欺凌百姓，國內各種矛盾異常尖銳。成吉思汗在征服西夏之後，開始了對金朝的攻取。

金朝長期以來為了防止北部蒙古各部強盛起來，曾實行「減丁」政策，即每隔三年派兵北上剿殺人口，並挑撥蒙古各部之間的關係，使之互相殘殺。所以，成吉思汗攻打金朝，帶有反抗民族壓迫的正義性。西元1211年春天，他在親率大軍進攻金朝時，舉眾誓師，對天祈禱道：「長生的蒼天啊，金朝皇帝辱殺了我們的祖先和人民。現在我們要去復仇，請你助我一臂之力，並讓已經死去的先祖來幫助我吧！」為祖先報仇雪恨，大大激發了蒙古鐵騎將士攻打金朝的鬥志。2月，蒙古軍越過大漠。3月，抵汪古部地域，暫先休養兵馬，偵探軍情。7月，蒙古軍隊以閃電戰術突破金朝用來防禦草原游牧民進攻的邊牆，在野狐嶺大敗金兵，金兵死傷無數。成吉思汗率軍乘勝追擊，大殺潰兵，金朝的精銳部隊，大約一半喪生於這次戰鬥。成吉思汗率軍又追至金朝中都（今北京），金兵利用城防堅守，蒙古軍久攻不下。

西元1212年，成吉思汗移軍進攻金朝西京（今山西大同）。成吉思汗在指揮攻城時不幸被流矢擊中，只好率兵退向陰山一帶休整。

西元1213年，成吉思汗又集結軍隊，再次由野狐嶺入長城，在懷來與金兵決戰，結果金兵大敗。這一仗，金朝精銳部隊幾乎全被蒙軍消滅。隨即，蒙軍直逼軍事要衝居庸關。

居庸關素為兵家必爭之地，金兵在居庸關外布鐵蒺藜百餘里，用鐵水澆灌凝固住居庸關大門，置重兵把守，真可謂「固若金湯」。而成吉思汗避實就虛，留部將與金兵對壘，自帶輕騎，夜循小道偷襲紫荊關，一舉成功。然後分兵三路，攻取金朝山西、山東、河北和遼東的許多州縣。西元1214年春，蒙軍的三路大軍集結於中都附近。成吉思汗深知中都城牆堅實，不易攻取，便有意以強兵作威懾，逼金求和。這時的金朝，剛剛發生過權臣胡沙虎弒君另立的宮廷政變，面對強大的蒙古鐵騎嚇得不知所措，金宣宗只好獻出

公主，加上大批金帛、童男童女、駿馬等物，向蒙古軍求和，由丞相恭送成吉思汗出關。

西元1214年5月，金宣宗不顧眾朝臣的反對，遷都南京（今河南開封）。西元1215年5月，成吉思汗率兵南下，包圍中都，經過一番激戰，救援的金軍被擊潰，金軍主帥棄城而逃，城中軍民投降，蒙古軍終於佔領了這座華北平原上的名城。

～ぷ 鐵騎遠征 橫掃中亞 ぷ～

西元1217年，成吉思汗準備集中力量西征，繼續擴大領土，便把對金朝戰爭的指揮權全權交給左軍萬戶木華黎，封他為太師國王，並明確告訴他軍事、行政可以自己酌情處理。隨後，他整頓軍隊，準備全力西征。

在蒙古國的西邊，還存在著一個古老的民族畏吾兒，它的西邊還有西遼王朝。西遼王朝統治著河中一帶，首都是虎思斡爾多，它曾一度是中亞地區最強大的國家。畏吾兒也在它的控制之內。成吉思汗看重畏吾兒的文化，便採取拉攏、收買的辦法，佔領了畏吾兒地區，打開了通往西域的交通要道。成吉思汗通過畏吾兒人，進一步瞭解了西方的情況。隨之，在西元1218年，成吉思汗親率數萬精銳鐵騎，一舉攻滅了西遼王朝。從此蒙古版圖開始同中亞另一個更強大的國家花剌子模接壤。

花剌子模是位於阿姆河下游、威海南岸的一個文明古國，當時正處於鼎盛時期。成吉思汗征服金國時，西元1215年底，花剌子模國王摩訶末為了探聽蒙古國虛實，便派以巴哈丁剌只為首的使團帶著錦緞、布匹，來見成吉思汗。成吉思汗熱情地接待了使團，為了表示自己的誠意，成吉思汗用高價買下使團帶來的禮物，同時又派出一隊蒙古使團，回訪花剌子模，並帶了很多珍貴的禮品。不料蒙古使團行至訛答剌城，被花剌子模駐守將領劫獲，經國王同意，沒收全部禮品，除留一個人跑回蒙古送信外，其他使團成員全部被殺。成吉思汗聞訊大怒，三天三夜滴水未進，哭著對天起誓，必報此仇。西

元1219年，成吉思汗集結了十多萬精銳軍隊，開始向花剌子模大舉進攻。

花剌子模國力雖然強大，但遇到驍勇善戰的成吉思汗和他率領的部隊便不知所措。為了試探敵軍，成吉思汗或派游騎四出，或登高瞭望，或搜捕居民瞭解情況。在掌握了地勢、道路、糧草的情況之後，蒙軍再駐營紮壘。交戰時，他先派騎兵衝擊敵陣，敵方鬆動後則長驅直入；如前隊衝擊不利，則中隊、後隊接踵而來，輪番連續衝擊，直到把敵軍衝垮為止。然後成吉思汗又指揮蒙軍從四面八方包圍過來，殲滅敵人。有時蒙軍進攻時用牛馬攪敵，弓箭手開路，退兵時用土撒、拖木，使塵土沖天，阻止敵人追擊。攻城時常用火炮發射、挖掘地道、或用引水灌城等戰術。在強大無比的蒙古軍面前，花剌子模的軍事重鎮撒馬耳干、不花剌、玉龍傑赤等城池接連丟失，國王最後被迫逃到黑海的一個小島上，不久病死。花剌子模國王的兒子札蘭丁繼續組織殘餘力量抵抗，並屯兵於八魯灣。成吉思汗派兵圍剿，最後，蒙軍在中河邊大敗札蘭丁，札蘭丁逃入印度境內。從西元1219年到西元1222年，成吉思汗率領蒙古鐵騎，在中亞、波斯的廣大地區到處馳騁，給花剌子模國王以毀滅性的打擊。西元1222年，蒙軍佔領整個花剌子模和中亞。在進攻花剌子模的同時，成吉思汗又派哲別、速不台等北越太多和嶺（高加索嶺），進入東歐斡羅思（俄羅斯境內），西元1223年殲滅南俄聯軍8萬人於迦勒迦河（喀爾科河）畔（烏克蘭境內）。不久，成吉思汗班師東歸。

成吉思汗的西征，同時也打開了東西方交通的道路。從這時候起，中國各族人民不斷進入中亞、波斯等地，中亞、波斯、欽察、阿拉伯以至歐洲的人民，也不斷來到中國，這樣，東方人和西方人在蒙軍鐵騎的後面相互溝通，彼此加強了聯繫。

⌇ 分封領地　安定邊疆 ⌇

為了鞏固統治，成吉思汗把佔領地區作為「兀露絲」（汗國封建領地），分封給他的三個兒子。

成吉思汗將欽察、花剌子模及康里國故地封給長子朮赤，今鹹海以西、裏海以北之地皆屬之。朮赤比成吉思汗早死，這一封地歸於其子拔都。

將西遼及畏吾兒故地封給次子察合台，東起阿爾泰山、西至阿姆河，包括新疆天山南北路等地，後來稱為察合台汗國。

將乃蠻故地封給三子窩闊台，今鄂畢河上游以西至巴爾喀什湖以東一帶均屬之，後來被稱為窩闊台汗國。

依照蒙古慣例，在成吉思汗死後，幼子拖雷獲得其父的直接領地，即斡難河及客魯連河流域一帶蒙古本部地方。

西元1234年蒙古軍隊與南宋軍隊圍攻金，金末代皇帝完顏守緒自殺，金國滅亡。西元1235年窩闊台在和林召開忽里勒台（大會議），決議遠征歐洲。當時成吉思汗除了在經濟上希圖掠奪外，也希望通過西征來緩和內部權力之爭的矛盾。第二次西征的統帥是成吉思汗的孫子、朮赤之子拔都。

在西元1236年至西元1241年間，拔都統帥蒙古軍渡過札牙黑河（烏拉爾河），在亦的勒河（伏爾加河）中游擊潰不里阿耳部（保加利亞）。然後蒙古軍隊繼續西進，佔領了欽察以及從寬田吉思海、亞速海直到斡羅思東南的廣大領土，又分兵進入孛烈兒（波蘭）和馬札兒（匈牙利）等地。在今捷克一帶遇到頑強的抵抗，拔都西進受阻。

西元1242年4月，窩闊台汗去世，蒙古大軍便乘機回師。拔都則領本部留在欽察草原，建立了欽察汗國。《俄羅斯編年史》稱欽察汗國為金帳汗國，這個名稱在文獻裡一直沿用下來。

西元1246年春，窩闊台之子貴由繼汗位。拔都與貴由不合，另舉拖雷之子蒙哥為大汗。貴由在遠征拔都途中病死，蒙哥即位。蒙哥決定由四弟忽必烈總管漠南，另外又派遣其六弟旭烈兀向西方進軍。從西元1252年至西元1259年間的第三次西征，其目的是征服波斯（伊朗）。

西元1256年，旭烈兀滅亡了木剌夷國，接著，又攻下阿拔斯哈里發的報達國（巴格達）。西元1259年，旭烈兀進軍苫國（敘利亞）京城大馬司（大馬士革），算端（今譯蘇丹，回教國君主）納昔兒棄城逃走。但在密昔兒

（埃及）援軍的反攻下，蒙古軍又退出苦國境。旭烈兀留居帖必力思，建立了伊兒汗國。

由成吉思汗一手建立起的蒙古國家，經過成吉思汗及其後人的三次西征，在兀露絲的基礎上，形成了欽察汗國、察合台汗國、窩闊台汗國和伊兒汗國。四大汗國的汗是中央分封出去的四個最高軍政首領，與中央保持有藩屬關係，直接向大汗負責。

成吉思汗去世以後，蒙古各統治集團為爭奪大汗權位，彼此間矛盾激化，加上各汗國間缺乏必要和有力的經濟聯繫，因而使大蒙古國這個複雜的政治混合體日趨瓦解。其中，欽察汗國和伊利汗國走上各自獨立發展的道路，而窩闊台汗國由於窩闊台（太宗）和他兒子貴由（定宗）相繼被選為大汗，其領地一直歸中央管轄，實際上沒有形成單獨的汗國。

⁀ 病死征途　臨終授策 ⁀

西元1226年，成吉思汗藉口西夏接納仇人亦刺合‧桑昆、不送質子和拒絕徵調，興兵攻打西夏。

然而不幸的是成吉思汗在射獵野馬時再次落馬負傷，蒙古軍被迫駐營休息。年邁的成吉思汗忍著傷痛沒有採納皇子、大臣們暫時後撤的建議，決定先派遣使臣到西夏責問其不派兵隨從西征且出言不遜之罪。接著，蒙古軍攻西涼府，西夏主將力屈投降，蒙古軍遂進至河曲，取應里等縣。這時，夏獻宗得旺憂懼而死，夏眾臣立其侄南平王為主。11月，成吉思汗率蒙古大軍進攻靈州，西夏王派遣嵬名令公統率10萬軍隊來援。蒙古軍渡河進擊，消滅西夏軍，殺死無數，屍橫遍野。隨後，成吉思汗到鹽州川駐軍。

由於西夏軍主力已基本被殲滅，無法組織有效的抵抗，成吉思汗只留一部分軍隊攻打中興，並派察罕入城招降，他自己則率軍南下，進入金境，攻陷臨洮府和洮河、叮嚀、德順等州，另遣一軍攻入寧境擄掠。西元1227年4月，成吉思汗駐軍於六盤山；6月，繼續向南進兵，至秦州清水縣。同年6

月，西夏王請降被蒙古軍處死，西夏滅亡。

同年7月，成吉思汗身患重病，臥床不起。他自知壽命將盡，便招其三子窩闊台、四子拖雷於近前，叮囑兄弟之間要親密相處，並面授征服金國的策略。

安排完軍國大事，這位「一代天驕」結束了他輝煌的一生，終年66歲。

遵照成吉思汗的遺囑，他的屍體被送回蒙古故土，埋葬在斡難河、客魯漣河、土拉河三河發源的聖山不兒罕山上。陵墓向北深埋，以萬馬踏平。

成吉思汗死後，其三子窩闊台繼承汗位。西元1266年，元世祖忽必烈追諡成吉思汗為「聖武皇帝」；西元1309年，加諡為「法天啓運聖武皇帝」，廟號「太祖」。

成吉思汗從建立蒙古國開始，銳意進取，實行政治、經濟、軍事的全面改革，從而大大鞏固了已經建立的蒙古政權和各部統一的局面，也大大推動了蒙古社會的發展。同時，他創制蒙古族文字，一改立國前無文字的落後局面。這一系列改革措施，不但有力地加強了成吉思汗的統治，而且加速了蒙古汗國封建制度的形成，大大推進了社會生產力的發展，並為元朝的建立奠定了堅實的基礎。

作為「一代天驕」，成吉思汗除其政治上的遠見卓識外，還具有非凡的軍事才能。成吉思汗將草原上落後、分裂的蒙古部落融為一體，並成功地建立了地跨歐亞兩大洲的大帝國，重開了「絲綢之路」，推進了東西方以及阿拉伯各國之間的經濟、文化交流，他的巨大貢獻令世人矚目。

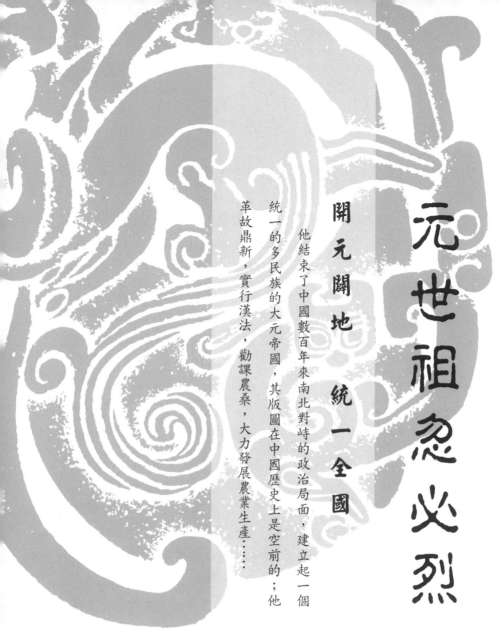

元世祖忽必烈

開元闢地　統一全國

他結束了中國數百年來南北對峙的政治局面，建立起一個統一的多民族的大元帝國，其版圖在中國歷史上是空前的；他革故鼎新，實行漢法，勸課農桑，大力發展農業生產……

文治武功　搶先登位

忽必烈生於西元1215年9月2日，是成吉思汗孛兒只斤鐵木真的孫子，拖雷之子，蒙哥之弟。

成吉思汗去世後，其四子拖雷曾臨時擔任監國，後由拖雷之兄窩闊台繼汗位，即太宗。太宗死後，將汗位轉給拖雷之子蒙哥，即憲宗。忽必烈則為藩王。

在太宗擔任汗位時，忽必烈就已顯露出與其他皇室子弟的不同之處，他經常同中原漢族士大夫、有識之士聚會聯繫，虛心向他們請教治國方略。在忽必烈的周圍漸漸形成了一個漢儒幕僚集團，使得他的治國思想朝著不同於同輩皇子的方向發展。

漢儒劉秉忠曾對忽必烈提出了「以馬上得到天下，不可以馬上治天下」的大問題，並以歷代封建統治的經驗，分析其中的利害。他還進一步論述舊制度造成的弊害，主張建朝省、立法度、定官職、飭賦稅，採用漢法，這對忽必烈思想意識的轉變具有極大的影響。

通過這些漢儒幕僚的幫助，忽必烈對中國前代王朝的治亂興衰有了充分的瞭解。忽必烈不僅自己努力接受、學習漢文化，還要其他蒙古貴族跟著學。他的兒子真金太子從小就跟姚樞、竇默學習《孝經》；當上中書左丞的闊闊，原為忽必烈在「潛邸」時的近侍，忽必烈讓他拜王鶚為師，學習「治道」。

西元1251年6月，忽必烈之兄蒙哥繼承汗位。為了把權力確保在拖雷系家族手中，蒙哥即位之後即將漠南漢地軍國庶事全部委託給忽必烈掌管。

但是，由於蒙古軍進入中原之初，進行了赤裸裸的直接搶掠，忽必烈所面臨的漠南地區只是一片荒涼之地。到蒙哥繼位前夕，漢地不治的情況就已經很嚴重，人民的負擔越來越重，為了逃避債務催逼，人們紛紛逃亡，使土地大量荒蕪。

忽必烈在掌管漠南漢地軍國庶事之後，進行了一系列行之有效的革新措

施：一方面進一步拉攏漢族人士，一方面為積聚雄厚的物資、軍事基礎，斷然採取了招撫流亡、禁止妄殺、屯田積糧、整頓財政等一系列措施，並任用熟悉漢族法令的宋金官僚、知識份子進行統治，大大扭轉了這種局面。

漠南漢地，由於當時典章未備，法制不立，蒙古貴族、官吏隨便殺人的現象時有發生。為了安定民心，忽必烈屢次禁止諸將亂殺無辜，軍士有違令的，斬首示眾，大大改善了擾民侵民的狀況。

忽必烈封地內的邢臺，金朝時人口眾多、經濟繁榮。在蒙古軍入侵之後，忽必烈受封之初，當地居民已急劇下降。忽必烈決定以邢臺為試點，派張耕、李簡等人去邢臺。他們到邢臺後，齊心協力革除貪暴、積極安民，不到數月，人口便增加了幾十倍。忽必烈從邢臺的治理效果中大有感觸，更加器重文人，逐步委以重任。他又派遣楊惟中、史天澤、趙壁等治理河南，使河南經濟得到了一定的恢復。

另外，為了籌備進攻南宋的軍糧、軍費，忽必烈還十分注意屯田；以鹽換糧，供應軍餉；並在京兆設立交鈔提舉司，印發紙鈔。這樣，忽必烈逐漸控制了當時蒙古政權在中原漢地的相當部分的財權。

忽必烈採用漢法治理漢地，損壞了那些蒙古游牧貴族和西域商人的利益。但他在中原威望的日增，在治理陝西、河南過程中大量財力、物力的積聚，客觀上又形成了對蒙哥汗權的威脅。

忽必烈的日益壯大，引起了哥哥蒙哥的疑慮。西元1257年，蒙哥藉口忽必烈剛打完仗，又患有腳疾，讓他留在家中休息，而以塔察兒為左翼軍統帥，解除了忽必烈的兵權。不久，蒙哥又突然決定親征南宋。忽必烈處境十分不利！當時，忽必烈雖身為藩王，調動軍馬及糧餉的權力卻都在大汗手裡，因而斷難與蒙哥一決雄雌。不得已，忽必烈聽從了姚樞的建議，將妻子、兒女送去作人質，表示自己並無異志。隨後，忽必烈又親自謁見蒙哥，兄弟相見之下，蒙哥尷尬萬分，終於消除疑慮。忽必烈又撤銷了設在邢州、陝西、河南的機構，調回了自己派出的官員。這樣，忽必烈以謙恭忍讓保全了自己，避免了一場不測之禍。

但是，忽必烈並沒有放棄控制中原漢地的雄心。西元1259年春天，蒙哥分兵三路，南下滅宋，命忽必烈重率左路軍征宋。

蒙哥則親率一隊主力進入四川。8月，蒙哥在合州（今四川合川）遭到守將王堅的頑強抵抗，雙方激戰多日，蒙軍受到重創，蒙哥被宋軍炮石射中，死於軍中。

這時，忽必烈正率領軍隊，越過淮河，準備強渡長江。不久，忽必烈接到異母弟弟末哥的急信，說蒙哥在合州死於軍中，請他速速北返。

忽必烈思索再三，決定繼續率兵強渡長江，把宋軍守城鄂州團團圍住。但由於城內宋軍的拼命抵抗，蒙軍久攻不下，雙方對峙到12月。這時，忽必烈又接到妻子來信，告訴他其弟阿里不哥正在加緊策劃，準備繼承王位，請他務必北返。忽必烈這才接受謀臣郝徑的建議，放棄攻宋，整頓內亂，以防腹背受敵。此時，正好南宋賈似道派使講和，忽必烈當即同意，同宋軍議和，以江、淮一帶為中立地帶，將大軍留守在江北，自己率親軍開始向北回撤。

1260年3月1日，忽必烈到達開平。4月，在眾將領和部分蒙古貴族的幫助下，忽必烈自稱奉蒙哥遺詔，搶先宣佈登上了王位。

鞏固汗位　統一全國

根據蒙古國的習俗，繼承汗位必須在蒙古人的發祥地進行，必須有各系宗王參加，才算合法。而忽必烈在開平（今內蒙古正藍旗，後稱上都）繼承汗位，是有違蒙古人的傳統習慣的。因此，他的行為引起了不少貴族諸王的不滿。

特別是早在忽必烈南征未回時，其皇弟阿里不哥就已經拉攏一些人在策劃奪取王位。當阿里不哥聽到忽必烈自立為王以後，也於西元1260年5月在阿爾泰山的駐守之所，宣佈繼承王位，與忽必烈相對抗，從而引起了長達4年多的內亂。

當時，阿里不哥佔有明顯的優勢。當時蒙哥南征，阿里不哥奉命駐守和林，有控制著蒙古本土的便利。另外皇后忽都台及蒙哥諸子都擁護阿里不哥，這就增強了阿里不哥政治上的優勢。在蒙哥死後，他一面以監國身份，為蒙哥舉哀發喪，一邊調將布兵，以防止忽必烈可能的反抗。他先命脫里赤為斷事官，佔據燕京，號令四方；又命玉木忽兒率領東路大軍，出和林、越漠北，謀取開平；再命阿蘭答兒率領西路軍，下河西走廊，企圖與屯守在六盤山的渾都海部會合，以形成對忽必烈的包圍形勢。蒙哥死後，他所帶領的伐宋主力，退回到六盤山屯守，與原來的駐守部隊渾都海部會合。阿里不哥在即位前就任劉太平、霍魯懷到陝西任職，企圖控制陝川。這兩個人都是忽必烈的死敵，如果駐守在六盤山的這支勁旅悍然進攻京兆，秦、隴、陝、蜀之地將盡為阿里不哥所有，對忽必烈構成致命的威脅。

因此，忽必烈在即王位之後，首先採取的軍事措施，就是先派廉希憲、商挺為京兆等路宜撫使，安撫關中。當他們得知劉太平、霍魯懷前來聯繫六盤山駐軍，圖謀作亂時，便採取斷然措施，將此二人殺死。忽必烈逐令陝西、四川宜撫使八椿節制諸軍，又令總帥汪惟良徵集秦隴、平涼等地部隊，加強關中防務，嚴密監視六盤山部隊。值得忽必烈慶倖的是六盤山駐軍不但沒有乘勢直搗京兆，反而因久駐思歸，竟沿河西走廊北撤，這就大大緩和了關中的局勢，使廉希憲有機會調部隊加緊佈防。北撤大軍到甘州後，碰上阿里不哥派遣的阿蘭答兒部，兩軍會合後，除一部分繼續北撤外，大部分又折回南進。到達甘肅山丹縣後，阿里不哥的部隊正好同八椿、汪惟良部相遇，雙方展開激戰。結果阿里不哥所屬的軍隊大敗，阿蘭答兒、渾都海先後被殺。忽必烈得知情況後，立即帶領部隊親征阿里不哥的駐地和林，阿里不哥聞訊逃亡謙州，忽必烈在第一階段的交鋒中終於佔據了優勢。

西元1261年9月，阿里不哥經過一番休整，假意歸順忽必烈，帶領部隊前往和林。等到達和林後，他採取襲擊戰的方式，擊敗忽必烈所屬的也先哥部，隨之佔領和林，接著又揮師南下。忽必烈趕忙命令張柔、嚴忠嗣、張宏等七部漢軍，與阿里不哥軍大戰於昔木土腦兒之地。雙方激戰數日，難分勝

負。至冬，阿里不哥率部北撤，忽必烈部南返。第二年春天，阿里不哥帶部隊進駐阿力麻里地區。

由於阿里不哥治軍不嚴，縱兵燒殺搶掠，內部將領互不團結，鬧得軍隊日衰。西元1264年春天，阿里不哥部又鬧起饑荒，民怨沸騰，兵士四處逃散。阿里不哥被迫無奈，於當年7月歸降忽必烈，不久後因病死去。

雖然阿里不哥被打敗了，但對忽必烈的威脅，不僅僅來自於蒙古族內部阿里不哥的對抗，還有中原漢族軍閥李璟的叛亂。李璟原是成吉思汗南侵時，農民起義將領李全之子。李全後來率起義軍投降了蒙古，在攻南宋時戰死。其子李璟承襲益都（今山東益都）行省職，成為山東軍閥，臣服蒙古。忽必烈繼王位後，李璟暗中招兵買馬，囤積軍糧，趕制兵器，準備謀反。當時，忽必烈正同阿里不哥打得難解難分，無力兼顧，便採取重金收買的方式，穩住李璟，並授以高爵，以換取後方的暫時安定。

儘管忽必烈對李璟採取拉攏收買的辦法，可李璟見忽必烈與阿里不哥打得正緊張，於西元1262年2月3日，公開舉行叛亂。他將漣、海等州獻於南宋，遣使請求南宋支援。忽必烈立即命諸王合必赤總督諸路軍馬，討伐李璟。來自河南、河北、山東等地的蒙漢部隊圍攻李璟，將李璟困於濟南城中。李璟向四處求救，希望得到山東、河北等地軍閥的回應，但是回應者無幾。數月之後，城中糧盡，李璟無計可施，便投大明湖自盡，由於水淺未能淹死，被蒙軍抓獲，隨被斬殺。李璟的叛亂被平息了。

忽必烈在平定了內亂之後，又開始進行了對南宋的戰爭，決心統一全國。

這時，偏安在江南的南宋朝廷，已徹底腐敗。宋理宗趙昀不理政事，閻妃受寵亂政，與宦官董宋臣狼狽為奸。他的後繼者宋度宗趙基、恭宗趙顯，更是昏庸無能，橫徵暴斂，使江南老百姓受盡了苦難。

西元1267年，忽必烈以南宋當局扣留信使為藉口，命阿術為主帥，舉兵大規模進攻南宋。他採取南宋降將劉整的建議，集中優勢兵力，進攻江、漢之間的軍事重鎮襄、樊兩城。西元1271年5月，又令四川等地軍隊，水陸

並進，包圍襄、樊。宋軍多次向臨安求援，但賈似道隱匿軍情，不派援軍。襄、樊兩城軍民奮勇抵抗，堅守城池。忽必烈久攻不下，便採取張弘范之計，先切斷襄、樊兩城水上聯繫，又集中力量先攻陷樊城，襄城守將荊湖都統呂文煥見大勢已去，便投降了忽必烈。

襄、樊是通向江南的大門，佔據了襄、樊後，忽必烈兵分兩路，一路從兩淮方向進攻，牽制宋兵；一路從襄陽沿漢水而下，進入長江，直指南宋都城臨安。到西元1276年正月，在強大的蒙軍面前，謝太后、宋恭帝趙顯只好投降了忽必烈，南宋隨之滅亡。

忽必烈統一全國，不僅表現了他卓越的軍事才能，同時表明了他有一套經略中原的政治策略。西元1271年11月，他就公開宣佈廢除大蒙古國號，取《易經》中「乾元」之義，定國號為「大元」，完全採取了中原歷代帝王統治中國的組織形式，從而保證了統一全國戰爭的最後勝利。隨著南宋的滅亡，一個規模空前、全國一統的封建王朝，出現在世界的東方，中原數百年的混亂從此結束。

革故鼎新　推行漢法

從西元1260年忽必烈登上汗位時起，對於國家內政的治理，基本指導思想是推行「漢法」。

忽必烈明確宣佈要革故鼎新。革故，就是要革除蒙古游牧民族那些舊的、不適應中原大國的措施和辦法；鼎新，就是要實行一套新的政治路線，以適應經濟文化比較發達的中原地區的需要。

忽必烈從小在戰爭中長大，他親眼看到蒙古貴族入主中原以後，肆意掠奪農田、放荒牧馬，嚴重地破壞了中原地區的先進經濟和千年文明。而且蒙古貴族的這種做法，引起了中原地區廣大勞動人民的強烈反抗。當時的西北、華北地區農民起義不斷，如不改變這種狀況，蒙古族的統治就很難維持長久。忽必烈在即位之初，就吸收「漢法」力圖改變這一狀況。

所謂「漢法」是指中原歷朝各代帝王實行的統治制度。這一套統治制度經過一千多年的長期發展，已逐漸完備起來。忽必烈從鞏固皇權統治的需要出發，斷然決定使用漢法治國。

要推行漢法，必須有一套政治工具。因此，忽必烈首先仿照漢制，制定出一套從中央到地方的統治機構。

中央的一級行政機構，設中書省為最高行政機關，總管全部政務，下轄吏、戶、禮、兵、刑、工六部，各設尚書、侍郎。中書省長官為中書令，以下有左、右丞相即實際的宰相。設樞密院以掌兵權，其官長為樞密使。樞密院不僅掌管軍機，而且負責宮廷禁衛及軍官選任及調遷事宜。因此，此部官長多由皇太子兼任。設置御史台以掌司法，官長為御史大夫，下設御史中丞、侍御史、治書御史。御史台所轄機構有殿中司及察院。殿中司設置殿中侍郎史二員，掌管朝儀、殿中紀律及在京百官到任、告假等事宜。察院置監察禦史32員，專掌檢舉百官之事。

另外，還設大司農，掌農桑水利；設翰林兼國史院，掌制誥文字，纂修國史；設集賢院，掌提調學校、徵集人才；設宣政院，掌宗教及吐蕃事務；設宜微院，掌諸王供應；設太史院，掌天文、歷數；設通政院，掌管驛傳；設操作院，掌工匠；如此等等，組成了元朝中央政府複雜的統治機構。

地方一級的行政機構，有行省、廉訪司等。行省全稱為行中書省。各行省的組織均仿中書省，皆設丞相、平章政事、右丞、左丞、參知政事等，處理一省的政務，掌管全省民政、財政、經濟和軍事。元朝的行省制使中央對地方的控制更加嚴緊，對以後各朝代的政治制度影響很大。元朝以後，行省的名稱一直沿用下去。我們現在所設的「省」，也是從那時沿用下來的。在行中書省下，又設轄路、府、州、縣四級，它們的關係一般是路轄州、州轄縣，府有的隸屬於路，也有的不隸屬於路，而直接受制於中央，即所謂直隸府。

在行省與路之間，還有「道」的設置，道分兩種。一種是分道設置宣慰使司，掌管軍民之政，有宣慰使、同知、副使等官。這種道不普遍，共有11

道，多在行省邊陲地方。另一種是分道設置肅政廉訪使司，掌管稽查司法，有肅政廉訪使、副使、僉事等官。這種道遍佈全國，共有22道，分受中央的禦史台、江南行禦史台和陝西行禦史台的領導，完全是監察機構。

在採取漢制、設官分職的同時，忽必烈對於如何從人員上控制和監察這些官府，以保證其民族特權統治，也作了精心安排。如在中央和地方行政機構、軍事系統中，都設有蒙古人擔任的「達魯花赤」一職，以加強民族防範，這些人在重大問題上都有最後的裁決權。

在軍隊的設置上，忽必烈將軍隊分為禁衛軍和鎮戍軍。禁衛軍又分為怯薛軍和五衛親軍。怯薛軍即成吉思汗遺留下來的親衛軍，由皇家貴族子弟充當。五衛親軍是忽必烈專門建立起來的，他接受姚樞等人的建議，仿效唐、宋內重外輕的辦法，抽調精銳，用以負責京城護衛。這些軍隊由漢人充當，共分有左、右、前、後、中五衛，每衛約一萬人，隸屬於樞密院。另外，為了防範漢軍，忽必烈又從色目人中選拔壯勇者組成親軍，而以其族屬之名為名，如有觀察衛、康里衛、阿速衛等親軍，這些由色目人組成的親軍比五衛親軍更加得寵。

鎮戍軍駐防全國各地，也統屬於樞密院。兵種分為蒙古軍、探馬赤軍、漢軍、新附軍等。在佈防上，以蒙古軍駐防河南、山東、河北等腹地，探馬赤軍、漢軍及新附軍則多駐守在江淮以南，並有一部分蒙古軍參與駐防。此外，還有各地的一些鄉軍，如遼東的女真軍、高麗軍，雲南的才白軍等，這些軍隊不離本土，負責本地區的防務。

所有軍隊隸屬於樞密院或行樞密院，而樞密院或行樞密院直接聽候忽必烈的命令，沒有忽必烈的命令，一律不得擅自調動部隊。

忽必烈雖然採用漢法，但並非絕對漢化，而是在有些方面漢制與蒙古制度並行，因族而分，因地而治。

在統治制度上，他一方面沿用了歷代帝王創立的制度，另一方面，又有意地保留了一些蒙古舊制，以保護本民族的貴族特權。在草原和內地兩種不同社會環境的地區，忽必烈基本上是奉行一條以蒙古舊制治草原牧民，以漢

制治內地漢民的政策。在一些其他民族居住集中的地區，又採用當地居民的傳統方法治理，即在中央控制下的民族自治。

除此之外，忽必烈還實行了一條蒙古族至上的民族壓迫政策。他把全國人民劃分為四個等級：第一等，蒙古人，指原來蒙古族的各個部落；第二等，色目人，指西域地區的各國人，如中亞、波斯等到中國來的人；第三等，漢人，指北方的漢人、契丹、高麗、女真人等；第四等，南人，指原來南宋統治下的漢族和其他民族。忽必烈把人劃分四等，是有意製造民族矛盾和差別，以達到統治全國的目的。如他把漢族分為漢人和南人，就是為了分裂瓦解漢人，削弱漢人的力量。這四個等級在政治待遇和法律地位上都是不平等的。蒙古人、色目人受到優待，漢人、南人受到歧視。如蒙古律典規定，蒙古人、色目人毆打漢人、南人，漢人、南人不得還報，漢人、南人殺人者處死，而蒙古人因鬥毆致死人命者，只交一點銀錢即可免罪。這種極不平等的民族壓迫政策，是忽必烈游牧民族保守、狹隘思想的突出表現。

忽必烈入主中原以後，能夠改變先祖踐踏、毀壞中原文化、經濟的野蠻劣性，注意吸收中原歷代帝王治國思想中有用的東西，同時又保留了一些大蒙古國傳統的統治方法，兩者並舉，分不同的民族，不同的地區，根據具體情況分別進行治理，從而鞏固了他在中原地區的統治，維護了國家的統一。

勸課農桑　富民興國

蒙古族是一個古老的游牧民族，從忽必烈的祖父成吉思汗開始，他們靠著鐵騎利刃征服了中原、歐亞大部分地區。一直到忽必烈建立元朝之前，歷代汗王所考慮的主要是軍事征伐問題，而對於政治上的長治久安之計，還無暇顧及。他們在攻城掠地過程中，大都採取屠殺、掠奪、毀壞的政策。蒙古貴族還大肆占取民田，把大片良田變成牧地。再加上貪官污吏橫徵暴斂，使農夫不得安於田裡，嚴重地破壞了社會的農業生產。

忽必烈在即位以後，面對遍地荒蕪、民存無幾的殘局，在改革政治制度

的同時，又開始調整生產關係。忽必烈主要沿用了北宋改革家王安石的耕種政策，保護農力、勸導農桑、鼓勵生產、興修水利，注意屯墾，大力發展農業經濟。針對蒙古貴族在攻城掠地中，採取大肆屠殺降兵、降民的政策，忽必烈從保護農業勞動力的需要出發，多次下詔，命令各級將領，嚴禁屠殺無辜百姓，違者重罰。

農業是封建社會的根本，而農田則是發展農業經濟的根本。忽必烈多次頒佈法令，禁止蒙古軍隊和蒙古貴族踐踏農田，侵佔農田作為牧場。在嚴令之下，不少蒙古貴族也逐漸改變了以良田牧馬的方式，改為將農田租給農民，收取租稅的剝削方式。

忽必烈在即位之初，在「首詔天下」時就指出，「國以民為本，民以衣食為本，衣食以農桑為本」，要「崇本抑末」，勸課農桑。並且以「戶遷增、田野辟、詞訟簡、盜賊息、賦役平」五項作為考核各級官吏的標準。西元1270年，忽必烈又將勸農司改為司農司，後又改為「大司農司」，專管「勸課農桑」之事。在忽必烈「勸農桑以富民」政策的推動下，全國上下，各級官吏，都把發展農業生產作為一項重要的政務來抓。大司農司每年農忙季節，派出大批勸農大臣，到全國各地巡察、督導，如有官吏敢不重農事、耽誤農時者，立報中央，革職查問。

當時，有不少蒙古人移居中原後，靠官府放糧，從不參加農耕。針對這種情況，忽必烈對有馬、牛、羊之家，官府停止供應糧食，分給耕地，讓他們自己耕種。這就使一大批遊手好閒的一等民族，回到農田裡進行耕作。

為了更好地發展農業，忽必烈還注意把農民組織起來，成立了農民「村社」。在此之前，北方民間就有「鋤社」的農民互助組織，一般是10家為一組，先幫一家鋤田，由其提供飲食，然後依次鋤田。忽必烈發現這是一種較好的組織形式，於1270年，下令在北方漢地成立「村社」，規定50家為一社，選年長通曉農事者為社長。社長的職責是組織農民，督促農民及時耕作、開耕荒地、修治河道、經營副業等。凡種田者，必須將一塊木牌立在田地旁邊，上面寫著「某社某人」，以便社長隨時稽查。這種村社制度以後

又被推廣到全國各地，在組織和鼓勵農民進行農業生產方面，具有積極的作用。

除此之外，忽必烈還非常重視總結農業知識，普及農業技術。為了發展農業生產，忽必烈積極提倡改進農業技術，總結農業知識，指導農民耕作。他命大司農司搜集天下古今所有的農桑之書，編輯成《農桑輯要》一書。此書在編寫過程中參考了《齊民要術》中的精華，又結合了當時農業生產的實際經驗。1273年，忽必烈將此書頒佈天下，命令全國各地官員大力推廣和宣傳。這項政策對發展農業生產和累積農業知識起到了非常好的作用。

忽必烈採取的一系列發展農業的政策和措施，使素有「馬背上的民族」之稱的游牧民族，較快地接受了中原地區先進的農業生產技術，使全國各民族融合在一起，推動了農業生產向前發展。

西元1294年，80歲的忽必烈走完了他的人生歷程，在元大都病逝，葬於起輦谷，諡號「聖德神功文武皇帝」，廟號「世祖」。

忽必烈在位35年，經他之手，創建了一個具有空前規模的東方大帝國。忽必烈結束了中國數百年來南北對峙的局面，建立起一個統一的多民族的大元帝國，其版圖在中國歷史上是空前的，它北抵北海，西至中亞，西南達喜馬拉雅山，南到南洋群島，東臨大海。

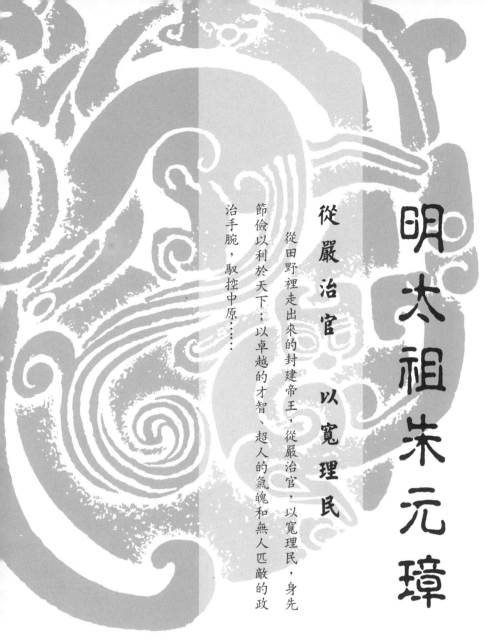

明太祖朱元璋

從嚴治官 以寬理民

從田野裡走出來的封建帝王，從嚴治官，以寬理民，身先節儉以利於天下；以卓越的才智、超人的氣魄和無人匹敵的政治手腕，馭控中原……

佛門弟子　號令天下

西元1328年，朱元璋出生在安徽鳳陽一個貧苦農民的家裡。朱元璋兄弟姐妹共8個，朱元璋最小，乳名重八，加入郭子興起義軍後，才正式取名元璋。

因為家貧，童年的朱元璋沒有上過私塾。他常和小夥伴們去村子旁邊的皇覺寺玩耍。寺內的住持見他聰明伶俐，討人喜愛，便教他識字。朱元璋聰明過人，過目不忘，天長日久，便也粗曉些文字了。幾年之後，迫於生計，朱元璋不得不到村中地主劉大秀家放牛。

西元1344年，朱元璋的淮西家鄉災難重重，大旱、蝗災、瘟疫紛紛而來。短短幾個月的工夫，村子裡就死了幾百口人。災難也降到了朱元璋家，他的父母先後染病身亡。不能獨立謀生的朱元璋沒有辦法，只好入皇覺寺剃度為僧。

寺廟是靠收租和善男信女們的施捨度日的。朱元璋投靠時皇覺寺裡已有幾十個和尚，僧多粥少，坐吃山空，不久就無米下鍋了。無奈，住持只好將徒弟一個個打發出去雲遊四方，自謀生路。因此剛進寺沒多少天的朱元璋也只得頭戴破帽，背上小包袱，告別皇覺寺，穿城越村，加入化緣討飯僧的隊伍中。

西元1348年，流浪異鄉的朱元璋回到皇覺寺，繼續當一天和尚撞一天鐘。

西元1351年，農民領袖劉福通起兵反元，隨後全國各地義軍四起。不久，徐壽輝、張士誠、方國珍、郭子興等紛紛響應起兵反元。身居佛門的朱元璋，收到幼年玩伴湯和的來信，聲稱他已投奔郭子興手下，希望朱元璋「速從征，共成大業」。於是朱元璋毅然加入了郭子興的農民起義軍。

朱元璋加入郭子興的軍隊後，非常勇敢，每次衝鋒陷陣總是衝在前面。同時又因為朱元璋識得一些字，所以深受元帥郭子興的器重，每次作戰，總讓他伴隨左右。不久，他就被提拔為親兵九夫長。後來朱元璋娶了郭子興的

義女馬秀英，成了郭子興的女婿，地位驟升。

西元1353年春天，徵得郭子興的應允，朱元璋回到家鄉，豎起紅巾軍大旗，募集兵馬。半個月的工夫朱元璋就拉起了幾百人的隊伍。這些人，後來一直跟隨朱元璋出生入死，衝鋒陷陣，成了起義隊伍中的中堅力量。其中包括徐達、湯和等人，這些人能文能武，為朱元璋登上皇位出了大力。

朱元璋招募英才，率兵而歸。郭子興十分高興，遂擢升他為鎮撫總管，令所募英才歸他統率。朱元璋手握兵權，再也不願局促濠州，經與徐達密議，經郭子興同意，他帶著徐達、湯和等人南下定遠，開闢新天地。

朱元璋佔據定遠後，聲威大振，有不少義軍主動歸附，朱元璋的力量不斷壯大。

西元1355年，郭子興患病身亡，其子郭天敘代領其部眾。劉福通的起義軍尊韓林兒為小明王，在安徽亳州建立宋政權。西元1355年3月，韓林兒出詔書封郭天敘為都元帥，張天佑為右副元帥，朱元璋為左副元帥。西元1355年9月，郭天敘、張天佑二人皆戰死。朱元璋又被提升為大元帥。至此，郭子興親手締造的起義軍隊伍全部歸朱元璋調動指揮了。

西元1356年春，朱元璋親率軍隊攻佔集慶之後，朱元璋改集慶為應天府。朱元璋充分利用有利形勢，以應天府為中心，先後迅速攻克鎮江、長興、常州、寧國、江陰、常熟、池州、徽州、揚州、衢州等地，成為稱雄一方的霸主。

西元1357年，朱元璋接受名儒朱升的建議：高築牆，廣積糧，緩稱王。

朱元璋按照朱升的策略，不斷擴充兵力，加強訓練，提高將士作戰的水準。同時，朱元璋在戰事頻繁的空隙中，抓緊糧食生產，抽出一些將士，利用戰爭的空間時間開荒種田。通過幾年的時間，這些措施不僅解決了軍隊戰時糧食困難的問題，而且糧食還有了大量的剩餘，這樣就大大減輕了朱元璋勢力範圍內的農民的負擔，軍民皆大歡喜，朱元璋的起義軍得到百姓的擁護。

經過數年積蓄力量、開拓疆土，朱元璋建立起一支強大的軍隊。

當時，雄踞東方的張士誠佔據了以蘇州為中心的太湖流域和長江三角洲的廣大富庶地區。獨霸西方的徐壽輝以武昌為中心，控制了湖廣、江西的大片肥田沃土。隨著朱元璋軍事勢力的不斷強大，他與各個起義軍割據政權的矛盾也日益尖銳，決戰隨時會展開。

西元1360年，徐壽輝的部將陳友諒在江州將徐壽輝殺死，並稱帝，定國號為漢。陳友諒與張士誠合謀共同舉兵，進攻應天府，企圖順江而下一舉消滅朱元璋的隊伍。陳友諒、張士誠與朱元璋的軍隊在鄱陽湖遭遇，這場戰鬥持續了一個多月，最終朱元璋取得了鄱陽湖決戰的重大勝利。鄱陽湖之役後，朱元璋的領土已擴大到長江中下游的廣大地區，地廣兵多，局面打開了。

西元1363年2月，張士誠派大將呂珍圍攻安豐，殺死劉福通。韓林兒派人向朱元璋求援，劉基（字伯溫）向朱元璋進諫說不可救援。朱元璋說：「小明王被圍甚急，我向奉他龍鳳年號，不忍袖手旁觀，因此不得不救援。」於是派徐達、常遇春救援。徐達、常遇春打敗呂珍，迎韓林兒回滁州。此時，小明王已成為朱元璋的傀儡，但朱元璋仍奉他龍鳳年號，號令起義軍。

西元1364年正月，朱元璋自立為吳王，建中書省，設百官，以李善長、徐達為左右相國，命劉基為太史令。所用封拜除授及有司文牒，均稱是奉皇帝（小明王）聖旨，吳王（朱元璋）令旨。1366年12月，太史令劉基密稟朱元璋，想讓大將廖永忠以迎韓林兒來應天府為名，在途中除掉韓林兒，朱元璋同意了。在廖永忠迎韓林兒行至瓜洲渡口時，廖永忠令人鑿沉韓林兒的船，韓林兒沉水溺死。至此，朱元璋成為郭子興、劉福通兩支起義軍的最高領袖。

此時，除四川、雲南外的整個南部地區都在朱元璋的控制之下。隨後，朱元璋調集精銳部隊實施北伐，同元朝政權展開最後的大決戰。

西元1367年10月，朱元璋派徐達、常遇春率兵北伐，到次年4月間，北伐軍實現了對元朝大都的包圍。在北伐軍橫掃中原、直逼大都的時候，元軍卻在因皇位的爭奪而忙於內戰。等到潼關失守，元順帝才慌忙調集正內戰不休

的隊伍，南下迎戰。但疲憊的元軍哪裡還有戰鬥力，逢戰必敗。元順帝眼見大勢已去，只得帶著后妃、太子狼狽逃往上都。

西元1368年8月，徐達統領大軍攻進大都，元朝政權宣告滅亡。

接著，徐達、常遇春攻佔了北方諸省。西元1371年，朱元璋又遣水陸兩軍，平定了四川，西元1382年平定了雲南。西元1387年，元朝丞相納哈出降遼東。至此，除漠北新疆外，全國已基本在朱元璋的統治下。

西元1368年正月初四，朱元璋在南京稱帝，國號大明，建元洪武，是為明太祖。朱元璋冊立馬氏為皇后，長子朱標為皇太子，仍以李善長、徐達為左右丞相；大封文武百官，給功臣名將加官晉爵。

❧ 改革機構　加強皇權 ❧

朱元璋登基之後，立即召集文武大臣商議朝政，為什麼強盛的元朝會滅亡，大明王朝的當務之急是什麼？如何才能使大明政權長治久安？群臣各抒己見。朱元璋最後總結大家意見，說：「元朝統一海內，建國之初，政治還算清明。後來貴戚擅權，奸邪得寵，任用親舊，結為朋黨，內外官吏貪婪無恥，於是法度鬆弛，綱紀日壞，造成土崩瓦解，不可救藥。現在乃大明創業之初，必須嚴立法度，法度就是治理天下的根本。」朱元璋緊緊圍繞著這些問題，頒佈新法，在政權機構、官吏制度、治民措施等方面，進行了一系列的改革。

朱元璋首先從改革政權機構、官吏制度著手。登基之初，朱元璋基本上沿用了元朝的制度。中央設中書省，有左、右丞相，統轄吏、戶、禮、兵、刑、工六部。地方設行中書省，執掌地方軍政事務。這是當時穩定社會的權宜之計。在政權逐漸穩定後，朱元璋籌畫著重建一套新的政權機構。因為他看到元朝就是因腐舊的政權制度而滅亡的。最初的一段實踐，也充分證明元制必改，否則遺患無窮。朱元璋經過認真的謀劃後，決定採取先地方後中央的策略，對政權機構進行改革。

西元1376年，朱元璋將行中書省改為承宣佈政使司，簡稱布政司，但習慣上仍稱省。布政司設左、右布政使各一人，只管一省的民政、財政。布政使是朝廷派駐地方的使臣，負責宣佈皇帝的政策、法令，必須事事完全秉承皇帝的旨意，否則隨時可以罷免。另外，又設提刑按察使司，負責一省境內的刑法犯罪之事，其長官為按察使。同時，設都指揮使司，執掌軍務，其長官為都指揮使。布政司、按察司、都指揮使司合稱「三司」，三司互不統屬，均屬皇帝派出的三個機構，直接對皇帝負責，統屬中央。這樣，財政、行政和刑察、軍務各自獨立，互相牽制，大權收歸中央，直接受中央控制。

省下設府，府設知府一人，掌一府之政。知府到任，多有皇帝親賜給敕書，以加強權威。另設同知、通判，分管清匪、巡捕、農耕、水利、牧馬等，還有推官，掌管刑名。與府同一級別的還有直隸州，即直接受省的領導，長官是知州，地位同知府平級。府下設縣。縣設知縣一人，掌一縣之政；設縣丞一人，主管農、糧、馬事；設主簿一人，負責巡捕、盜賊之事。這種改革，使元朝設置的路、府、州、縣簡化為三級，更便於統治。

經過省一級的改革之後，朱元璋把地方的民政、財政、軍事、政法等控制大權全都集中到了中央。中書省的職權越來越大，有時竟會同皇帝發生衝突。朱元璋因此認識到：中央機構的改革也勢在必行。朱元璋總結分析元朝滅亡的原因在於委任權臣，下邊的事不通過中書省便不能達到皇帝手中，上下蒙蔽，造成大臣擅權跋扈。

西元1370年，丞相胡惟庸在朝大權獨攬，組織宗派，排除異己。他毒死了劉基，陰謀政變。朱元璋靠著直接控制的禁軍和特務組織，捕殺了胡惟庸及其黨羽3萬多人。朱元璋借此機會廢除了中書省和丞相制，對中央行政機構進行了徹底的改革。

廢除了中書省之後，朱元璋提高原屬中書省轄的六部權力，以六部治國。並且規定以後子孫不准設丞相一職，如有人敢奏請設丞相者處以極刑。明朝後來的帝王，沒有一個敢違背這個規定。這樣，朱元璋既是皇帝，又兼使丞相職權，從而使他成為中國一千多年封建社會中權力最集中的皇帝。

廢除了中書省和丞相後，大大小小的政務都集中到朱元璋的手中，這樣，他每天要處理的事非常多，需要有人輔佐。因此，朱元璋在廢除丞相後，便設置了殿、閣大學士，使侍左右，以備顧問，但不能參與機務，僅相當於皇帝的私人秘書。

將帥和軍隊之間的關係，歷來是皇帝最為傷腦筋的事情。打仗必須靠軍隊，軍隊則必須有統帥，但是，將帥手中握有重兵，容易產生驕悍、不易控制的狀況。以往的皇帝為解決這個問題，採取了「兵無常將，將無常兵」的措施，朱元璋則將兵權集中到自己手裡。朱元璋將元朝統兵的樞密院改為大都督府，節制中外諸軍務。但不久，他仍覺得大都督府權力太大，便又將其一分為五，即前、後、左、右、中軍都督府，讓他們互相牽制。都督府管理軍隊、軍政，但必須聽從兵部的命令。兵部有軍令、銓敘軍官之權，卻不能統率軍隊；都督府有統率部隊的權力，卻無權發兵、調兵。如果有戰事，皇帝下令，兵部傳令，都督府率兵打仗。這樣，兵權也集中到了皇帝手中。

司法監察機關在元朝叫御史臺，專門審察、彈劾百官。朱元璋改御史臺為都察院，職權是糾劾百官，辨明冤屈。都察院設左右都御史，統轄監察御史。監察御史官職不高，但權力很大，他們分佈全國各地，對各級官員都有權力彈劾、告發。

經過一系列的政權機構改革，朱元璋把全國的軍政大權都集中到中央，最後歸自己一人掌握，使封建皇權專制制度達到最高峰。在朱元璋的苦心經營下，明朝的統治機構更加完善，威懾力更加強大。朱元璋自己也認為這一套統治制度是極為嚴密的，是確保朱家王朝「萬世一統」的最好的制度。他特地編訂了一部《明皇祖訓》，要求他的子孫必須世代遵守，不得改變。

為了確保吏治公正清明，遏止腐敗，朱元璋用嚴刑峻法，懲治官吏中的不法之徒。朱元璋對官吏管制之嚴、打擊之重、誅殺之多，在封建皇帝中是罕見的。

洪武初年，朱元璋召見文武百官，對他們說：「我從前在民間時，看見州縣官吏大多不愛恤百姓，他們大多貪財好色，飲酒廢事，對民間的疾苦

無動於衷。他們敗壞政令，坑害百姓，加上災荒，弱者無法生存，強者就起來造反，這都是由於貪官污吏造成的，因此，我恨透了他們。如今要嚴肅法紀，發現官吏貪污、虐待老百姓的，堅決治罪，絕不寬恕！」為了鞏固皇權，朱元璋開始大力整頓吏治。他將對各級官吏的規定佈告民間，號召全體人民對官吏進行監督。並下令說：「凡是發現有貪贓害民的官吏，老百姓可以直接擒拿送至京師。如有膽敢阻擋者，即行滅家滅族。」

為此朱元璋在《明律》中規定：如有人犯了死罪，官員們用巧言進諫，使之免除死刑者，處斬；如刑部及大小衙門的官吏聽從上司主使，不按法律辦事，徇私枉法者，也要處斬，並將其妻子充作奴婢，財產沒收入官。

為了從嚴治官，從西元1385年至1386年間，朱元璋又三次編出《大誥》，共彙編了案例一萬多件，都是懲治全國各地貪污官吏的案件。他將此件大量刊印，要求每戶都要有一本。朱元璋在序言中說：「將害民的事例昭示天下，各級官吏敢有不務公而務私，在外貪贓酷民者，務必追究到底，加以懲處。」

西元1385年，有人告發北平二司與戶部侍郎郭桓勾結舞弊，貪污稅糧，朱元璋派人查實，追出贓糧700萬石。朱元璋大怒，下令將六部左、右侍郎以下的官吏全部處以死刑。供詞又牽連到各部政司的官吏，又殺了數萬人。

朱元璋說：「法不行，無以懲後。」他不僅對普通官吏執法嚴厲，即使是皇親國戚、權臣名宦也絕不偏袒。在戰爭年代，朱元璋因糧食困難，為嚴明軍紀，嚴禁釀酒。大將胡大海的兒子胡三舍犯了酒禁，朱元璋要嚴懲他。有人勸說朱元璋：「現在胡大海正在紹興打仗，殺了他的兒子，豈不會引起胡大海的反叛？」朱元璋說：「寧可使胡大海叛我，不可使我法不行！」他拔刀親自殺了胡三舍。明朝建立之後，他的親侄子朱文正，因「親近儒生，胸懷怨望」，違法亂紀，被朱元璋廢了他的官職。重臣湯和有一個姑父，自以為有靠山，就隱瞞常州的田土，不納稅糧。朱元璋指責他「不懼法度」，把他殺了。朱元璋的女婿、駙馬都尉歐陽倫，因出使辦事時販帶私茶，也被依法處死。由於朱元璋帶頭執法，從嚴治官，大張旗鼓地重懲貪官污吏，這

對於殺減貪風，改良吏治，的確起了一定的作用。

朱元璋認為：「富民多豪強，故元時此輩欺凌小民，武斷鄉曲，人受其害。」因此，在從嚴治官的同時，朱元璋也採取了一些抑制豪強的措施。

明朝初年，他多次召見富民，警告他們不准胡作非為，並讓一些人擔任地方上的糧長小職，以示恩寵。然而，不少地主擔任地方糧長官職後，利用皇上給予的權力，更加重了對農民的盤剝。朱元璋採取了兩種手段來抑制豪強勢力，維護百姓利益，第一是用嚴刑重法消滅「奸頑富豪之家」，不少人家被誅滅九族；第二是採取漢朝劉邦「徙天下富戶於關中」的策略，把大量的富戶遷離本土，到京師或鳳陽定居。如洪武三年，移江南富民14萬戶到鳳陽。洪武二十四年，徙天下富民5300戶到京師，後又移富民14300餘戶到京師。這些富家豪族離開了原來的居住地，失去了原來的社會地位和政治地位，到了新地後，還必須承擔各種差役。這樣，減少了當地百姓所受的欺凌和壓迫，打擊了地主富豪的霸道勢力。

另外，朱元璋對宦官的管理也是非常嚴格的。宦官作為皇帝的家奴，同皇家朝夕相處，不少人參與朝政，竊取高官，成為最有權力的一股勢力。漢、唐從強盛的頂峰走向衰敗、滅亡，宦官的禍亂是一個重要原因，所以朱元璋認為必須從嚴限制宦官的言行。他認為宦官只能做奴隸使喚，灑掃奔走，人數不可過多，也不可用作心腹耳目，作心腹則心腹病，做耳目則耳目壞；駕馭他們的辦法，就是要使他們守法；不能讓他們有功勞，一有功勞就難以管束了；不能讓他們有文化，有文化便會思圖不軌。朱元璋定下規矩：凡是內臣一律不許讀書識字；又鑄鐵牌子於宮門旁邊，上邊刻著：「內臣不得干預政事，犯者斬。」所有的內臣不得兼外朝文武職銜，不許穿外朝官員的服裝，官品不許超過四品，每月領一石米，穿衣吃飯公家管；並且規定，外朝各衙門不許同內臣有公文來往。這樣，使宦官成為宮廷中名副其實的奴僕。

特務政治　以猛治國

　　朱元璋通過改革，使行政、軍事、監察三大系統各自獨立，互不統屬，直接對皇帝負責，這就使皇帝的權力大大加強。即使這樣，朱元璋還不放心，又專門設立了「錦衣衛」組織，形成了歷史上有名的明代特務政治。

　　「錦衣衛」是特務機構，屬於皇帝的親軍體系，長官為指揮使，下領官校。官為千戶、百戶；校為校尉力士，因穿橘紅色服裝，騎馬，故又稱「緹騎」。錦衣衛擁有緹騎數百人。朱元璋派自己的心腹做頭領，專門秘密偵察大小官吏的不公不法之事，並隨時向他報告。錦衣衛下設鎮撫司，設有專門的法庭、監獄，具有偵察、逮捕、審訊等大權。洪武年間，錦衣衛系統的大小特務，遍佈街坊路途，滲透各個系統，嚴密監視著朝廷內外的文武百官。

　　胡惟庸是開國功臣李善長的女婿。他靠著李善長這個後台當上了左丞相，在朝中大權獨攬，獨斷專行，官員升降、生殺大事，都自作主張；朝野內外的報告，凡對自己不利的全扣下來；想做官、升官的人，失意的功臣、武將，都奔走他的門下；收受金銀、絹帛、名馬、玩物不計其數。他網羅黨羽，培植親信，打擊異己。

　　胡惟庸如此胡作非為，直接影響了朱元璋的皇權與明朝的安定。朱元璋決心除掉胡惟庸，以鞏固皇權。一天，胡惟庸的兒子乘馬車在南京城裡招搖過市，不小心從車上跌下摔死了，胡惟庸判車夫抵命。朱元璋知道後，非要胡惟庸償命不可，胡惟庸遂決定起事政變。

　　1380年正月，胡惟庸入奏，詭稱其住宅中井出醴泉，請朱元璋去觀看。朱元璋信以為真，就匆匆乘車出西華門。這時，內使雲奇突然衝上蹕道，攔住車馬，用左手直指胡惟庸的宅第搖晃。朱元璋猛悟，急忙返駕登城，遠遠望見胡惟庸宅第中繞有兵氣，他立即發御林軍逮捕胡惟庸，將其抄家滅族。

　　胡惟庸被誅後，朱元璋借題發揮，命錦衣衛偵察百官，將那些行為跋扈的、心懷不滿的、危及皇家統治的，統統羅織為胡黨罪犯，處死抄家。胡惟庸案株連蔓引，共殺掉了官員3萬多人，連位居「勳臣第一」、77歲的李善長

及全家70多口人也一起被殺。

隨著朱家王朝的不斷鞏固，昔日與朱元璋一同打天下的將領，現在成了新王朝的顯貴。他們官封公侯，爵顯祿厚，在個個飛黃騰達之後，有的漸漸驕橫放縱起來。

開國大將藍玉是洪武後期的主要將領。藍玉作戰勇敢，立有赫赫戰功，官封涼國公。他自恃功勞大，恃勢橫暴，私蓄奴婢、假子有數千人之多，還到處敲詐勒索，霸佔民田。百姓向禦史告狀，御史官依法提審，藍玉竟命人將禦史亂棍打走。朝廷明令禁販私鹽，他卻令家人進行走私活動。

為了明朝江山的長治久安，朱元璋在西元1393年開始對藍玉這些功臣展開了無情的鎮壓。

西元1393年，錦衣衛告發藍玉謀反，朱元璋發兵逮捕。藍玉被砍頭，並抄斬三族。凡與藍玉有接觸的朝臣、列侯均坐黨夷滅。藍玉案先後誅殺一萬五千人，把軍隊中功高位顯的元勳宿將，幾乎一網打盡。

除藍玉外，所剩無幾的功臣也先後被以各種罪名賜死、鞭死或砍頭。徐達曾被朱元璋列為開國第一功臣，他生背疽，這病最忌吃蒸鵝。朱元璋在他病重時偏偏賜蒸鵝給他吃。徐達知道皇帝是在要自己的命，只好含著淚水，當著使臣的面吃下了蒸鵝。沒幾天，徐達就辛酸地離開了人世。功臣馮勝、傅友德、廖永忠、朱亮祖等也因失寵，先後被處死。

這樣，功臣宿將能夠善終的寥寥無幾。只有湯和這個和朱元璋同村長大的放牛娃，知道老夥伴現在對老臣宿將不放心，他就主動交還兵權，告老還鄉，絕口不談國事，才保住了性命。

朱元璋對這種殺功臣立威，以猛治國的策略，雖然沒有公開懺悔過，但在他臨死之前曾下令他的後人不准學習他這種做法。他說，這套辦法只是權宜之計，他希望在他之後，大明朝儘快步入正常的軌道，儘快出現一個繁榮安定的局面。

朱元璋的這種行為，其最終目的還是為子孫鋪路。朱元璋認為太子柔弱，難以駕馭桀驁不馴的功臣，因此他要在死前為子孫剷除這些人。太子

的老師宋濂，早年追隨朱元璋襄助軍事，立有大功，官至學士承旨制誥。朱元璋借故殺宋濂，太子見老師要問斬，流著眼淚替老師求情。朱元璋為了開導太子，就拿來一根滿是棘刺的木杖放在地上，命太子去拾取。太子面有難色。朱元璋就教訓說：「有棘刺的木杖你不取，我替你削掉棘刺怎麼樣？」太子為人雖柔弱但卻十分聰明，他明白朱元璋的用意，然而還是委婉地勸諫朱元璋說：「上有堯舜之君，下有堯舜之民。」言外之意是，為君者不能太殘暴。朱元璋十分惱怒，隨手抄起一把椅子向太子砸去。可見，朱元璋坐上龍椅之後，就把功臣視為棘刺了。他深知，取天下要在馬背上，守天下要在馬下。狡兔死，走狗烹。他認為天下一統，用不著武臣，朱元璋為了子孫的安全，就要向他們開刀。雖用文臣治天下，朱元璋仍不放心，所以從中央到地方大力加強皇權，他把中央集權制度發展到頂峰，成為歷史上權力最大的君王。

❧ 減少徭役　寬鬆民力 ❧

　　朱元璋在治理官吏方面，採取非常嚴厲的措施，而對於廣大勞動人民，卻採取了比較「寬」的政策，這同朱元璋自己的出身有很大關係。

　　朱元璋來自貧民，深知物力艱難，農民的辛勞。因此，他體恤民情，反對暴斂苛政。特別是明朝建立之初，經濟蕭條，大片田地荒蕪，民多逃亡，城野空虛，當時的河南、山東地區，「多是無人之地」。百姓是國家之本，立國必先存百姓，只有讓農民休養生息，從事農業勞動，國家才能富起來。朱元璋在剛即位之初，就把各地來朝的府州縣官召在一起，對他們說：「天下剛剛平定，百姓財力都很困乏，像剛學飛的小鳥，拔不得羽毛，應該讓他們休養生息，好好生產。」出於鞏固政權的需要，朱元璋下決心推行「與民休養生息」的政策，大力恢復和發展農業生產。

　　發展農業生產必須保證農業勞動力資源。但在元代，蓄奴風氣非常盛行，有些權貴勳戚家的奴僕多達數千人。明朝初期，雖然有不少奴隸得到

解放，但仍有相當一些農民在戰亂中淪為豪民地主的奴隸。為此，西元1372年，朱元璋通令全國：普通地主不得蓄養奴婢，違者杖刑100，所養奴婢一律放為良民；凡因饑荒而典賣為奴的男女，由政府代為贖身。

同時，朱元璋還嚴格控制寺院的發展規模，他明令各府州只能有一個大寺觀，禁止40歲以下的婦女當尼姑，嚴禁寺院收兒童為僧；20歲以上的青年要想出家，須經其父母申請，官方批准，出家3年後還得赴京考試，不合格的遣發為民。這些政策使社會上增加了許多勞動力。

朱元璋常勸眾大臣說：「農夫勤四體，種五穀，身不離農間，手不釋農具，終年勤勞，不得休息。他們住的是茅草屋，穿的是舊布衣，吃的是粗飯菜羹，卻擔負著國家的經費。我們的衣食住行，都不要忘了農民的勞苦，取用要節制，不能讓農夫遭受饑寒，更不能橫徵暴斂，讓農夫受不了這種苦難。」

元末戰爭期間，由於地主和官僚大量逃亡流散，他們霸佔的土地有的回到農民手中，有的成為荒田。元朝滅亡以後，不少地主回返鄉裡，對農民進行反攻倒算。朱元璋下令，凡是戰爭中拋荒的土地，被他人耕墾後就成為耕墾者的產業，原來的地主不得再要回，原來的地主另由官府撥給同等數量的荒地作為補償；對那些無主的荒地，朱元璋則鼓勵農民積極開墾。西元1368年他下令：各處荒閒的土地，允許百姓開墾，永為己業，免除租稅三年。過了兩年又規定，北方郡縣近城荒地，授予無業鄉民耕種，每戶給十畝，另給兩畝菜地，有餘力耕種的，不限畝數，全部免除三年租稅。許多逃亡的農民，得知這些規定後，紛紛回鄉耕墾荒地，成為擁有小塊土地的自耕農。

移民墾荒是朱元璋採取的又一種措施。元末連年戰爭，水、旱、蝗災接連出現，使河南、河北等地人民十亡七八。朱元璋下令把一部分農民從人多田少的地方移到人少地廣的地方。西元1375年，遷蘇州、松江、嘉興、湖州、杭州等無地農民四千多戶到涼州耕種，給耕牛種子，三年不收租稅；西元1376年，又遷山西及正定無田農民到鳳陽墾荒。西元1382年，遷廣東番禺、東莞、增城二萬四千多人到泗州耕田。西元1383年、西元1388年，又進

行了兩次大規模的移民墾荒。

　　為了鼓勵農民墾荒，朱元璋下令，不論是新地墾荒或是移民墾荒，政府都要給予優厚的條件，除了「永為己業」外，一律免租三年。西元1395年朱元璋又規定，山東、河南新開墾的荒田，不管多少畝，永遠不收租稅，有力氣的盡其耕種。在一些應該徵稅的地方，也採取「薄賦」的辦法。遇到有水旱災害，常下詔蠲免。還規定農具一律不收稅，商稅一律三十取一，這在封建社會是比較低的。洪武二十八年，他又令鄉里百姓二十家或四五十家結為一「社」。如遇到農忙時節，有的家戶有疾病無力耕種時，村社要幫助其耕耘，以使田地不荒，民無饑窘。由於朱元璋積極鼓勵農民耕種，致使田野開闢，百姓的日子漸漸好了起來。

　　為進一步發展農業生產，朱元璋十分重視水利建設。在朱元璋即位的當年就下令，凡是百姓提出有關水利的建議，地方官吏必須及時奏報。後來他還專門批示工部大臣，凡是陂、塘、湖、堰，可以蓄水泄江防止旱澇的，都需要根據地勢加以修治。各種水利工程為農業生產的發展提供了有利條件。

　　當時，棉花是十分珍貴的。普通百姓穿的布衣都是由麻布製作的。

　　明朝建立後，朱元璋就下令，農民凡有田地510畝，必須栽種桑、麻、棉各半畝；有40畝以上的，種植桑棉面積要按比例遞增。後來，朱元璋還指示戶部，明令全國百姓要多種桑、棗、柿和棉花，違令者全家充軍。洪武二十六年（西元1393年）以後栽種的全部免除賦稅。到了明代中葉，棉布已成了人民衣著的原料，這是朱元璋在明初全面推行重視經濟作物、獎勸桑棉政策的結果。

　　儘管朱元璋力求對農民實行寬鬆政策，但國家還是得徵收租稅、徭役。朱元璋把對百姓的剝削限制在一定範圍內進行，使「取之有制，用之有節」。他懂得「步急則躓，弦急則絕，民急則亂」。如果對百姓壓榨得太狠，就會激起強烈的反抗。因此，他在徵收租稅、徭役上，儘量能夠比較合理。

　　為了減輕農民的徭役負擔，朱元璋嚴格控制大規模的營建工程，地方上

修建大型工程，一律要報他批准才能動工；凡是不急需的工程，要儘量緩建，能夠安排在農閒時進行的工程，一律放在農閒時節，不能耽誤農時。

明初規定，農民有田一畝，徵稅糧五升三合五勺，有田一頃者，要出丁夫一人，每年在農閒時節赴京服役30天。這比元朝減輕了許多。但由於長期戰亂，元代的戶口和土地簿籍已大都喪失，不少地主豪族乘機隱瞞土地和人口，逃避租稅和徭役，這就把負擔轉嫁到農民身上。為了使國家能真正按產業和人口多少來徵收租稅徭役，做到賦役比較合理，從西元1368年起，朱元璋開始在全國各地陸續展開了核實田畝、普查人口運動。

人口普查以戶為單位，登記籍貫、姓名、年齡、丁口、田宅、資產以及所屬的戶類，這種戶口登記冊的封面是黃色的，因此叫黃冊。為了編好黃冊，與此同時又建立了農村的最基層組織單位。明代的縣以下是鄉，鄉下是里、甲。凡鄉以110戶為一里，推選丁糧多的10戶輪流做里長，其餘百戶分為10甲，每甲10戶，設一甲長。編制黃冊以里甲為單位，每里編為一冊，每冊四份。一份上交戶部，另三份分送縣、府、布政司各一份。黃冊是徵收賦役的依據。為了增加戶數，朱元璋大量解放「驅口」。「驅口」是元代的產物，蒙古貴族把掠奪的百姓當成私產，隨意驅使，他們不能獨立參加生產，那些百姓的子孫被稱為「驅口」。不少蒙古貴族擁有成千上萬的驅口。朱元璋在西元1372年宣佈：「以往由於兵亂，人民流散，因而成為他人奴隸者，即日放還。一般農戶不得收養家奴，貴族、功臣使用奴婢最多不能超過20人。違者嚴懲。」這樣就使黃冊上的人口數目大大增加，同時也解放了大量的勞動力。

土地的普查與人口普查同時進行。明政府為了掌握全國土地的總數量，組織人力在全國丈量土地，把每鄉、每里甲、每戶的土地分佈狀況、畝數、品質、方圓形狀，繪製成冊，以作為徵收租稅的又一個依據。由於冊中的土地形狀重重疊疊，狀如魚鱗，所以又叫魚鱗冊。

黃冊、魚鱗冊編制以後，雖然從制度上更加嚴格控制了勞動人民，但對於隱瞞土地、人口的地主豪族，以及逃避租稅徭役的人，也是一種限制。由

於社會各個階層都相對平均地承擔了封建國家的賦徭，因而也使農民的負擔相對地減輕了一些。這樣，農民的生產積極性有了提高，從而推動了社會生產力的發展。

朱元璋還曾命人帶著太子朱標到農村視察，親眼看看農民的艱苦生活。太子回來後，他還嚴肅地教育說：「凡居處食用，一定要想到農民的勞苦，取之有制，用之有節，使他們不苦於饑寒。」凡是因地鬧災荒歉收的，都要下令蠲免租稅；災情特別嚴重的，還要叫地方官員為災民貸米，或賑濟米、布、鈔等。朱元璋實行了一系列寬鬆的治民之策，使人民能夠安居樂業，休養生息。經過二三十年的時間，這些政策不僅醫治了戰爭的創傷，而且使全社會的經濟生活、生產力水準，都有了較快的提高。人口逐年增加，耕地面積不斷擴大，農作物產量不斷增長。除了糧食增產外，桑麻、棉花、果木等經濟作物也有了較快的發展，同時也促進了手工業和商業的發展。明初的手工業以紡織、造船、礦冶等行業發展最為明顯。如松江的棉布當時被稱為「衣被天下」，蘇、杭一帶已有了絲織工業作坊。

⌇ 身先節儉　以訓於下 ⌇

在封建社會中，一些帝王曾經提倡勤儉節約，但大多是不能善終，有的是令天下節儉，自己奢侈。而朱元璋身先節儉，一生節儉，這在歷代帝王中也是非常少有的。

朱元璋生長在貧苦家庭，從小過慣了窮苦日子，當了皇帝之後，仍然處處躬行節儉，過著十分儉樸的生活。每日早膳，他只用蔬菜就餐；苑內不准種奇花異草，要種上蔬菜和果木樹。他穿的衣服也很陳舊，常常是幾年才添置一件新衣；睡的御床，色調淺淡，樣式一般，還不如當時一個中產人家的臥榻。在營建應天府新內城時，主管工程的大臣把圖樣送他審批，朱元璋把一些雕飾奇巧之處統統劃掉，並指示把歷代帝王興亡的故事，畫在引人注目的牆壁上。在他的影響下，皇后、妃子也都很注意節約，穿的都是舊衣裳，

從不過分打扮、滿身珠寶。他多次對大臣說：「珠玉非寶，節儉是寶。」

朱元璋之所以自己嚴格履行勤儉節約，是因為他明白天下臣民能否養成勤儉節約的習慣，關鍵要看最高統治者本人能否做出表率，帶頭節儉。雖然文化程度不高，但他卻細心鑽研歷史，研究歷代帝王的治國之道，從中他總結出一條非常重要的經驗，就是「自古王者之興，無不由於勤儉；其敗亡，未有不由於奢侈」。只有帝王之家節儉不行，勤儉節約應該成為全社會的事情。因此，朱元璋決定在全國臣民中間，特別是在臣吏中間提倡節儉，狠煞奢侈浪費之風。

每次任命官吏時，他總是特地叮囑他們，不要「增飾館舍」、「競為奢侈」。特別是對待那些跟隨自己打天下的有功之臣，朱元璋更是反復告誡他們，要繼續保持過去艱苦奮鬥的作風，「勤身守法，勿忘貧賤之時，勿為驕奢淫逸之事」。對於那些具有奢侈貪污行為的官吏，輕者訓斥、施刑，重者殺頭。

為了教育子孫不忘創業艱難，朱元璋還命人把自己的艱難經歷畫在宮殿裡，並告誡子孫說：「富貴易驕，艱難易忍，人遠易忘，後世子孫生長在深宮，只看到富貴，習慣於奢侈，不知道祖宗起家之艱難，現在你們要朝夕看看我的經歷，不忘祖本。」為了創造一個艱辛勞作的環境，朱元璋命令兒子們周圍的太監，要進行紡織，造麻鞋、竹藤，在宮廷內的空地耕種蔬菜，從小要他們看到勞動的艱辛。

由於朱元璋大力提倡節儉，並身體力行，從自己做起，從皇室做起，嚴格要求各級官吏，狠煞奢靡之風，使明初的吏治比較清明，經濟很快得到復甦。

西元1398年5月，明太祖朱元璋去世，葬在南京郊外鐘山下，名曰孝陵。朱元璋是中國帝王史上又一位傑出的帝王。在執政的幾十年裡，他躬親庶政，整飭肅吏，休養百姓，提倡節儉，為中華民族的繁榮發展，做出了非常巨大的貢獻。他在自己的遺囑裡寫道：「朕膺天命三十有一年，憂危積心，日勤不怠，務有益於民。奈起自寒微，無古人之博知，好善惡惡，不及

從嚴治官 以寬理民

明太祖朱元璋

199

遠矣。」這一段話非常精闢地概括了他辛勤的一生。當然，朱元璋也有他殘暴的一面，如誅殺功臣，大搞文字獄等，但不管怎樣，他推翻元朝，統一全國，安定社會，發展生產的歷史功績，是永遠值得肯定的。

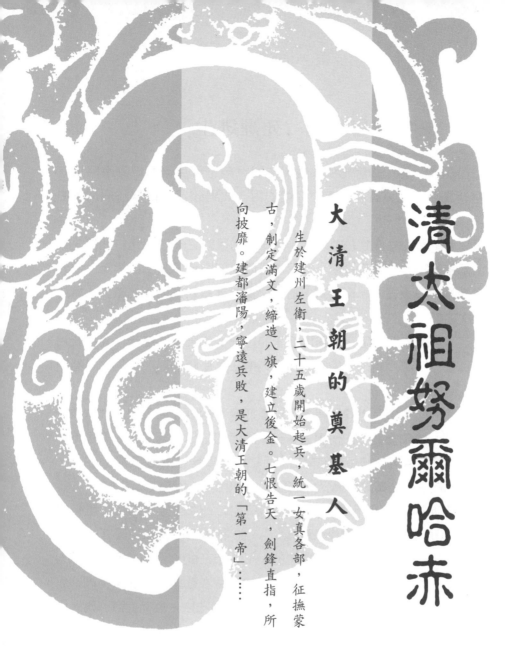

清太祖努爾哈赤

大清王朝的奠基人

生於建州左衛，二十五歲開始起兵，統一女真各部，征撫蒙古，制定滿文，締造八旗，建立後金。七恨告天，劍鋒直指，所向披靡。建都瀋陽，寧遠兵敗，是大清王朝的「第一帝」……

少年磨礪　死裡逃生

　　西元1559年，努爾哈赤出生於建州左衛，他是蘇克素護部赫圖阿拉城（今遼寧新賓縣）女真貴族塔克世家中的第一個男孩，是懷孕13個月才生的。

　　努爾哈赤所屬的女真族是中國東北最古老的民族之一。西元1115年，女真族完顏部首領阿骨打建立金朝，統治淮河以北廣大地區長達百餘年。西元1234年金被南宋與蒙古的聯軍所滅。這時，女真族重新返歸東北故土，居住在白山黑水之間。

　　松花江下游的依蘭地區，是努爾哈赤的祖先世代居住的地方。元朝統治時期，在這裡設了萬戶府。努爾哈赤的祖先擔任萬戶府的萬戶。從此，努爾哈赤的先人便世代為官。

　　努爾哈赤的父親塔克世同所有貴族一樣把眾多的妻子兒女視為其尊貴身份的一個象徵，他先後娶了三任妻子。努爾哈赤的生母喜塔臘氏，是建州衛首領王杲的女兒。喜塔臘氏生了努爾哈赤、舒爾哈齊和雅爾哈齊3個兒子及一個女兒。作為長子，努爾哈赤備受父母寵愛，從小過著幸福快樂的生活。

　　努爾哈赤從小就與眾不同。與同齡孩子相比，他的身材高大，體格健壯。努爾哈赤童年時期就開始練習射箭了。他常常跟小朋友們聚在一起，做射擊的遊戲：每人出箭兩枝，以樹為的，各人站在30步遠的地方，依次射擊，誰射中了，誰就得箭，以此為樂。努爾哈赤每次都贏箭最多。努爾哈赤在使槍弄棒的過程中，學到了一些拳腳功夫。從8歲開始，塔克世讓努爾哈赤在家塾裡讀書，學習時間雖不長，但努爾哈赤已認識不少漢字，並且對蒙古文、朝鮮文也略知一二。

　　努爾哈赤10歲左右的時候，喜塔臘氏去世了。母親的去世從根本上改變了努爾哈赤的生活，他告別了昔日驕子的優越地位，開始在繼母製造的陰影中生活。由於生活所迫，努爾哈赤就開始靠自己的雙手謀生，他常常翻山越嶺，出入於莽莽林海，挖人參、採松子、揀榛子、拾蘑菇，然後把這些山貨

帶到集市上換錢，用以維持自己的生活。

生活的磨煉使努爾哈赤成熟起來，養成了勤奮、謹慎、機警、善於思考等優點，尤其是在撫順馬市交易中，他接觸到了許多來自四面八方的漢人、蒙古人。與這些商人長期交往中，他的見識也日益豐富，視野逐漸開闊。漢族人民的生活習俗、文化生活等，在努爾哈赤的心目中，逐漸打上了深深的烙印。

努爾哈赤領悟力較強，尤其喜歡讀《三國演義》、《水滸》等小說。書中的英雄好漢，成為他心目中的榜樣。

讓努爾哈赤更感興趣的是通過貿易同漢人廣泛接觸和交往，學習到了各方面的知識。天長日久，他學會了說漢語、識漢字。在撫順馬市這所學校裡，聰明好學、胸懷大志的努爾哈赤廣采博收，學習了知識，增長了才幹，開闊了視野。

西元1573年，15歲的努爾哈赤和弟弟舒爾哈齊被趕出家門，他們投奔到外祖父王杲門下。王杲是個漢化較深的女真貴族，他憑藉著自己的智慧和才幹在動盪的年代中發跡，成為建州女真部族中的著名首領。明朝中後期，他自以為力量雄厚，便無視朝廷邊將的政令，常常騷擾邊疆。

西元1575年，明遼東總兵李成梁率軍打敗王杲，王杲及親屬全部被殺。此時正在王杲家中的努爾哈赤兄弟也做了俘虜，努爾哈赤當即跪在李成梁馬前，請求一死。李成梁見他聰明伶俐，不僅赦免了他，而且把他留在帳下做了書僮，專門服侍自己。努爾哈赤在李成梁帳下，每逢征戰，他總是勇猛衝殺，屢立戰功。李成梁對他非常賞識，讓他做了自己的隨從和貼身侍衛。兩人形影不離，關係密切，情同父子。

然而，努爾哈赤對李成梁的恭順和效忠，僅僅限於表面。他對外祖父的被殺始終懷恨在心，只是懾於李成梁的威名，不敢輕舉妄動。私下裡他早已另有打算，只待有朝一日時機成熟再採取行動。

在李成梁帳下生活了3年左右，努爾哈赤以父親捎信讓他回家成親為由，借機離開李成梁，回到了闊別已久的家鄉。西元1577年，努爾哈赤在19歲時

與本部塔本巴晏女佟佳氏（名為哈哈納札青）結了婚。

十三遺甲　統一女眞

努爾哈赤成年之後，女真部族之間和部族內部，為了爭雄稱霸，常常互相攻伐和殘殺。在建州女真部族中有兩個最為堅固的城堡：一個是古勒城，城主是阿台；另一個是沙濟城，城主是阿亥。阿台是努爾哈赤外祖父王杲的兒子，阿台的妻子是努爾哈赤伯父禮敦的女兒。王杲被殺後，阿台發誓要為父報仇，他憑藉古勒城易守難攻的地理優勢，依山築城，設置壕塹，並屢犯明朝的邊境，縱兵搶掠。明朝總兵李成梁，決意發兵除掉阿台。

建州女真還有個較強大的圖倫城，城主叫尼堪外蘭。他的兵馬不多，卻野心勃勃，總想吞併周圍部族，稱雄建州女真。為此他便極力討好明朝邊吏，並挑撥阿台、阿亥與明軍的關係。西元1582年，他向李成梁表示，自己願意為明朝征服古勒和沙濟兩城做嚮導。李成梁決定立即出兵，攻伐古勒、沙濟兩城，並許諾尼堪外蘭破城之日，便是他升遷之時。

西元1583年2月，李成梁的大隊人馬分兩路攻打阿台，破城後大肆殺戮，努爾哈赤的祖父和父親也在混戰中被殺。噩耗傳來，努爾哈赤悲痛欲絕。他憤然來到了遼東都司，義正辭嚴地質問李成梁，為何殺他一向忠順於朝廷的祖父和父親。李成梁自覺理虧，一再解釋是誤殺，後又賜予努爾哈赤敕書30道，戰馬10匹，讓他世襲祖父之職，做建州左衛都指揮使。努爾哈赤表面上接受了明朝撫慰，但內心卻發誓要報仇雪恨。

為了報仇，西元1583年5月，努爾哈赤決定先舉兵攻打尼堪外蘭。他整理出祖父的十三副遺甲，率領不足百人的部眾，向尼堪外蘭居住的圖倫城進發。幾經惡戰，終於殺死了仇敵。

當時女真各部林立，建州女真也不例外。努爾哈赤在起兵的兩年時間裡，相繼大敗了建州女真界凡、薩爾滸、棟佳、巴爾達四城聯軍和漠河、張佳、巴爾達、薩爾滸、界凡五城聯軍，並攻破了安圖瓜爾佳、克貝歡和托漠

河城。在斬殺了尼堪外蘭之後，又乘勝平定了哲陳部、攻取了完顏部。在努爾哈赤日益強大的攻勢面前，蘇完部和董鄂部自動前來歸附。西元1588年，除長白山諸部外，建州女真基本上被努爾哈赤征服。幾年之後，他又先後攻取了長白山三部，整個建州女真統一在努爾哈赤的麾下。

為了擴充勢力，建立基業，在統一建州女真過程中，努爾哈赤於西元1587年在煙筒山下建赫圖阿拉城稱王。為顯示為王的尊嚴，他制定出一套粗具規模的禮儀。每當他出入城，樂隊便恭立在城門兩側奏樂。赫圖阿拉城遂成為當時建州女真政治、經濟和軍事的中心，後來又成為努爾哈赤統一女真各部的基地。

當時的女真族共有三部，除建州女真還有海西女真、「野人」女真。海西女真中以葉赫部最強。西元1593年，葉赫聯合了女真、蒙古的9個部落，結成聯盟，合兵3萬，分三路進攻努爾哈赤，雙方在古勒山下激戰，努爾哈赤率建州兵大敗葉赫部及其盟軍。

⚬ 創立八旗　頒行滿文 ⚬

西元1616年，努爾哈赤建國稱汗。努爾哈赤在赫圖阿拉城宣告建立「大金國」（史稱後金），年號為天命。

儀式結束後，眾大臣舉杯暢飲，舉城一片歡騰。然而，此時此刻努爾哈赤並沒有被歡樂所陶醉。他深知要建立國家必須有雄厚的物質基礎，因此他著力發展農業、手工業和商業。

在農業方面，努爾哈赤採取的主要措施是組織屯田和擴大農耕範圍。建州的穀地平原都被開墾，就連難以耕種的山地也有許多地方種上了莊稼。每攻取一地，努爾哈赤便根據當地條件安排耕種、放牧或屯田。

建州地區的手工業落後，鐵製農具和布匹、絲綢等大量生活用品都要依賴從漢族地區輸入。努爾哈赤力圖改變這種局面。他十分重視工匠，認為他們遠比金銀珠寶更貴重，是真正的無價之寶。由於他的宣導，建州地區的手

工業很快粗具規模，能煉鐵、採礦並製造精良的軍械。赫圖阿拉城就有連接數裡的作坊，專門製造各式各樣的兵器。

努爾哈赤一方面積極發展建州地區的經濟，一方面致力於發展與漢族地區的貿易，以此來彌補建州經濟上的欠缺。他用當地出產的人參、貂皮、東珠、馬匹等特產換回所需要的物品。為了解決濕人參容易腐爛的問題，努爾哈赤還創造了煮曬法，即把人參煮熟曬乾，然後保存起來待價而沽。由此，漢族商人故意拖延時間以便壓價收買的企圖便無法得逞了。由此一項，僅在撫順一市，努爾哈赤每年獲利就高達幾萬兩白銀。

八旗制度的雛形是女真族公社末期的狩獵組織。那時，每逢出師行獵，氏族成員便每人出一枝箭，以10人為一單位，稱「牛錄」，是漢語箭或大箭的意思。10人中立一總領，稱「牛錄顏真」。牛錄顏真即大箭主。在女真社會生產不斷發展的同時，牛錄組織也日益擴大，並衍變成奴隸主貴族發動掠奪戰爭和進行軍事防禦的工具，但它的突出特點是具有顯著的臨時性。努爾哈赤把它改造成常設的社會組織形式。西元1601年，他把每個牛錄擴充到300人，分別以黃、白、紅、藍四色旗作為標誌。由於兵力不斷增加，西元1615年努爾哈赤又在牛錄之上設立甲喇和固山，以5牛錄為1甲喇，5甲喇為1固山。甲喇設甲喇額真統領，固山由固山額真統轄。這樣，原來的4大牛錄逐擴大為4個固山，仍以四色旗為標誌，又稱四旗。後來又增編鑲黃、鑲紅、鑲藍、鑲白四旗，與前面四旗合稱八旗。八旗制度是軍民一體、軍政合一的社會組織形式。八旗兵丁平時耕墾狩獵，戰時則披甲出征。八旗旗主都由努爾哈赤的子孫擔任，他們集軍事統帥和政治首領的身份於一身。努爾哈赤則是八旗的最高統帥，他為八旗軍隊制定了嚴密的紀律。八旗制度的實行，提高了女真的軍事戰鬥力，也促進了滿族社會的發展。

創制和頒行滿文，是努爾哈赤在滿族文化發展史上建立的一個里程碑。努爾哈赤興起後，建州與明朝和朝鮮時常有公文來往，但因沒有女真文字，只能由漢人龔正陸用漢文書寫。每逢向女真人發佈政令，則先用漢文起草，然後再譯成蒙古文。女真人講的是女真語，書寫卻用蒙古語，這種語言與文

字的矛盾，促使努爾哈赤決心創造記錄滿族語言的符號滿文。西元1599年，努爾哈赤命巴克什額爾德尼和札爾固齊噶蓋，用蒙古字母拼寫滿語，創制滿文，這就是無圈點滿文（老滿文），皇太極時改進成為有圈點滿文（新滿文）。滿文是拼音文字，有6個母音字母，22個輔音字母和10個特定字母。滿文成為清朝官方語言和文字。滿文的創立和頒行，加強了滿族人民內部和滿漢之間的思想文化交流，也加速了滿族社會的封建化。

誓師伐明　連戰連捷

建國稱汗後，努爾哈赤花費大量的精力整頓內部。與此同時，他將矛頭公然指向了明朝。而明朝當時的政治腐敗與軍備弛廢，是導致努爾哈赤實行戰略轉變的催化劑。

西元1618年，一切準備就緒後，努爾哈赤召集八旗將士，祭祖告天，宣讀了「七大恨」伐明誓詞。誓詞說：「我的父祖未曾損害明的一草一木，明卻無端挑釁將我的父祖殺害，恨一也；明雖挑起事端，但我仍想與明修好，劃界立碑，共立誓詞，互不侵擾，但明軍踐踏盟約，越我邊界，出兵護助葉赫，恨二也；清河兩岸明人，年年入我境內劫奪，我遵照兩國盟約，捕殺越界漢人，明朝卻誣我擅殺，扣我使臣剛古里等11人為人質，逼我殺10人換取，恨三也；葉赫之女本來已經許配於我，但因得到明朝支持，葉赫又將已聘之女改嫁給蒙古，恨四也；柴河、三岔、撫安等三地，歷代屬我部所統，明卻不讓三地民眾取田收割，發兵驅逐，恨五也；我奉天意征討葉赫，明卻偏聽葉赫之言，遣使對我謾罵凌辱，恨六也；明朝逼我把所俘哈達之人退還，結果被葉赫所掠取，恨七也。明朝欺人太甚，情理難容。因這七大恨之故，誓師伐明！」

宣誓完畢，努爾哈赤率領著千軍萬馬浩浩蕩蕩向撫順進發。瀕臨渾河的撫順城是明朝設防的邊關要塞，又是明與建州互市的重要場所。年輕時的努爾哈赤經常出入這裡進行貿易，因而對撫順的山川形勢和各地情況瞭若指

掌。他決定以計智取，輔以力攻。他先派一人到撫順，聲言明日有3000女真人要來做生意。第二天，扮作商人的後金先遣部隊就來到撫順城內，誘使當地商人和軍民與之貿易。撫順守軍做夢也沒有想到，後金兵士已遍佈集市。後金主力又接踵而至，乘機突入城內，與先遣部隊裡應外合，一舉攻取了撫順城。撫順守將李永芒在毫無防備的情況下束手就擒。遼東總兵聞訊率兵萬人倉促來援，這時努爾哈赤已經撤出撫順，在中途設下埋伏，全殲了援軍，繳獲了大批武器輜重，滿載而歸。

努爾哈赤起兵伐明，初戰便大獲全勝，興奮不已，但他並未被勝利沖昏了頭腦。他深知明朝現在雖然江河日下，但畢竟還有相當的實力，不能貿然大舉進犯。因此，他對明朝不斷進行試探性的進攻。在攻陷撫順城3個月後，他又用計智取了清河城，殺死守將及兵民萬餘人。隨著接連不斷的勝利，努爾哈赤的膽子也愈來愈大。明朝派來使者求和，努爾哈赤借機向明朝提出一系列要求。經濟上，他要求給他和眾貝勒、大臣緞3000匹、金300兩、銀3000兩。政治上，他要求明朝尊他為王，承認他的所作所為是合法的，撤回明朝派駐葉赫的官兵。他聲言只有滿足了這些條件，方可罷兵談和。明朝是不可能接受這樣的條件的。於是，雙方的一場更大規模的戰爭一觸即發了。

明神宗派楊鎬為遼東經略，於西元1619年分兵四路進攻努爾哈赤，雙方在薩爾滸展開激戰。

在薩爾滸大戰中，努爾哈赤僅用5天時間，就大敗明朝十幾萬大軍。他以集中兵力、各個擊破為原則，以鐵騎馳奔、速戰速決為法寶，以誘敵深入、以靜制動為手段，以親臨戰陣、身先士卒為表率，取得了以少勝多的輝煌戰績。

薩爾滸大戰之後，明朝在東北的統治日趨崩潰，而已經立住腳跟的努爾哈赤，則開始由防禦開始轉入進攻。

西元1621年春，努爾哈赤發動了遼沈之戰。努爾哈赤先攻下瀋陽。不久，他又做出向遼陽進軍的重大軍事決定。幾經苦戰之後，努爾哈赤終於佔領了遼陽。接著，他將後金的國都遷到了遼陽。以後努爾哈赤率軍幾經征戰

又攻佔了整個遼西地區，直指山海關下。

<h2>寧遠兵敗　鬱鬱而終</h2>

遼西地區失陷後，明朝政府深感形勢嚴重，又一次徵調全國各地的軍隊會集山海關，全力固守，並將積極主張抗擊後金的大學士孫承宗、兵部主事袁崇煥派往關外考察軍務。

袁崇煥來到邊關果然不負眾望，他首先向孫承宗提出要固守山海關必須先守寧遠的建議，要求重新修建寧遠城。寧遠地處遼西走廊中段，它依山傍海，地勢險要，是由瀋陽通往山海關的咽喉要塞。孫承宗採納了袁崇煥的建議，加緊修築寧遠。使其成為關外的軍事重鎮，孫承宗又修繕了錦州、松山、杏山、右屯及大小凌河等地的城池，遣兵分守。一條以寧遠和錦州為中心的防線迅速建成了，遼西的局勢重新穩定下來。

努爾哈赤此時正忙於遷都，得知孫承宗在遼西嚴陣以待，他一直沒有貿然進攻。但不久明朝內部的黨爭再起，孫承宗儘管滿腹韜略，守邊有方，卻因秉性忠直遭到魏忠賢一夥的嫉恨和排擠。繼任孫承宗的是魏忠賢的同黨高第，他精於投機鑽營，對打仗卻是紙上談兵，一竅不通。他對後金怕得要死，認為關外必不可守，他只想躲在山海關內苟全性命，因此，他不顧袁崇煥等人的強烈反對，撤離錦州等地的防務，將各城兵力強行調入山海關。孫承宗苦心經營的「寧錦防線」就這樣被破壞了。只有袁崇煥堅決不撤。

努爾哈赤遷都之後，一直在尋找征伐明朝的時機，得知明軍更換主帥、全線撤防的消息，他喜出望外，決定立即出兵。西元1626年，努爾哈赤親率6萬八旗大軍（號稱14萬）向遼西殺來。

一路上，後金軍隊長驅直入，不費吹灰之力就佔據了錦州、松山等大小城池，只剩下寧遠這座孤城，仍由袁崇煥固守著。努爾哈赤認為，後金大軍壓境，寧遠一座孤城已是唾手可得，便派人給袁崇煥送去招降書，用高官厚祿引誘他獻城投降。袁崇煥毅然拒絕了後金的招降，全力準備迎戰，與寧遠

共存亡。

當時，袁崇煥的兵馬還不到3萬，他在城牆上架設了紅衣大炮迎敵，並且將城外的所有明軍調入城內，將武器兵力集中起來。又將城外的百姓動員進城，把城郊一定範圍內的房屋糧食全部燒毀，使後金兵在寧遠城外一無所獲，袁崇煥用佩刀刺破手指寫下血書，表示要誓死守住寧遠。寧遠軍民為他的愛國熱情所感動，全城軍民同仇敵愾，決心同後金軍隊決一死戰。

努爾哈赤指揮後金軍隊整整攻了兩天三夜，部下死傷無數，他自己也負了重傷，但寧遠城依然固若金湯，巍然屹立。努爾哈赤不得不承認自己無計可施。在凜冽的寒風中，他帶著殘存的兵力撤回盛京（今瀋陽）。

寧遠戰敗給努爾哈赤造成了巨大的精神創傷，為此努爾哈赤的心情一直憂鬱不安，加上已近七旬高齡，又連續多日征戰，這些都嚴重損傷了他的身體健康。

西元1626年9月30日，努爾哈赤終因鬱悶得癰疽死在返回盛京的途中，享年68歲。努爾哈赤的皇八子皇太極，繼承了後金國汗位，使後金進入一個新的大發展的時期。1636年，皇太極去汗王稱號，改稱皇帝，改國號金為「清」，改族名女真為「滿洲」。1644年4月，清軍入山海關；10月，在北京建立了大清王朝。

八王共治　奠基滿清

在努爾哈赤成功的背後是幾位兄弟的鼎力支持。

努爾哈赤有弟兄5人，但稱得上同胞手足的只有三弟舒爾哈齊和四弟雅爾哈齊。西元1583年，努爾哈赤的祖父和父親被明軍殺害，努爾哈赤繼承了祖父的職位，統領建州左衛都指揮，還受封敕書、馬匹。當時的努爾哈赤25歲，舒爾哈齊20歲，他們不但令周圍女真各部刮目相看，就連明朝和朝鮮也都知道這兄弟二人志向不小。當時朝鮮政府得到情報說，努爾哈赤自稱為王，其弟自稱船將，立志要「報仇中原」。明朝當局對兄弟二人採取給予

高官厚祿的策略，努爾哈赤被晉升都督，加龍虎將軍勳銜，舒爾哈齊也被明廷授予都督職，故在建州內部人稱舒爾哈齊為「二都督」。當時，凡軍機大事，努爾哈赤兄弟密議、決定之後，雷厲風行，竟無一人了解內幕。

西元1609年3月間，努爾哈赤以舒爾哈齊圖謀自立為理由，殺舒爾哈齊一子及一僚屬，削奪了他所屬的軍民，兩年後，舒爾哈齊死去。

和努爾哈赤一樣，舒爾哈齊也是明朝廷任命的管理建州女真的官員，又有自己屬下的兵馬，如果他能聽從兄長的指揮，自然和努爾哈赤相安無事，但舒爾哈齊偏偏又是桀驁不馴的人，處處要和兄長分庭抗禮，兄弟之間難免矛盾重重。雖然不及其兄兵強馬壯，舒爾哈齊還是決心離開兄長。對努爾哈赤來說，舒爾哈齊的獨立完全是在自己身邊又立一敵國，因此努爾哈赤起了殺心。

由於弟弟的離心和死亡，努爾哈赤決心改革政體，他以八大貝勒共治國政，來維護後金長治久安的統治。

努爾哈赤召集四大貝勒代善、阿敏、莽古爾泰、皇太極，四小貝勒德格勒、濟爾哈郎、阿濟格、岳托，即八王開會，努爾哈赤宣佈了他的改革方案。把原來的君主集權，改革為八王共同治理國政，使其擁有汗王立廢、軍政議決、司法訴訟、官吏任免等重大權力。因此，八王會議就成為後金國的最高權力機關，成為約束新汗王的監督機構。努爾哈赤試圖通過「八王共治」這種共同管理國政的制度，在新汗王繼位之後，改革君主專制，實行貴族共治。

在明王朝日益衰落腐敗的形勢下，努爾哈赤在遼闊的東北大地，躍馬揚刀，率領八旗子弟兵，縱橫馳騁，創建了驚人的業績，成為清王朝的開創者和奠基人。

努爾哈赤統一女真後，開始向更遠的地方擴展自己的勢力，他先後征服了東海之濱極北諸部，又基本上統一了大漠以南的蒙古族，把在自己控制下的各族統一為一個新的民族共同體，促進和加速了女真社會的經濟、政治和文化的發展。女真族就是以後入主中原的滿族。所以，努爾哈赤統一女真各

部的過程，也就是滿族形成的過程。

　　從此，滿族登上了歷史舞台，成為中華民族大家庭中的一員，為中國的歷史文化發展，譜寫了輝煌的新篇章。

開國大帝

作　　者	常　樺
發 行 人	林敬彬
主　　編	楊安瑜
編　　輯	蔡穎如
內頁編排	泰飛堂設計
封面構成	泰飛堂設計

出　　版	大旗出版　行政院新聞局北市業字第1688號
發　　行	大都會文化事業有限公司
	110台北市信義區基隆路一段432號4樓之9
	讀者服務專線：（02）27235216
	讀者服務傳真：（02）27235220
	電子郵件信箱：metro@ms21.hinet.net
	網　　　址：www.metrobook.com.tw

郵政劃撥	14050529　大都會文化事業有限公司
出版日期	2007年2月初版一刷
定　　價	220元

ISBN 10	957-8219-62-8
ISBN 13	978-957-8219-62-5
書　　號	大旗藏史館　History 05

Metropolitan Culture Enterprise Co., Ltd.
4F-9, Double Hero Bldg., 432, Keelung Rd., Sec. 1,
Taipei 110, Taiwan
Tel:+886-2-2723-5216　Fax:+886-2-2723-5220
E-mail:metro@ms21.hinet.net
Web-site:www.metrobook.com.tw

◎本書由武漢大學出版社授權繁體字之出版發行
◎本書如有缺頁、破損、裝訂錯誤，請寄回本公司更換

版權所有‧翻印必究
Printed in Taiwan. All rights reserved.

大都會文化　大旗出版　BANNER PUBLISHING

國家圖書館出版品預行編目資料

開國大帝 / 常樺 著. — 初版. — 臺北市：
大旗出版：大都會文化發行, 2007[民96]
面；　公分. —（大旗藏史館；5 ）
ISBN 978-957-8219-62-5（平裝）

1.皇帝　中國　傳記
782.27　　　　　　　　　　　　95023683

大都會文化　總書目

■度小月系列

路邊攤賺大錢【搶錢篇】	280元	路邊攤賺大錢2【奇蹟篇】	280元
路邊攤賺大錢3【致富篇】	280元	路邊攤賺大錢4【飾品配件篇】	280元
路邊攤賺大錢5【清涼美食篇】	280元	路邊攤賺大錢6【異國美食篇】	280元
路邊攤賺大錢7【元氣早餐篇】	280元	路邊攤賺大錢8【養生進補篇】	280元
路邊攤賺大錢9【加盟篇】	280元	路邊攤賺大錢10【中部搶錢篇】	280元
路邊攤賺大錢11【賺翻篇】	280元	路邊攤賺大錢12【大排長龍篇】	280元

■DIY系列

路邊攤美食DIY	220元	嚴選台灣小吃DIY	220元
路邊攤超人氣小吃DIY	220元	路邊攤紅不讓美食DIY	220元
路邊攤流行冰品DIY	220元		

■流行瘋系列

跟著偶像FUN韓假	260元	女人百分百：男人心中的最愛	180元
哈利波特魔法學院	160元	韓式愛美大作戰	240元
下一個偶像就是你	180元	芙蓉美人泡澡術	220元
Men力四射：型男教戰手冊	250元	男體使用手冊：35歲＋♂保健之道	250元

■生活大師系列

遠離過敏：打造健康的居家環境	280元	這樣泡澡最健康： 紓壓、排毒、瘦身三部曲	220元
兩岸用語快譯通	220元	台灣珍奇廟：發財開運祈福路	280元
魅力野溪溫泉大發見	260元	寵愛你的肌膚：從手工香皂開始	260元
舞動燭光：手工蠟燭的綺麗世界	280元	空間也需要好味道： 打造天然香氛的68個妙招	260元

雞尾酒的微醺世界： 調出你的私房Lounge Bar風情	250元	野外泡湯趣： 魅力野溪溫泉大發見	260元
肌膚也需要放輕鬆： 徜徉天然風的43項舒壓體驗	260元	辦公室也能做瑜珈： 上班族的紓壓活力操	220元
別再說妳不懂車： 男人不教的Know How	249元	一國兩字：兩岸用語快譯通	200元
宅典	288元		

■寵物當家系列

Smart養狗寶典	380元	Smart養貓寶典	380元
貓咪玩具魔法DIY： 讓牠快樂起舞的55種方法	220元	愛犬造型魔法書：讓你的寶貝漂亮一下	260元
漂亮寶貝在你家：寵物流行精品DIY	220元	我的陽光‧我的寶貝：寵物真情物語	220元
我家有隻麝香豬：養豬完全攻略	220元	SMART養狗寶典（平裝版）	250元
生肖星座招財狗	200元	SMART養貓寶典（平裝版）	250元

■人物誌系列

現代灰姑娘	199元	黛安娜傳	360元
船上的365天	360元	優雅與狂野：威廉王子	260元
走出城堡的王子	160元	殞逝的英格蘭玫瑰	260元
貝克漢與維多利亞：新皇族的真實人生	280元	幸運的孩子：布希王朝的真實故事	250元
瑪丹娜：流行天后的真實畫像	280元	紅塵歲月：三毛的生命戀歌	250元
風華再現：金庸傳	260元	俠骨柔情：古龍的今生今世	250元
她從海上來：張愛玲情愛傳奇	250元	從間諜到總統：普丁傳奇	250元
脫下斗篷的哈利：丹尼爾‧雷德克里夫	220元	蛻變：章子怡的成長紀實	260元
強尼戴普： 可以狂放叛逆，也可以柔情感性	280元	棋聖 吳清源	280元

■心靈特區系列

每一片刻都是重生	220元	給大腦洗個澡	220元
成功方與圓：改變一生的處世智慧	220元	轉個彎路更寬	199元
課本上學不到的33條人生經驗	149元	絕對管用的38條職場致勝法則	149元
從窮人進化到富人的29條處事智慧	149元	成長三部曲	299元
心態：成功的人就是和你不一樣	180元	當成功遇見你：迎向陽光的信心與勇氣	180元
改變，做對的事	180元	智慧沙	199元
課堂上學不到的100條人生經驗	199元	不可不防的13種人	199元

■SUCCESS系列

七大狂銷戰略	220元	打造一整年的好業績	200元
超級記憶術：改變一生的學習方式	199元	管理的鋼盔： 商戰存活與突圍的25個必勝錦囊	200元
搞什麼行銷：152個商戰關鍵報告	220元	精明人總明人明白人： 態度決定你的成敗	200元
人脈=錢脈： 改變一生的人際關係經營術	180元	週一清晨的領導課	160元
搶救貧窮大作戰の48條絕對法則	220元	搜驚・搜精・搜金：從Google 的致富傳奇中，你學到了什麼。	199元
絕對中國製造的58個管理智慧	200元	客人在哪裡。： 決定你業績倍增的關鍵細節	200元
殺出紅海：漂亮勝出的104個商戰奇謀	220元	商戰奇謀36計：現代企業生存寶典 I	180元
商戰奇謀36計：現代企業生存寶典 II	180元	商戰奇謀36計：現代企業生存寶典 III	180元
幸福家庭的理財計畫	250元	巨賈定律：商戰奇謀36計	498元
有錢真好：輕鬆理財的十種態度	200元	創意決定優勢	180元

■都會健康館系列

秋養生：二十四節氣養生經	220元	春養生：二十四節氣養生經	220元
夏養生：二十四節氣養生經	220元	冬養生：二十四節氣養生經	220元
春夏秋冬養生套書	699元	寒天：０卡路里的健康瘦身新主張	200元
地中海纖體美人湯飲	220元		

■CHOICE系列

入侵鹿耳門	280元	蒲公英與我：聽我說說畫	220元
入侵鹿耳門（新版）	199元	舊時月色（上輯＋下輯）	各180元
清塘荷韻	280元	飲食男女	200元

■FORTH系列

印度流浪記：滌盡塵俗的心之旅	220元	胡同面孔：古都北京的人文旅行地圖	280元
尋訪失落的香格里拉	240元	今天不飛：空姐的私旅圖	220元
紐西蘭奇異國	200元	從古都到香格里拉	399元
馬力歐帶你瘋台灣	250元	瑪杜莎艷遇鮮境	180元

■大旗藏史館

大清皇權遊戲	250元	大清后妃傳奇	250元
大清官宦沉浮	250元	大清才子命運	250元
開國大帝	220元		

■大都會運動館

野外求生寶典：活命的必要裝備與技能	260元	攀岩寶典： 安全攀登的入門技巧與實用裝備	260元

■大都會休閒館

賭城大贏家：逢賭必勝祕訣大揭露	240元	旅遊達人：行遍天下的109個Do&Don't	250元
萬國旗之旅：輕鬆成為世界通	240元		

■*FOCUS* 系列

中國誠信報告	250元	中國誠信的背後	250元
誠信：中國誠信報告	250元		

■禮物書系列

印象花園 梵谷	160元	印象花園 莫内	160元
印象花園 高更	160元	印象花園 竇加	160元
印象花園 雷諾瓦	160元	印象花園 大衛	160元
印象花園 畢卡索	160元	印象花園 達文西	160元
印象花園 米開朗基羅	160元	印象花園 拉斐爾	160元
印象花園 林布蘭特	160元	印象花園 米勒	160元
絮語說相思 情有獨鍾	200元		

■工商管理系列

二十一世紀新工作浪潮	200元	化危機為轉機	200元
美術工作者設計生涯轉轉彎	200元	攝影工作者快門生涯轉轉彎	200元
企劃工作者動腦生涯轉轉彎	220元	電腦工作者滑鼠生涯轉轉彎	200元
打開視窗說亮話	200元	文字工作者撰錢生活轉轉彎	220元
挑戰極限	320元	30分鐘行動管理百科（九本盒裝套書）	799元
30分鐘教你自我腦内革命	110元	30分鐘教你樹立優質形象	110元
30分鐘教你錢多事少離家近	110元	30分鐘教你創造自我價值	110元
30分鐘教你Smart解決難題	110元	30分鐘教你如何激勵部屬	110元
30分鐘教你掌握優勢談判	110元	30分鐘教你如何快速致富	110元
30分鐘教你提昇溝通技巧	110元		

■精緻生活系列

女人窺心事	120元	另類費洛蒙	180元
花落	180元		

■CITY MALL系列

別懷疑！我就是馬克大夫	200元	愛情詭話	170元
唉呀！真尷尬	200元	就是要賴在演藝圈	180元

■親子教養系列

孩童完全自救寶盒（五書+五卡+四卷錄影帶）	3,490元（特價2,490元）
孩童完全自救手冊：這時候你該怎麼辦（合訂本）	299元
我家小孩愛看書:Happy 學習 easy go!	220元
天才少年的5種能力	280元
哇塞！你身上有蟲！：學校沒買、老師沒教，史上最髒的教科書	250元

關於買書：

1. 大都會文化的圖書在全國各書店及誠品、金石堂、何嘉仁、搜主義、敦煌、紀伊國屋、諾貝爾等連鎖書店均有販售，如欲購買本公司出版品，建議你直接洽詢書店服務人員以節　省您寶貴時間，如果書店已售完，請撥本公司各區經銷商服務專線洽詢。
   北部地區：(02)29007288 桃竹苗地區：(03)2128000 中彰投地區：(04)27081282
   雲嘉地區：(05)2354380　臺南地區：(06)2642655　高雄地區：(07)3730087
   屏東地區：(08)7376441
2. 到以下各網路書店購買：
   大都會文化網站（http://www.metrobook.com.tw）
   博客來網路書店（http://www.books.com.tw）
   金石堂網路書店（http://www.kingstone.com.tw）
3. 到郵局劃撥：
   戶名：大都會文化事業有限公司　　帳號：14050529
4. 親赴大都會文化買書可享8折優惠。

大旗出版
BANNER PUBLISHING

開國大帝

北 區 郵 政 管 理 局
登記證北台字第9125號
免　貼　郵　票

大都會文化事業有限公司
讀者服務部收
110 台北市基隆路一段432號4樓之9

寄回這張服務卡（免貼郵票）
您可以：
　◎不定期收到最新出版訊息
　◎參加各項回饋優惠活動

大都會文化 讀者服務卡

書名：開國大帝
謝謝您選擇了這本書！期待您的支持與建議，讓我們能有更多聯繫與互動的機會。
日後您將可不定期收到本公司的新書資訊及特惠活動訊息。

A. 您在何時購得本書：＿＿＿年＿＿＿月＿＿＿日

B. 您在何處購得本書：＿＿＿＿＿＿書店，位於＿＿＿＿＿＿(市、縣)

C. 您從哪裡得知本書的消息：1.□書店 2.□報章雜誌 3.□電台活動 4.□網路資訊
  5.□書籤宣傳品等 6.□親友介紹 7.□書評 8.□其他＿＿＿＿＿＿＿＿＿＿＿＿＿

D. 您購買本書的動機：（可複選）1.□對主題或內容感興趣 2.□工作需要 3.□生活需要
  4.□自我進修 5.□內容為流行熱門話題 6.□其他＿＿＿＿＿＿＿＿＿＿＿＿＿

E. 您最喜歡本書的（可複選）： 1.□內容題材 2.□字體大小 3.□翻譯文筆 4.□ 封面
  5.□編排方式 6.□其他

F. 您認為本書的封面：1.□非常出色 2.□普通 3.□毫不起眼 4.□其他＿＿＿＿＿＿＿＿＿

G. 您認為本書的編排：1.□非常出色 2.□普通 3.□毫不起眼 4.□其他＿＿＿＿＿＿＿＿＿

H. 您通常以哪些方式購書：(可複選)1.□逛書店 2.□書展 3.□劃撥郵購 4.□團體訂購
  5.□網路購書 6.□其他＿＿＿＿＿＿＿＿

I. 您希望我們出版哪類書籍：（可複選）
  1.□旅遊 2.□流行文化 3.□生活休閒 4.□美容保養 5.□散文小品
  6.□科學新知 7.□藝術音樂 8.□致富理財 9.□工商企管 10.□科幻推理
  11.□史哲類 12.□勵志傳記 13.□電影小說 14.□語言學習（ 語）
  15.□幽默諧趣 16.□其他＿＿＿＿＿＿＿＿＿＿＿＿＿＿＿＿＿＿＿＿＿＿＿＿

J. 您對本書(系)的建議：＿＿＿＿＿＿＿＿＿＿＿＿＿＿＿＿＿＿＿＿＿＿＿＿＿＿
＿＿＿＿＿＿＿＿＿＿＿＿＿＿＿＿＿＿＿＿＿＿＿＿＿＿＿＿＿＿＿＿＿＿＿＿

K. 您對本出版社的建議：＿＿＿＿＿＿＿＿＿＿＿＿＿＿＿＿＿＿＿＿＿＿＿＿＿＿
＿＿＿＿＿＿＿＿＿＿＿＿＿＿＿＿＿＿＿＿＿＿＿＿＿＿＿＿＿＿＿＿＿＿＿＿

讀者小檔案

姓名：＿＿＿＿＿＿＿＿＿ 性別：□男 □女 生日：＿＿＿年＿＿＿月＿＿＿日

年齡：□20歲以下□21～30歲□31～40歲□41～50歲□51歲以上

職業：1.□學生 2.□軍公教 3.□大眾傳播 4.□ 服務業 5.□金融業 6.□製造業
     7.□資訊業 8.□自由業 9.□家管 10.□退休 11.□其他 ＿＿＿＿＿＿＿＿＿

學歷：□ 國小或以下 □ 國中 □ 高中／高職 □ 大學／大專 □ 研究所以上

通訊地址 ＿＿＿＿＿＿＿＿＿＿＿＿＿＿＿＿＿＿＿＿＿＿＿＿＿＿＿＿＿＿＿

電話：（H）＿＿＿＿＿＿＿＿ （O）＿＿＿＿＿＿＿＿ 傳真：＿＿＿＿＿＿＿＿

行動電話：＿＿＿＿＿＿＿＿ E-Mail：＿＿＿＿＿＿＿＿＿＿＿＿＿＿＿＿

❖謝謝您購買本書，也歡迎您加入我們的會員，請上大都會網站www.metrobook.com.tw 登
 錄您的資料。您將不定期收到最新圖書優惠資訊和電子報。

大 旗 出 版
BANNER PUBLISHING

大旗出版
BANNER PUBLISHING